La pêche au petit brochet

JUHANI KARILA

La pêche au petit brochet

ROMAN

Traduit du finnois
par Claire Saint-Germain

TITRE ORIGINAL
Pienen hauen pyydystys

ÉDITEUR ORIGINAL
Siltala Publishing
Published by agreement
with Helsinki Literary Agency

© Juhani Karila, 2019

POUR LA TRADUCTION FRANÇAISE
© Éditions La Peuplade, 2021

Le Code de la propriété intellectuelle interdit les copies ou reproductions destinées à une utilisation collective. Toute représentation ou reproduction intégrale ou partielle faite par quelque procédé que ce soit, sans le consentement de l'auteur ou de ses ayants droit ou ayants cause, est illicite et constitue une contrefaçon sanctionnée par les articles L335-2 et suivants du Code de la propriété intellectuelle.

VISITE GUIDÉE

Nous approchons de l'étang depuis la stratosphère.

On voit d'abord la Laponie finlandaise. Elle se compose de : 1) L'excitante Laponie occidentale. Avec ses stations de ski, Levi ou Ylläs, sa langue, le finnois tornédalien, ses artistes Timo K. Mukka, Kalervo Palsa et Reidar Särestöniemi. 2) L'exotique Laponie septentrionale. Les Sâmes, les monts *tunturi* et les troupeaux de rennes migrateurs, le lac Inari et les ombles chevaliers. 3) L'inepte Laponie orientale. Marais et moustiques. Qui n'intéresse personne.

Sauf nous.

C'est là que nous descendons en piqué, même si les vents nous détournent. Je n'en reviens pas. Même la planète veut nous envoyer à l'ouest.

Mais moi, j'écris mes propres lois de la nature.

Nous arrivons d'en haut afin que tu comprennes. La Laponie est vaste. Même en partant de Sodankylä, il te faudra rouler à fond plein nord pendant près de cinq heures pour atteindre l'océan Arctique. Oublie ça, en fait, la conduite n'est pas un bon étalon. Il n'y en a guère, de routes. Et de maisons. Et de gens. Du désert, ça oui. Un ramassis herbeux de mottes indéterminées, comme si Dieu, après avoir réparti ailleurs ses pelouses, ses landes et ses forêts tropicales, avait plaqué le restant sur la calotte polaire. Un vrai tas de merde, ce Dieu ! J'exagère. Les plateaux sont magnifiques. Mais en dehors d'eux... Je ne me plains pas, non. Ici il n'y a personne, ce n'est pas la place qui manque. C'est l'idée même de la Laponie : l'alliance de la vastité et de la vacuité. Un horizon crevé par des épicéas miteux, dont le vide horrifiant tient les gens au silence et les mythes en puissance. Les mythes, ils mangent de la peur. Ils sécrètent des monstres parcourant les tourbières comme des engins enclenchés en un temps révolu, que plus personne ne sait éteindre. Il en nage dans les eaux sombres. Il en est qui sont recroquevillés aux plafonds, leurs yeux ronds ardant comme ceux des hiboux. Et, loin à l'extérieur des villages, au-delà des forêts, des tourbières d'aapa et des lacs, des créatures sans nom postées au sommet des tunturis surveillent leur royaume et les lumières blafardes des habitations.

Fais la mise au point sur le Kitinen, un affluent du fleuve Kemijoki. Au niveau du lac Vuopio, deux baies étroites se décrochent, Pikku-Uopaja et Iso-Uopaja, soit Petite-Baie et Grande-Baie. Cette dernière est notre but. Elle est petite et ronde. Profonde. Ses fonds sont peuplés de brochets taciturnes aussi gros que des billes de bois... Au centre d'Iso-Uopaja, l'île de Manolaissaari. C'est là que déambule

Olli-Mangeclous. Mais nous n'y allons pas, je vise un peu à côté. Un petit ruisseau se déverse dans Iso-Uopaja et je me suis dit que nous allions nous poser non loin, tels des papillons diurnes, gracieusement. Ou bien nous écraser... Attention – *splotch* ! Dans un marais de juin, on s'étale en douceur. Attends, je te sors de la bouillasse *schlouuurb*. Et une bonne baffe par-dessus le marché *bam* !

Bienvenue dans le monde ! Ne t'occupe pas de moi, regarde autour de toi. Parfait. Une grive musicienne roucoule dans un pin et droit devant, s'élevant d'une fondrière, se forme une noire nuée de moustiques.

iiiiiiiiiiiiiiiiiiiiiiiiiiiiiiii

Qu'est-ce que tu en dis, fatigant, hein, ce bruit ? On s'y fait. Ne te débarbouille pas, l'ami. La boue, c'est une bonne protection.

iiiiiiiiiiiiiiiiiiiiiiiiiiiiiiii

On va suivre le ruisseau, l'aqueux filet qui court au milieu des herbes. Vois ces amusants patineurs d'eau... Essaie de poser le pied sur les mottes. Elles balancent sous la botte, certes, mais elles tiennent, contrairement aux intervalles entre elles, qui peuvent t'aspirer dans le marécage jusqu'à la cuisse. Après quoi les croque-mitaines des tourbières déboulent sur place, t'arrachent tes chausses et se font les dents sur tes talons. Une sensation répugnante. Une fois, à Saukkoaapa, la Tourbière de la Loutre... Eh mais, voilà que les suceurs de sang nous ont rattrapés et nous grimpent dessus ! Regarde-les agiter leur trompe, ces minables. Ne te démène pas ! Ils ne pourront pas transpercer la croûte. La boue a durci et nous fait comme un manteau.

Tu peux remercier la fortune qu'il n'y ait pas un seul pattes-rayées dans le secteur. Ils font la taille d'un hélicoptère. Un salopiaud pareil t'arrache un adulte du sol, lui enfonce sa trompe dans l'œil et bâfre ses tripes. Ensuite il laisse tomber la dépouille, à sec, au milieu de la saulaie buissonnante, la peau flottant au vent sur les branches comme un linge mis à sécher.

Au sommet de la berge escarpée à notre droite, on aperçoit la maison Ylijaako. Plus personne ne l'habite, mais les allées et venues ne vont pas tarder à reprendre.

Me crois-tu si je te dis qu'il y avait un mètre cinquante d'eau ici, il y a encore un mois ? À la fonte des neiges au printemps, un grand lac se forme. L'endroit où nous avons atterri est, pendant une semaine, un excellent coin où pêcher le lavaret.

Vois-tu cette bande étroite légèrement tassée qui fait comme un sentier ? C'est l'œuvre de l'héroïne de notre histoire. Et là, on retrouve la trace de notre ruisseau. Suivons-le comme un arc-en-ciel, un trésor se trouve à son pied. Mais d'abord, il va falloir avaler un bout de saulaie supplémentaire. Celle-ci aussi est couchée de part et d'autre, comme si quelqu'un avait ménagé un corridor à travers les fourrés, ce qui est exactement le cas.

Au milieu de la saulaie nous découvrons le Perälampi, l'Étang du Bout. Une flaque peu profonde, eutrophisée par les engrais, où vivent des perches gonflées à l'humus. Grosses comme des gants de cuisine.

Allez, hop, un peton devant l'autre ! Tu t'imagines peut-être que nous sommes arrivés ? Que nenni ! Après la saulaie, nous aurons devant nous encore du rab de tourbière alcaline et de marais nu. Un bout de mare ombrotrophe. Et, pour finir, cent mètres de pré marécageux.

Et ces mottes, qui ne font que déraper...

J'ai parfois l'impression que le monde ne va pas sombrer dans la mer ou se changer en désert aride mais, tout simplement, se marécagiser. Les champs s'enfonceront dans les marais. Les bourgs s'enfonceront dans les marais. Les poteaux indicateurs, les ronds-points, les gratte-ciels... ils s'enfonceront tous dans les marais. Même les eskers et les montagnes s'enfonceront dans les marais et, recouvrant les lacs et les océans, le marécage se répandra comme une maladie dégoûtante, le soleil des poissons s'obscurcira et l'on pourra rallier à pied l'Afrique à l'Amérique par un marais nu ininterrompu, mouvant, rempli de linaigrette engainée, et toute la planète formera une motte unique, ruisselante, stridulante et grumelante où l'on n'entendra plus que le sifflement des moustiques tandis qu'un nouvel organisme intelligent franchira l'aquosité sur ses longues jambes mécaniques.

Mais il y a encore le temps d'ici là, et pour l'heure j'ai de bonnes nouvelles. Nous commençons à être sur l'objectif. Oui, cet étang qui se devine devant nous, c'est lui que nous avons toujours visé.

Bienvenue au Seiväslampi, l'Étang du Pieu.

Si le Perälampi était peu profond, celui-ci l'est sacrément peu. Trente centimètres au maximum. Donnée qui prête elle aussi à interprétation. L'eau est aussi épaisse qu'une soupe de pois, et quelque part au milieu de ce bouillon, un brochet fait la gueule.

Voici la scène où va se jouer notre histoire, voici, au fond de l'eau, son protagoniste visqueux. Ou plutôt : l'un d'eux.

C'est pour lui que nous sommes venus ici.

Mais écoute ça ! Comment un brochet se retrouve-t-il à vivre dans pareil marigot ? Comme on l'a dit, il y a un lac, ici, au mois de mai. À l'orée de juin, l'eau commence à baisser. Ce qui se voit à l'œil nu, mais les poissons, ralentis par la froidure ambiante, ne réalisent pas qu'ils devraient se secouer les nageoires pour filer rejoindre le Kitinen. Certains restent imbécilement à faire des ronds dans l'eau, comme il en va à bien des tournants de leur vie, et finissent par se rendre compte qu'ils sont prisonniers d'une flaque abandonnée par l'inondation. S'enclenche alors l'épreuve éliminatoire : les poissons commencent à s'entredévorer. En général, il reste dans cet étang quelques brochets, deux ou trois perches et une poignée de gardons. Les gardons sont les premiers à se faire croquer, suivis des perches les plus petites. Et ainsi de suite.

Pour finir, il ne reste plus qu'un seul et unique brochet. Ses conditions de vie sont sinistres. Pas la moindre nourriture, il lui faut chasser les géotrupes fonçant à la surface de l'eau, et dans le meilleur des cas il tombera sur un campagnol idiot parti en excursion natatoire... Le brochet ne peut rien faire d'autre que flotter, s'émacier et attendre la mort.

Tu as entendu ? Une porte de voiture a claqué. Notre héroïne est arrivée à Ylijaako. Cela signifie que nous sommes fin prêts. Elle dispose de trois jours et trois nuits. Quant à moi, je n'ai plus une seconde : je commence à m'enfoncer dans le marais. Merci bien, je n'ai pas besoin d'aide, ça fait pour ainsi dire partie du truc. Je n'étais ici qu'un invité, histoire de te faire faire le tour. De te montrer un peu le chemin. Et n'oublie pas que...

PREMIER JOUR

1

Un malheureux concours de circonstances avait eu pour conséquence qu'Elina devait sortir le brochet de l'étang chaque année avant le 18 juin.

Sa vie en dépendait.

Elina prit la route le 14 juin, date à laquelle la décrue après les inondations au nord était certaine et l'étang accessible en bottes de caoutchouc. Elle partit tôt et conduisit toute la journée. Plus elle avançait, moins le bord des routes comptait de villes, de stations-service, de villages. Les arbres rabougrissaient. À la fin, les villages aussi disparurent. Forêt.

Une voiture tanguait de temps à autre au détour d'un virage. Elina ralentissait alors copieusement. Ceux qu'elle croisait lui faisaient comprendre par force gestes qu'elle ferait mieux de s'en retourner sans tarder.

Sur le bas-côté un panneau indiqua : *Fin des liaisons de télécommunication dans 40 kilomètres.*

Elina atteignit la zone frontière, déboisée, large d'une cinquantaine de mètres. Au centre croulait un poste de garde, blanc. Une barrière était baissée en travers de la route. Elina approcha sa voiture.

Un garde-frontière respirant l'ennui, en uniforme gris, était penché par la fenêtre ouverte. Il avait des taches de transpiration foncées sous les aisselles. Un ventilateur de bureau vrombissait à l'intérieur. Elina abaissa sa vitre et salua. Le garde entama aussitôt sa litanie. Il dit que l'État finlandais ne conseillait pas à la voyageuse de poursuivre sa route. Si elle le faisait toutefois, ses assurances deviendraient caduques et elle répondrait d'elle-même.

— Je suis originaire de là-bas, dit Elina.

Le garde tendit la main. Elina lui remit sa carte d'identité, il l'examina. Jeta un œil à Elina, puis au document. Il lui rendit ses papiers et constata :

— Eh, je vous avais déjà vue avant.

— Ouais, répondit Elina.

— Quelle chaleur infernale, dit le garde.

Il se retourna pour consulter le thermomètre accroché au mur de sa guérite.

— Vingt-huit degrés à l'ombre, cria-t-il presque.

— Eh beh.

— Ne travaillez jamais pour l'État, dit le garde.

— OK.

— Bien. Bon débarras à vous.

Le garde releva la barrière, Elina leva la main et démarra.

Après la zone frontière, les forêts firent leur retour de part et d'autre de la chaussée. La route était déserte. Elina mit les gaz.

Le gros orteil de son pied droit, cassé dans la bagarre, lui faisait mal.

Au-delà du cercle polaire, Elina commença à jeter des coups d'œil dans les rétroviseurs et à scruter les bords de la route. Si elle voyait des masses sombres sur l'accotement, elle ralentissait jusqu'à être certaine qu'il s'agissait de souches ou d'entrelacs de racines. Elle alluma la radio. Toutes les stations évoquaient les records de chaleur, les incendies et les inondations.

Elle se garait de temps en temps aux endroits où l'accotement s'élargissait. Elle se tournait en direction de la forêt et se tenait debout, en silence, les yeux clos. Elle visualisait deux poutres devant elle, qui montaient et descendaient au rythme de sa respiration. Montaient et descendaient.

De stop en stop, les moustiques se multipliaient.

Elle dépassa Kuikkaniemi, la Pointe du Plongeon arctique, sans accorder un regard à la berge escarpée de la rivière. Le bourg apparut au milieu des bois comme un songe. S'effaça comme un songe. À vingt-deux heures, elle parvint à Vuopio. Le soleil était encore haut et donnait au monde une teinte de vieux journaux, jaune et usagée. Elle tourna à droite en direction du pont et le franchit lentement. La rivière étincelait. Elle prit à gauche après avoir traversé et suivit le cours de la rivière en direction de sa maison natale.

Avant le dernier virage, sur la gauche, se trouvait la demeure d'Asko et Efraim, puis le chalet de Hibou. Les fenêtres étaient sombres. Elina parcourut la dernière ligne droite. Au bout, un panneau annonçait : *Fin de voie publique*. Elle obliqua dans la cour d'Ylijaako. Quatre bâtiments en dépendaient. Le vieux sauna, la maison d'enfance de son père dite le Côté Vieux, sa maison à elle et l'étable. Une rangée de trembles élevés bordait le chemin d'accès. Elle stoppa devant l'étable et descendit de voiture. Elle entendit les moustiques et la mélodie soûle de la grive mauvis. Les récriminations monotones, lasses de vivre, du pinson du Nord. Un pin était planté au bord de l'escarpement entre le vieux sauna et l'étable, telle une tour de garde postée à la frontière de deux mondes, terre sèche et tourbière, incliné en direction du marais qui s'étendait au pied de la paroi, aqueux, patient.

*
* *

Au matin, Elina fut réveillée par un son fort. Elle se leva, regarda par la fenêtre et aperçut un coucou. Il était posé sur un tremble et chantait, dispensant le temps aux vivants. Elle n'en avait jamais vu d'aussi près. Il se tut quand elle s'approcha de la fenêtre, et s'envola.

Elle observa le tremble déserté et songea à sa mission du jour : la pêche au brochet.

Elle avait dormi dans son ancienne chambre. Meublée d'un lit, d'une bibliothèque, d'une table et d'une chaise. Rien d'autre. Le reste de la maison, elle en avait laissé l'usage à Hibou.

Elina s'assit au bord du matelas. Elle passa la main sur ses cheveux, qu'elle avait rasés à trois millimètres.

Se couper les cheveux faisait partie du rituel.

Elle tendit la jambe droite et examina son gros orteil, noir et enflé. Plus de peine à voir que de mal. Il fallait faire quelque chose.

Elle rejoignit le corridor en boitillant. Par la gauche on accédait au salon, aux murs duquel Hibou avait déployé ses cartes indiquant les aires de répartition aviaire, la trajectoire des migrations, des tableaux de données et des dessins de palmures de canards. Elina prit à droite, direction la cuisine. Elle ramassa un exemplaire du journal *Lapin Kansa* posé sur le dessus du congélateur, déchira une bande de papier qu'elle enroula autour de son orteil dolent et de son voisin bienportant. Elle dénicha une paire de ciseaux dans un placard, découpa un morceau de ruban adhésif entoilé, tendit le bord du papier et colla la jointure. Un paquet bien solide.

Elina reposa les ciseaux. La porte du placard était ornée d'une carte topographique sur laquelle Hibou avait tracé des croix au crayon gris signalant les endroits où il avait rencontré des teignons, des *peijooni*.

Elina mit le café à couler, ouvrit la fenêtre d'aération munie d'une moustiquaire et regarda dehors. Elle n'avait rien mangé la veille au soir, mais c'était normal. L'appétit partait toujours en premier. Dans la cour, les mêmes oiseaux que quinze ans plus tôt faisaient retentir leur ramage.

Les litornes, les bergeronnettes, les hirondelles. Toujours les mêmes en apparence, mais c'en étaient d'autres. Ils remplissaient la cour, les arbres et les bâtiments. Si vous observiez les lieux en pensant uniquement aux oiseaux, vous en découvriez partout. Les hirondelles filaient comme des avions à réaction par les fenêtres du grenier de l'étable. Les grives sautillaient à pieds joints. Par moments, elles s'immobilisaient et il fallait vraiment plisser les yeux pour distinguer s'il y avait là une motte de terre ou une litorne.

Elina avala une gorgée de café et eut la sensation d'être une coquille fragile. Son père s'était, un jour, assis à cette même table, pour faire ses mots croisés, quand il avait entendu des griffes gratter le sol. Il avait baissé le regard et découvert une belette, qui l'avait fixé dans les yeux comme si c'était elle, le véritable propriétaire de la maison.

— Comment qu'une bestiole pareille sait où les yeux nous sont ? s'était-il étonné.

À l'enterrement de sa mère, Elina avait demandé à son père pourquoi il avait fallu construire la maison à proximité de la tourbière. Il lui avait répondu que sa famille, à lui, avait toujours vécu à cet endroit et que sa mère, à elle, avait trouvé l'emplacement particulièrement à son goût.

Avant de se marier, sa mère avait soigneusement étudié les environs. Elle avait élaboré une carte de la région sur laquelle elle avait dessiné leur future maison, celle-ci même, le long d'un axe est-ouest, positionnant l'habitation comme un niveau à bulles en travers de la Laponie. Elle avait expliqué que, de cette manière, le bâtiment parachèverait la disposition des autres éléments composant le paysage. La rivière, les forêts et les collines.

Son père avait regardé sa mère fixement. Une petite femme aux courts cheveux noirs et aux petits yeux charbonneux qui ne renvoyaient pas la lumière.

— Ah oui, avait-il dit. Pourquoi pas.

Ils avaient construit la maison ensemble. D'un étage et toute en longueur. Tout à fait différente de celles du village, organisées autour d'une grande pièce carrée et d'un four à pain central. Dans celle-ci, pas de pièce à vivre traditionnelle. La petite cuisine, à la table de laquelle Elina était assise, était intégrée à un corridor transversal. À l'extrémité ouest se trouvait le salon et à l'est, la chaufferie.

— Comme le cockpit et le moteur, disait son père à Elina lorsqu'elle était enfant. On t'a fait un vaisseau spatial.

La nuit, allongée dans son lit sans dormir, Elina écoutait les bruits sourds et saccadés se propageant dans les murs et le plafond. Elle s'imaginait que les sons provenaient des moteurs propulsant le vaisseau dans le noir. En réalité, le vacarme était celui des souris courant à l'intérieur des murs creux. Au cours de la première décennie, elles avaient presque entièrement dévoré l'isolant, ce qui, en hiver, contraignait son père à enfourner, du matin au soir, des brassées de bûches sans cesse renouvelées dans la chaudière.

L'été, les souris étaient empoisonnées ou attrapées à la tapette. Une fois, son père leur avait tendu un piège en creusant un trou sur leur trajet. Il y avait placé une grosse boîte de conserve vide qu'il avait remplie d'eau jusqu'à la moitié. Les souris, en pleine course, basculaient dans la boîte. Au matin, sa mère avait collecté les bestioles noyées et écrasées, avant d'aller jeter leurs restes sur le monticule de la cave extérieure, sur son épaulement bosselé, au milieu des épilobes et des framboisiers.

Elina, sa mère et son père s'étaient installés dans le sauna à la tombée du soir et avaient observé par la fenêtre de la salle d'étuve l'apparition, derrière le couvert à gibier, des chouettes et épervières boréales venues se poser sur le toit arrondi de la cave.

*
* *

Toutes ses actions lui revinrent à l'esprit d'un seul coup.

Les oiseaux se turent.

La pendule cessa de sonner.

La culpabilité chassa l'air hors de ses poumons en exerçant une poussée familière, régulière. *Pouhhhhhh.*

Elle appuya son front contre la table. Frappa à petits coups répétés.

— Merde, dit-elle. Merde. Merde. Merde.

Elle se redressa.

— Bon. Si on s'y mettait ?

Elle se leva et marcha de long en large. Elle leva ses mains et les secoua, doigts écartés face à elle, comme si elle s'était pris une vilaine décharge.

Elle s'assit par terre. Se pencha sur le côté, tomba. Essaya la position fœtale. Pas de soulagement. Elle se remit debout. Rejoignit le salon. Regarda dehors par chacune des fenêtres et regagna la cuisine. Secoua la tête.

— Merde. Satanée merde.

Elle prit un crayon gris qui traînait sur la table et se demanda si elle pouvait le casser. Elle le reposa. Elle avait promis à Hibou de ne plus rien casser.

Elle appuya son front contre le réfrigérateur. Porte fraîche. Elle releva la tête et la cogna si fort que les bocaux rangés sur les grilles tintèrent.

— Ah putain ! s'exclama-t-elle en se tenant le crâne. Enfer de l'Enfer de l'Enfer !

Elle rit, se posta face au miroir et dit :

— Tu as juste une grosse faim. Mange un truc.

Elle prépara des flocons d'avoine et enfourna lentement la cuillère dans sa bouche comme on bourre une chaudière à charbon. Elle retourna dans sa chambre et enfila un treillis en tissu solide muni de poches de côté. Elle renifla sa chemise de la veille, qui sentait encore la fumée. Elle la mit au panier à linge, chercha sa vieille flanelle grise informe et la passa. Elle gagna la buanderie et se tartina le visage, le cou et les mains de répulsif antimoustique.

Elle trouva ses bottes dans la chaufferie, les enfila, décrocha sa casquette du clou et la vissa sur sa tête, ouvrit la porte et sortit.

*
* *

Il était neuf heures du matin, mais les abeilles et les taons à cheval, engourdis par la chaleur, bourdonnaient déjà dans la cour, évoluant lentement, sans direction définie. À leur suite volaient les libellules, elles-mêmes suivies des hirondelles. Les cynomies aux reflets métalliques prenaient le soleil, alignées sur le mur de l'étable.

Elina s'y rendit pour chercher les cannes à pêche.

À l'intérieur il faisait frais. Et il y avait des moustiques, qui ne se tinrent plus de joie en se voyant offrir le petit-déjeuner au lit. Ils s'envolèrent à l'attaque avec zèle. Elina en écrasa sur ses avant-bras et sa nuque.

Elle tentait de rester en mouvement. Ça améliorait les choses. Pour gérer les moustiques comme les pensées, qui n'attendaient qu'un moment d'inactivité pour la piquer à leur tour.

Elle avait décidé de tirer le brochet hors de l'étang sans attendre. Elle chercha ses gaules dans un coin de la pièce, au milieu des skis, mais elles n'y étaient pas. Elle regarda ensuite dans le tas de piquets, sous les mangeoires à oiseaux et derrière les mobylettes. Un bric-à-brac s'accumulait dans tous les coins. Quand l'écorchage du gibier avait été transféré ailleurs, son père avait remisé ici tout ce qui ne servait pas au quotidien. Ce qui représentait une bonne quantité car, vers la fin, son père ne faisait plus grand-chose d'autre que s'asseoir sous la véranda, boire de la bière et contempler le marais.

Au plafond, à la base de la panne faîtière, étaient accolés des nids d'hirondelles. Les hirondeaux observaient Elina en piaillant.

Elle passa du côté de l'étable à vaches, suivie par son cortège de moustiques. Un vieux chauffe-eau se trouvait là. Il avait un jour dérivé jusque dans la cour au gré des inondations. Son père l'avait nettoyé et transformé en fumoir à poisson. Dans le temps, les villageois avaient coutume de traîner leurs rebuts sur la glace au printemps, laissant le soin à la rivière de convoyer la ferraille qui devenait alors un enquiquinement à charge des habitants en aval. On en avait balancé à la tonne. Cuvettes de toilettes, réfrigérateurs, congélateurs, voitures.

Elina découvrit la canne casting sous un monceau de voiles de forçage. Un paquet de leurres s'y trouvait aussi, trace sans doute du passage de Hibou.

La canne à moulinet fermé était introuvable. Elina aurait préféré l'avoir parce qu'il était possible de lancer à une seule main, en plus de quoi on pouvait faire des grosses prises même avec des leurres aussi légers que les spinnerbaits 10 grammes de chez Doppler et les discrets Rapala. La longue poignée de la casting était en liège et effritée par endroits. Au centre du corps, un morceau de ruban adhésif entoilé enveloppait l'endroit où, un jour, cela avait cassé.

Elina fléchit la canne. La réparation tenait.

Ça ferait l'affaire.

Un bas de ligne en acier était déjà monté, tordu par les morsures de brochet. Elina ouvrit le paquet, choisit un popper de neuf centimètres et le fixa. Elle mit quelques spinnerbaits, cuillères et petits poissons nageurs supplémentaires dans un vieil étui à lunettes qu'elle glissa dans la tige de sa botte. Elle sortit par l'arrière de l'étable et observa les nuages blancs. Ils circulaient de guingois dans le ciel comme des anges mutants. Elina songea que la journée allait être bonne.

Sur ce dernier point, elle se trompait complètement.

*
* *

À l'arrière de l'étable poussaient l'ortie et l'épilobe. Hibou avait fauché un étroit passage au milieu des touffes, qu'Elina emprunta. L'air stagnait lourdement au-dessus de la cour. Elina sifflota un vieux tube et la grive musicienne lui répondit.

Les épilobes se tendaient à toute force hors de terre, de concert avec les orties, vert clair, rectilignes et pleins de désir. D'ici deux mois ils la dépasseraient, ils se seraient voûtés et inclineraient leurs têtes fleuries de rouge, abandonnés à août. Ils bruniraient peu à peu à partir du bas, sécheraient et mourraient sur pied, puis la neige se répandrait sur eux comme elle le ferait sur tout ce paysage, et nul bruit ne s'entendrait plus, un épais tapis tôlé recouvrirait tout, surmonté par la lune.

Derrière l'étable, un chemin d'accès aux cultures longeait la forêt. Il descendait sous l'escarpement de la berge et conduisait à travers le marais et la saulaie jusqu'aux champs, entre Iso-Uopaja et Pikku-Uopaja. Elina le quitta dès la berge pour entrer dans la tourbière et partit à grandes enjambées. Elle dépassa le Perälampi dans les eaux duquel chassaient les grosses perches. L'étang était bordé par une saulaie dense qui griffait ses avant-bras nus, couverts d'écorchures blanches et rouges. Ça faisait du bien.

Elina marchait. Quelques moustiques, l'ayant repérée, prirent un laborieux envol et elle les écrasa. La tourbière puait. Elle donnait l'apparence de la sécheresse, mais le pied s'enfonçait de quelques pouces à chaque pas et l'eau coulait en rigoles au milieu des herbes. Chaque décollement du talon s'accompagnait d'un bruit de succion très net comme si les jambes d'Elina étaient des sucettes au caramel que le marais lâchait à regret. Elle ménageait son pied droit, mais son gros orteil était solidement scotché. Elle portait ses pas sur la sphaigne, le lédon et la linaigrette. Elle aplatissait les menus arbrisseaux dont les tiges têtues s'enchevêtraient dessus dessous comme des câbles électriques. Les airelles étaient en fleurs, leurs pétales roses fixés comme des perles à l'extrémité des tiges. Trop belles pour ce bourbier. Elles s'agglutinaient par endroits à foison, et c'est elles qu'Elina visait, car en-dessous le sol était ferme. Elle était constamment en mouvement. Lorsque la température montait, les croquemitaines des tourbières progressaient avec plus de célérité qu'à l'ordinaire, ce qui, Dieu merci, restait tout de même assez lent.

On savait que les élans et les rennes, partis franchir les vastes tourbières d'aapa, s'effondraient parfois et se faisaient aspirer dans les mares fangeuses, dans ces yeux du marais où les croquemitaines se gorgeaient de leurs carcasses savoureuses.

Quelle fatigue d'être vivante et d'accomplir les tâches absurdes nécessitées par l'existence, comme celle qui l'attendait ici. Comme il serait tellement plus facile de dormir, refroidie, sous la tourbe...

Voilà que les taons aussi l'avaient sentie et tournicotaient autour d'elle. Les nuages jouaient les idiots au-dessus de la forêt et changeaient de forme, et l'idée lui vint qu'elle ne bougeait pas : seul le temps bougeait, et elle-même, les croquemitaines et les nuages n'étaient qu'une série d'images gelées.

*
* *

L'étang était toujours le même trou puant dans le marais. En son centre poussaient douze tiges à l'air maladif. L'eau était pleine de débris brunâtres. Formant des structures ressemblant à des tours qui s'élevaient vers la surface.

C'était la fin de matinée et, en théorie, il faisait un temps parfaitement contre-indiqué pour la pêche. Elina desserra le frein du moulinet, ramena la canne en arrière et lança en décrivant une large parabole. Le popper vola et fit gicler l'eau au centre de l'étang à un mètre du buisson de tiges.

Elle laissa le leurre flotter. Si le brochet était en vie, et il l'était toujours, il s'était retourné en direction du son, avec difficulté, comme un vieux sous-marin.

Les systèmes internes du brochet solitaire se remettaient lentement en marche. Il n'avait rien mangé depuis plusieurs jours et reposait à moitié endormi sur le fond vaseux, attendant la mort, mais voilà qu'il retrouvait espoir et affûtait ses sens au maximum. Agitant ses nageoires et ouvrant grand les yeux, il analysait le désordre d'eau et de limon et se demandait si quelque nourriture était apparue.

Elina tira d'un coup sec. Le popper fila sur dix centi-mètres, éclaboussa en faisant : *plop*.

Une raie se dessina dans l'eau, elle provenait de derrière les tiges, et Elina ne fit plus rien, car maintenant le brochet savait où se trouvait son objectif. L'eau rejaillit et le leurre disparut. Elina tira sur la canne. Le brochet était ferré.

Il pesait environ un kilo et fit ce que font les brochets : il se mit à tirer. D'abord vers la gauche, puis vers la droite. Elina tournait et retournait sa canne, la conservait à quatre-vingt-dix degrés par rapport à la ligne. Elle enclencha le frein. Le brochet fut obligé de travailler contre toute la puissance de la canne.

L'eau giclait, le poisson se fatiguait.

Elina ne tint plus que d'une seule main. De l'autre elle attrapa sa casquette et la claqua sur sa cuisse. Une collection d'insectes tomba, estourbie, dans le marais. Elle remit son couvre-chef et commença à mouliner. Quand le brochet fut à un mètre, elle leva sa canne pour sortir le poisson de l'eau. Et alors, la ligne cassa.

Clac.

Les nuages glissaient au-dessus de l'étang.

Elle prit l'extrémité de la ligne entre ses doigts et l'examina. Transparente et irrégulière. Elle libéra une plus grande longueur de fil du moulinet, s'en saisit à deux mains et tira en sens opposés.

Clac.

Elle se demanda quand elle avait changé sa ligne pour la dernière fois. Impossible à dire.

C'était le premier vrai revers en ces cinq ans. Avant, le brochet était toujours sorti au premier lancer.

Elina s'enthousiasma un peu.

Elle monta sa cuillère Krokodil 16 grammes directement sur la ligne. Elle passa l'extrémité du fil deux fois dans l'œillet et observa, désemparée, l'embrouillamini. Comment faisait-on un nœud de pêche, déjà ? Elle commença à enrouler la ligne sur elle-même. Ses doigts savaient quoi faire.

Elle avait besoin de ses deux mains, ce qui fournit une occasion aux taons. L'un essaya son stylet sur son poignet. Piqua. Elina mouilla le nœud avec sa salive et serra en tirant d'une seule traite égale, calme.

Ensuite elle décocha une chiquenaude au taon.

Elle raccourcit le bout de la ligne d'un coup de dents, moulina pour remonter la cuillère près de l'extrémité de la canne, inclina celle-ci en arrière et lança. Le brochet s'accrocha aussitôt.

— Que t'as rien appris, hein, lui dit-elle.

Cette fois-ci, Elina commença à fatiguer le poisson dans les règles. Elle entendait être consciencieuse et n'offrir que peu de résistance. Si peu que la ligne tiendrait mais que le poisson devrait se donner de la peine. Elle entendait faire s'écouler tout le regain de forces, de détermination et de foi en la vie qui restait au brochet afin qu'il s'échoue sur le bord par pure indifférence. Elle pourrait alors s'accroupir et le sortir de l'eau aussi facilement et rapidement qu'elle ramasserait son ticket de caisse tombé par terre.

Elle donna du mou au frein. Le brochet se mit à tirer. Il partit vers le centre de l'étang. Le frein vrombissait au fur et à mesure que la ligne se dévidait.

Deux choses inquiétaient Elina. Si le brochet avait avalé le leurre profondément, il se pouvait qu'il coupe la ligne en mordant. Deuxièmement, il pouvait se mettre à nager en boucle autour du buisson de tiges. La ligne se tendrait et Elina perdrait le contact. À ce moment-là, un seul coup trop fort suffirait à casser le fil.

Elina ne pouvait intervenir que sur le deuxième cas de figure.

Elle garda la ligne tendue entre elle et le poisson. Elle effectuait le tour de l'étang en suivant la direction donnée par le brochet, faisant en sorte de ne jamais se retrouver du côté opposé des tiges. Le poisson nageait dans le sens des aiguilles d'une montre. Elle marchait et gardait le contact avec lui comme avec une bonne pensée en train de se former. Elle parlait à haute voix pour ne pas perdre patience. Elle s'adressait des commentaires à chacun de ses pas et à chaque secousse du brochet.

Elina n'avait maintenant plus un instant de répit avec les insectes. La transpiration qui lui trempait la nuque et les mains avait lavé le répulsif, et les moustiques frappaient. Ils se posaient et cherchaient l'endroit propice avec leur trompe flexible. Le rostre du moustique est un instrument magnifique, muni de six aiguilles. Il possède deux maxillaires, les perceuses, placées le plus à l'extérieur, suivies des mandibules qui maintiennent le trou ouvert et, entre elles, passe le tuyau de l'hypopharynx avec lequel le moustique injecte la salive qui empêche le sang de coaguler. Et puis il y a la paille. Le moustique suce le sang et le sépare de l'eau qu'il rejette en gouttelettes par son abdomen.

Ces appareils suceurs-reproducteurs assemblés avec raffinement s'acharnaient sur Elina par centaines.

Au milieu des moustiques, les taons. Les chrysops aux yeux verts étincelants, rapides, silencieux et agiles, et autour d'eux les taons à cheval. Des crottes noires équipées d'ailes. Ils procédaient à un atterrissage d'essai pour étudier sa chemise, son pantalon et sa casquette. Les taons cherchaient la peau. Ils s'enfouissaient dans ses cheveux à la bordure de sa casquette, tranchaient le cuir chevelu et mangeaient. Ils se disputaient les emplacements sur ses avant-bras et ses poignets. Ils possédaient des stylets en chitine dans la bouche, avec lesquels ils sciaient, et quand le sang affluait ils plongeaient leur gueule dans la plaie. Les taons étaient des canifs vivants, fabriqués par Satan lui-même, car ils possédaient aussi dans la bouche une cuillère avec laquelle ils puisaient le sang. Leurs abdomens sombres et poilus palpitaient et se gorgeaient de sang, ils s'arrondissaient et, une fois rassasiés, ils peinaient à s'envoler pour trouver un endroit propice à la ponte, par exemple des herbes croissant au bord de l'eau qui, sur ce terrain, n'étaient jamais trop loin.

Autour des taons crépitaient les æschnes crénelées, bleues, chatoyantes. Elles croquaient les taons au cours d'attaques en piqué, se laissant tomber sur eux et les enserrant dans leurs pattes puissantes qu'elles repliaient comme les barreaux d'une cage. Elles les achevaient d'une morsure à la tête, après quoi elles allaient se poser dans les branchages de saule pour déguster leurs proies. Les plus grosses ne se posaient jamais. Elles vrombissaient sur place, majestueuses et terribles, occupées à broyer, et à guetter les environs avec leurs yeux omnivoyants. Elles se gavaient de tout, sauf des ailes.

Elina massacrait moustiques et taons de sa main libre. Elle en écrasait sur ses mains, sur son pantalon et sur sa chemise. Sa paume gauche était noire de chitine et d'intestins. Elle essuyait les restes sur son pantalon qui se transforma en un cimetière d'insectes. Elle marchait, faisant ambuler autour de l'étang le cirque ininterrompu de la prédation et de la mort. Elle avait mal à l'orteil. Elle chancelait. De temps à autre elle était obligée de prendre appui sur sa main libre dans la tourbière, et alors les moustiques et les taons pouvaient lacérer, piquer, laper et se gorger en toute quiétude.

Et tout autour dans les herbes, les taillis et les brindilles, géotrupes et coléoptères grimpaient en nombre, cherchant à atteindre le succès, chacun avec les capacités spécifiques à son espèce. Ils livraient bataille, certains tombaient dans l'étang et se démenaient, à la merci d'un élément qui n'était pas le leur. C'est alors que les patineurs d'eau débarquaient en glissant. Ils inséraient leur trompe dans leur victime pour y injecter une enzyme qui dissolvait ses organes internes, après quoi les patineurs pompaient. On aurait dit des décorations de table composées de baguettes collées ensemble, suscitées par une malédiction maligne, et tous enfonçaient leur paille dans leur proie, bâfraient et ne laissaient qu'une enveloppe vide derrière eux. Si une créature vraiment grosse se retrouvait livrée aux eaux, elle pouvait faire l'objet d'une attaque simultanée de dix patineurs, qui la cernaient et banquetaient comme des hyènes.

Sur un îlot boisé, de grands épicéas balançaient leurs branches, de-ci de-là au souffle du vent chétif comme si, eux aussi, cherchaient à attirer une proie.

De temps à autre des oiseaux venaient s'y poser, qu'on ne revoyait plus.

Sous les patineurs d'eau, le brochet évoluait. Sa tête était aussi large que celle d'un crocodile et son corps s'effilait en direction de la queue comme un gourdin. Sombre et droit, il traversait son monde trouble. Il fléchit son corps souple et le redressa d'un coup vif, sans fanfare, il glissa. Avec quelle grâce, quelle économie de mouvements il nageait ! Et avec quelle lourdeur Elina crapahutait à sa suite…

Elle était trempée de sueur et de sang. Ses cheveux étaient pleins de moustiques qui s'étaient faufilés sous sa casquette. Ils s'étaient gavés à en crever et ne parvenaient plus à s'aplatir pour s'échapper, ils bourdonnaient et vrombissaient dans leur prison touffue. Certains s'étaient infiltrés dans ses oreilles, où ils n'avaient trouvé aucun avenir. Ils se sentaient pris au piège et sifflaient, et le son était insupportable, car il provenait directement de l'intérieur de sa tête. Quelque chose la piquait et la lacérait en permanence, une même douleur, égale, se répandait dans tout son corps. Ses pieds aussi la faisaient souffrir et elle était contente d'être ainsi châtiée.

Quelle merveille, de lenteur et de douleur, que le mouvement du temps qui se déployait à l'étang ! Tous deux épuisaient leurs forces. Elina pataugeait dans le marais, dans sa décourageante mollesse. Le brochet nageait dans l'étang, avec pour croix la résistance constante de la canne à pêche. La question était de savoir lequel s'exténuerait en premier. Elina était concentrée sur une seule et unique chose : mettre un pied devant l'autre.

Elle réalisa avec retard que la ligne pendait mollement. Le brochet avait cessé de tourner. Il flottait sur place au centre de l'étang, ce qui signifiait qu'il était potentiellement à bout. Elle ne lui laissa aucun répit. Elle donna un à-coup et le força à se remettre en mouvement. Il glissa de mauvais gré vers le bord à deux mètres d'elle. Elina s'approcha du poisson, en trois pas exagérément prudents. Son orteil était si douloureux qu'elle faillit crier. Le brochet ouvrit la bouche, ses opercules écartés comme des ailes. Les leurres s'agitaient, piqués dans sa mâchoire inférieure. Elina s'accroupit, espérant qu'il soit prêt. Que l'ombre de sa main qui se tendait ne l'effraie pas, mais lui semble au contraire une rédemption.

Elina examinait l'œil du brochet, perle trouble où le monde se précipitait en un brouillard de mouvement et de couleurs. Il ne s'y reflétait nulle menace, nul désespoir. Le brochet faisait ce qu'il faisait parce qu'il le pouvait.

Il donna un coup de queue qui le propulsa au milieu de l'étang.

Ils rejouèrent la pièce, une fois encore. Et encore.

Et puis ce fut l'accident. Le pied droit d'Elina, maintenant engourdi, s'enfonça à une profondeur inattendue. Elle perdit l'équilibre et s'étala sur le derrière dans la tourbe froide, mouillée. Elle se remit péniblement debout et tira sa jambe enlisée dans le marais. Rugit de douleur. Son pied se libéra, sans la botte. Elina se tenait là, avec juste sa chaussette droite. Le marais aspira la chaussure en glougloutant de plaisir.

Le frein cria et la ligne se dévida.

Le brochet était parti faire le tour du buisson de tiges.

Elina chancela à sa suite. Le poisson avait un demi-tour d'avance. La ligne appuya contre les tiges et se mit à plier, le poisson tirait. Elina tenait sa canne le plus haut possible. La ligne franchit les deux premières tiges, et une troisième, mais celles du fond étaient plus longues et ne se courbaient qu'à mi-hauteur, puis plus du tout, et la ligne enserra toute la végétation récalcitrante en un fagot compact. Elina marchait à grands pas. Le marais trépidait. C'était une erreur, ces enjambées, le brochet percevait ses mouvements affolés, il fila et fit le tour complet du fourré. Il n'y avait plus rien à faire. La ligne enroulée autour de l'obstacle ne cédait pas, et la trajectoire du poisson s'arrêta. Le brochet commença à se débattre. À l'autre bout, Elina tirait en donnant des à-coups et des secousses. Les tiges ne faisaient que se balancer. Le brochet se contractait et se lançait en avant. La ligne ne résista plus et cassa.

Elina tourna aussitôt le dos à l'étang. Elle ne s'attarda même pas pour chercher sa botte. Tout cela était mérité. Elle obliqua et prit le chemin de la maison, laborieusement, traînant la patte, le pied droit en feu, sa chaussette en laine faisant un bruit de serpillère dégoûtant, escortée par le vacarme incessant, cauchemardesque, des insectes.

*
* *

Une fois rentrée, Elina ôta ses vêtements trempés, les mit à sécher sur un fil dans la chaufferie et jeta sa chaussette à la poubelle. Elle décolla prudemment le pansement à l'intérieur duquel son orteil noirci et méconnaissable l'élançait. Elle jeta le ruban adhésif et alla prendre une douche. L'eau coulait avec une pression minime. Elle examina son orteil estropié et les tourbillons d'eau qui le cernaient. Sang et boue, moustiques morts.

Elle se sécha et se regarda dans la glace. Son visage était encadré de bosses rouges, coléreuses. Elles allaient encore rougir et colérer davantage, pour autant que les protéines des insectes accomplissent leur office.

Elle dit à son reflet :

— J'ai plié, mais je n'ai point rompu.

Elle partit d'un gros rire, car elle avait toujours détesté les proverbes et elle était horrifiée : la journée était encore longue et elle était déjà morte de fatigue.

C'était exactement le genre de souffrances dont elle avait besoin. Elle essaya d'éprouver de la reconnaissance pour cela.

Elle gagna la cuisine clopin-clopant et alluma la radio. Ils annonçaient que la chaleur exceptionnelle s'était installée pour durer en Laponie et qu'il fallait se préparer, en plus, à des tempêtes sévères. Elina scotcha de nouveau son orteil. Elle fit le tour des placards et, après avoir écarté sacs de farine et boîtes de conserve, elle trouva un paquet de biscuits secs à la cannelle. La date de péremption remontait à l'année passée. Elle en testa un sous la dent. Il était dur comme la pierre. Elle l'emboucha à la manière d'une tétine, l'humecta, suça le sucre, s'assit sur la même chaise que le matin et écouta la radio énumérer les différents phénomènes météorologiques torturant le pays, autant de signes manifestes de la fin du monde. Elle se dit qu'elle devrait aller faire des courses.

Il faudrait qu'elle aille acheter une nouvelle ligne chez Keijo et un peu à manger chez Heta.

2

Elina prit la voiture pour se rendre au village, dépassant les vieilles bâtisses posées sur la berge. Elles avaient été construites après-guerre sur les fondations mêmes de celles qui avaient été incendiées. Chaque cour comportait une cage où un chien aboyait sans cesse. Chacune comptait une écurie, une remise ou un sauna sur le toit desquels était ficelé, dans du grillage, un machin compliqué pour faire sécher la viande.

La lumière aveuglante du début d'après-midi étincelait sur la rivière. Elina traversa le pont et emprunta la route menant au village. Celui-ci comptait une coopérative et un magasin d'articles de pêche, devant lequel elle se gara. La boutique s'appelait *Vuopion Viehe*, « Le Leurre de Vuopio », et était tenue par Keijo. Un jour, un type avait débarqué de Somero pour fonder, au bourg, un magasin concurrent, mais l'affaire ne fut pas rentable, tout le monde venant se fournir dans la boutique de Keijo à Vuopio.

Elina était assise dans sa voiture et rassemblait ses forces. Dans un coin du parebrise, un taon à cheval solitaire était posé, ses pattes de devant étendues sur la vitre comme en signe de supplique, prêtes à renoncer. Elle s'imagina qu'elle était en route pour la Lune. Alentour, c'était un vide gris, sans oxygène.

Des coups furent frappés au carreau. Elina sursauta.

Simo-Merdo louchait dans l'habitacle. Il tenait dans sa main un visage de bonhomme qu'il avait bricolé. La figure se composait de pommes de pin, de cailloux, de perles en bois et de fragments de lichen collés sur une rondelle de bois. Simo-Merdo formait un mot avec sa bouche : « Achète ». Elina descendit de voiture, posa la main sur l'épaule du vieillard et lui demanda comment ça allait. « Le Bonho-Merdo », dit Simo-Merdo en tendant son artefact. Elina fit non de la tête en disant « on se voit plus tard », et elle entra dans la boutique.

Keijo était assis sur un tabouret derrière son comptoir, affairé à tordre avec une pince la bavette d'un poisson nageur Rapala, et jurait en traitant l'artefact de bougre de pine de grabuge.

Les murs de la boutique étaient ornés de têtes de saumons et de brochets séchées, un vieux filet était pendu au plafond. Des crânes de rennes surmontaient des guéridons. Sur l'un d'eux se tenait un renard empaillé couvert de leurres. Par terre, au pied de la table, était posée une ogive d'obus de la longueur d'un avant-bras. Des tournesols en plastique y étaient plantés.

Elina entrait dans la boutique une fois l'an et, à chaque visite, la quantité d'accessoires augmentait tandis que celle des articles de pêche diminuait. Il faisait chaud. Des ventilateurs étaient disposés sur les meubles, vrombissant à puissance maximale. Ils tournaient lentement d'un côté puis de l'autre, comme des radars, et le souffle de l'air faisait tinter les leurres suspendus à différents crochets.

— Bonjour, dit-elle.

Keijo leva les yeux sur l'arrivante.

— Voyez-moi ça.

— Comment va, Keijo ?

— Hé, on fait aller. On fait aller.

Elina étudia le présentoir posé sur le comptoir. Cuillères, hameçons, split rings et émerillons. Elle le fit tourner. De l'autre côté, il y avait des bas de ligne en acier brillant, longs de quarante centimètres, et des noirs en titane, de quinze centimètres, vendus par trois. Ceux en titane étaient plus chers.

Elina en prit une boîte et la déposa sur le comptoir.

Keijo y jeta un coup d'œil, revint à son bricolage.

— Il te faudrait autre chose ?

— Une nouvelle ligne.

— Ah bon.

— Tu as du fil tressé ?

Keijo tordit la bavette.

— Ici on vend du monofilament.

— Ça ira.

— Épaisseur ?

— Tu n'as qu'à me mettre du zéro virgule quinze millimètres.

Keijo reposa le poisson nageur sur ses genoux et dévisagea Elina.

47

— Pour quoi ?
— Le brochet.
— Serais-tu folle ?
Elina s'esclaffa, mais Keijo était sérieux. Les ventilateurs bourdonnaient.
— Mets du vingt alors.
Keijo reprit le pliage de la bavette.
— Dis donc... marmonna-t-il en brandissant le leurre et en fixant les yeux peints du poisson nageur comme si c'était à celui-ci qu'il posait la question et non à Elina.
— ... quand tu vas chier, tu plonges la tête dans le trou ?
— Je ne me souviens pas de tous les chiffres. Je suis un peu pressée.
Keijo bricolait son leurre, l'air de dire que ce n'était pas son problème.
— Mets-moi du trente, dit Elina.
— Quand tu vas aller chercher ce brochet, là... commença Keijo.
Elina poussa un soupir.
— ... tu vas jeter ta canne dans la rivière et tenir l'hameçon ?
— C'est si grave que ça ?
— Un homme de pêche le sait. Ou une femme.
— Bah, mets-moi juste du...
— Et d'ailleurs, es-tu vraiment sûre pour tes bas de ligne ?
— Comment ça ?
— Je me demande juste.
— Oui. Mais ce fil...
— On a du quarante aussi.
— Quoi ?

48

— C'est que, à ce que je vois, ces bas de ligne là, ils sont, au plus, pour la perche. Et toi, tu vas au brochet à ce que j'ai compris.

— Moi, je n'aime pas leurs longs bas de ligne. Ça a des effets sur la nage.

Keijo brandit sa pince.

— Ça, dit-il. Ça, ça a des effets sur la nage.

— Dis donc, il va falloir que je conduise jusqu'à Sodankylä pour mon fil ?

Keijo se mit debout et cria :

— Point besoin d'aller chez ce ramassis de rennes rassis, tu l'auras ici ton fil !

Il attrapa une bobine Abu de deux-cents mètres de monofilament zéro virgule trente millimètres et la fracassa sur la table. Il entra le prix sur son ordinateur et marmonna :

— Ceux de Sodankylä... pouah, si tu savais les bouses qu'ils peuvent te refourguer. Du Stren...

— C'est du bon fil, le Stren.

— Pouah, si tu savais la bouse que c'est.

— Moi, je crois que c'est justement de l'Abu qui a cassé. Que j'avais acheté ici.

— Quand j'étais petiot, il n'y en avait point, de fil.

— Ah oui.

— Et point de cannes à lancer.

— Ah oui, oui.

L'index de Keijo s'immobilisa au-dessus de la caisse.

— Ce qu'on faisait, c'était un nœud coulant en fil de fer au bout d'un bâton.

Elina fixait l'index de Keijo. Espérant qu'il se mette en mouvement. Ce qu'il fit, pour s'écarter de la caisse, et une plainte sourde s'échappa de la gorge d'Elina. Keijo contourna le comptoir et leva le bras comme s'il tenait un bâton invisible. Il se mit à évoluer sur la pointe des pieds à travers la boutique.

— On se cherchait une baie peu profonde, chuchota-t-il en tournant autour d'Elina, le dos courbé. On regardait où que le brochet se voyait dans la lumière... ici !

Keijo pointa le présentoir à jigs.

— On se rapprochait.

Keijo rejoignit le présentoir et tendit son bâton invisible.

— On passait la boucle autour du bestiau et on tirait. Là !

Keijo agitait sa main en l'air.

— Des fois, il se coupait en deux. Avec mes frères, on remontait du brochet durant tout l'été, on le passait rapidement à la poêle bien chaude et on mangeait même si c'était pas encore cuit. On n'avait point la patience.

Keijo s'appuya sur une table et sourit, plongé dans ses souvenirs.

— Et après, on chiait le ver solitaire.

Elina sortit son portefeuille et rassembla sur la table une pile de billets et de pièces correspondant à la somme de ses achats. Elle fourra la bobine et la boîte dans les poches latérales de son pantalon et prit la direction de la porte.

— Merci !

— Dis-moi, s'écria Keijo alors qu'Elina avait déjà ouvert et s'apprêtait à sortir.

Elle se retourna à contrecœur et examina l'intérieur du magasin. Les lieux paraissaient sombres et exigus. Keijo se tenait près de son comptoir comme un troll qui n'a pas le droit de quitter sa caverne.

— Pourquoi que t'es venue ici ?
— Hein ?
— Au village. Tu n'y as plus rien à toi.
— Ma maison.
— Elle est pas à Hibou ?
— Elle est à moi.
— Et toujours au même temps, que tu viens. C'est tes vacances qui tombent comme ça ?
— Je suis venue aussi à d'autres moments. Tu m'as juste pas vue. Merci et au revoir !

Elina posa le pied sur le perron.

— Si c'était le cas je l'aurais su. M'entends-tu !

Elina était debout sur les marches. Le soleil brûlait sa nuque endolorie. Elle maintenait la porte entrebâillée, refusant de l'ouvrir en plus grand. Une personne extérieure à la scène aurait pu s'imaginer qu'elle était piégée au beau milieu d'une prise d'otage corsée et tentait de négocier avec le criminel retranché à l'intérieur.

— Prends-en plus, dit Keijo.
— De quoi ?
— Des cuillères neuves.
— Pas besoin.
— Des couleurs flash pour ta Professor...

Elina claqua la porte, monta en voiture et se rendit au magasin d'alimentation.

*
* *

La coopérative de Vuopio était une bâtisse à deux niveaux située au milieu du village, à une centaine de mètres, du même côté de la route que la boutique de pêche.

Elina gravit les marches rouges, caressa la rampe familière et entra. La clochette tinta.

— Bonjour, dit Heta.

Elle reconnut ensuite sa cliente.

— On dirait bien que c'est Elina.

— Bonjour, dit Elina en se forçant à arborer un sourire. Me revoilà.

— Chaque fois je suis surprise de voir comme t'es devenue adulte !

— Ça fait déjà plusieurs années que c'est le cas.

— Mais t'étais si petiote avant.

— Oui.

— Je venais m'occuper de toi à Ylijaako plutôt deux fois qu'une.

— Oui.

— Je te prenais dans mes bras et je faisais des puzzles avec toi et je te donnais de la bouillie. Tu tc rappelles ?

— Ouais. Tu aurais de quoi mettre sur mon pain ?

— Je crois point.

Elina regarda les étagères remplies. Heta souriait et la dévisageait de son unique œil qui y voyait, comme si Elina avait de nouveau trois ans et lui avait demandé si elle pouvait jouer avec le couteau.

Elina se gratta la nuque.

— Rien ? Il y a du jambon, là.

— Il y a du cervelas et de la saucisse de jambon, pour sûr, mais point de ces délicatesses du Sud.

— J'en ai pas besoin. Je prendrai deux-cents grammes de cervelas.

— Tu les goûtes quand même, nos saucisses.

— Oui, depuis toujours.

— En général, les gens comme toi, vous demandez à ce que ça soit coupé tout fin et mariné dans du miel.

— Quels gens comme moi ?

— Les gens du Sud.

— Mais je suis pas du Sud...

— Je te taquine, va. Tu voulais quoi alors ?

— Deux-cents grammes de cervelas, un paquet de pain croquant et des filtres à café, je crois qu'il ne m'en reste plus.

Heta choisit les articles sur les étagères derrière elle et les déposa sur le comptoir. Elle sortit un sac en plastique de sous le buffet, emballa le tout et se mit à raconter comment, à l'âge de cinq ans, Elina s'était carapatée et comment elle lui avait couru après. Qu'elles avaient galopé l'une derrière l'autre dans la prairie, tels le lièvre et le renard. Elina courait à toutes jambes et Heta en avait presque eu une crise cardiaque, mais finalement elle avait rattrapé Elina et lui avait tiré les cheveux. Heta dit qu'Elina avait toujours été une enfant obstinée et renfermée et décalée, tout comme sa mère avait été une adulte obstinée et renfermée et décalée. C'est peut-être ce qui faisait qu'Heta avait toujours eu un si gros faible pour Elina.

— Ç'a été un coup dur, pour moi, quand ta mère est morte, ajouta-t-elle.

Elle semblait prête à fondre en larmes, mais se ressaisit et força un sourire à lui venir aux lèvres.

Enfant, Elina avait demandé à Heta ce qui était arrivé à son œil. Heta lui avait répondu qu'elle l'avait placé dans une cachette secrète à Ylijaako pour pouvoir la surveiller quand elle n'était pas là. Elina avait fait des cauchemars dans lesquels elle se réveillait la nuit et l'œil de Heta reposait sur sa couette face à elle, gros comme un ballon de foot, et la fixait.

— C'est bien que tu reviennes encore dans ton village, dit Heta. Voir la maison et Hibou. Lui non plus, il n'a point trop d'amis. Tout le monde le croit zinzin, mais moi je l'ai toujours trouvé sympathique.

— Voui.

Heta remonta les poignées du sac en plastique et les tendit à Elina.

— Mais tu ne vas point y aller, tout de même, au Seiväslampi ?

Elina attrapa les poignées.

— Pourquoi ?

— Ça ne vaut pas la peine.

Elina voulut soulever le sac, mais Heta s'y agrippait.

— Ça pourrait mal tourner, dit-elle. C'est un endroit dangereux.

— Plus dangereux que les autres, tu crois ?

Elina tenta à nouveau de tirer le sac à elle. Heta ne lâchait pas prise. Elle affichait un sourire terrifiant et contrit.

— N'y va pas, non, dit Heta.

Elina haussa les épaules.

— Ne te vexe pas, mais tu as vraiment une tête affreuse, dit Heta. Avec ta figure toute bouffée. Y es-tu allée ?

— C'est quoi, cet interrogatoire ?

— Ce brochet, l'est point normal.

Elina voulait sortir, tout de suite. Elle s'apprêtait à arracher le sac des mains de Heta quand la clochette tinta, la porte s'ouvrit et Esko entra en s'écriant « bonjour ».

Esko cultivait des navets de l'autre côté de la route. Son bleu de travail était couvert de sciure. Il s'arrêta sur le seuil. Regarda Heta, regarda Elina. Le sac entre elles deux, qu'elles tenaient comme un cadeau commun longuement élaboré. Heta le lâcha. Elina le tira de son côté du comptoir. Heta s'essuya les mains sur son tablier et répondit « bonjour ».

— Eh bien, euh, dit Esko.

— Salut, dit Elina.

— Je voulais point vous interrompre.

Heta balaya l'air de sa main.

— Qu'est-ce qu'il lui faut, à notre Esko ?

— Du sel de mer, répondit-il sans faire un pas.

— J'y vais, là, annonça Elina.

— Toi, tu restes ici, dit Heta.

Elle prit un paquet de sel, le déposa, avec une force inutile, sur le comptoir et dit « voici ».

Esko restait à la porte tel un vison hésitant à l'entrée d'un piège.

— Je ne voulais point vous interrompre, répéta Esko.

55

Heta secoua la tête.

— Tu n'interromps rien du tout. Voilà ton sel.

— Ouais, dit Esko en gagnant le comptoir.

— Ça avance bien, ce projet d'enclos, Esko ?

— Dernière ligne droite. Mais va falloir faire une petite pause, vu le bazar qui s'annonce.

Heta tenta, du regard, de clouer Elina sur place, mais celle-ci était déjà parvenue à la porte. Esko tendit sa monnaie à Heta qui l'ignora complètement. Elle fit le tour du comptoir et cria à Elina que ce brochet « l'est point normal, m'entends-tu ? ».

Elina ouvrit et descendit les marches, gagna sa voiture. Heta la suivit sur le perron.

— Stop ! s'écria-t-elle.

Elina jeta son sac sur le siège passager, referma sa portière et démarra. Heta était toujours sur le perron, sa bouche s'agitait. Esko tendait le cou dans le dos de Heta. Elina mit les gaz. Elle entendit, en dépit du crissement du gravier et des hurlements du moteur, Heta qui vociférait : « N'y retourne plus jamais. »

*
* *

Elina, assise sur les marches extérieures au milieu des moustiques, montait sa bobine sur son moulinet. Derrière le marais se formait la bordure grise et épaisse d'un front orageux.

Elle avait moins d'une heure.

3

Elina avançait à pas amples dans la tourbière, chaussée des vieilles bottes de Hibou, trop grandes pour elle. Elle y avait enfoncé ses pieds recouverts de deux paires de chaussettes en laine.

Un sillon humide se dessinait à l'endroit où elle était passée plus tôt. Elle se demandait comment le brochet s'en sortait et s'il avait encore de l'appétit ou s'il était mort et ce que cette éventualité pouvait signifier pour elle.

Une buse pattue planait dans le ciel. Elle voyait peut-être déjà l'accident qui se profilait.

Elina rallia l'étang avant la nuée. Elle décrocha de l'anneau de tête le popper noir Rapala de neuf centimètres, abaissa le bouton de la bobine, ramena la canne en arrière et s'apprêta à lancer.

C'est alors qu'un ondin remonta à la surface à l'autre bout de l'étang.

Il sortit lentement de l'eau, telle une statue antique découverte par la marée. Il était beau comme un dieu grec. Elina savait qu'il prenait une apparence masculine, féminine ou androgyne en fonction de la personne qu'il entendait séduire. Tous ceux qui commettaient l'erreur de contempler ses yeux s'y perdaient, certains tombaient en amour, certains énamourés s'avançaient aussitôt dans l'eau et se noyaient.

Elina rabaissa sa canne et observa l'ondin. Tenta de voir de quel bois, tressé de mensonges, il était fait.

Elle dit :

— Que fais-tu ici ? Ces eaux ne sont pas celles qu'il te faut.

L'ondin essuya un trait de vase sur sa joue.

— Te voilà bien au fait de mes plaisirs.

Sa voix était grave et mélodieuse, une voix de chanteur.

— Et toi, quelle affaire t'amène ici ? demanda l'ondin.

— À ton avis ?

Elina lança le leurre. Il retomba comme un jouet à un mètre de l'ondin. Ce dernier suivit ses gestes avec intérêt quand elle moulina. En surface, pas un signe que la bouillie marécageuse fût habitée.

L'ondin flottait dans l'étang, seules sa tête et ses épaules étaient visibles. Où le reste de son corps trouvait-il la place de se poser dans ces eaux si peu profondes, le mystère était complet pour Elina.

— Le moment est assez inhabituel pour s'adonner à la pêche, dit l'ondin.

Il épiait le ciel, gris et de plus en plus chargé, annonçant une pluie dont on parlerait encore longtemps.

Elina ne dit rien. Elle lança à nouveau.

Cette fois-ci, le brochet vint se prendre à l'hameçon. Il quitta le buisson de tiges, frappa puissamment et tira. S'il avait des forces nouvelles, Elina avait une ligne neuve. Elle se mit à mouliner pour le rapprocher de la rive. Le brochet donnait des coups de queue, mais sa résistance n'avait aucun effet.

Les mots de l'ondin en avaient un, en revanche.
— Ne cède pas.

Le brochet se mit à dévorer le leurre. Il ouvrit sa gueule en grand et goba d'abord la moitié du popper, puis l'avala tout entier. Elina moulina plus vite. Elle tentait de conserver de la tension dans la ligne. Le brochet était insatiable. Il se propulsa encore un coup et dévora le bas de ligne. Maintenant, tout le montage assassin, avec armes et hameçons, était passé à l'intérieur du poisson. Ne restait plus que le fil nu. Le brochet mordit, *clac*, et ce fut la troisième fois ce jour qu'il s'échappa et disparut dans les couches brunâtres de l'étang.

Elina se tenait sur le bord, consternée. L'ondin rit et battit des mains comme un soir de première à l'opéra. Il se mit à explorer les eaux de la main comme s'il cherchait une savonnette tombée au fond de la baignoire. Il trouva quelque chose et le remonta. L'ondin tenait le brochet, son brochet à elle, dans ses doigts effilés.

— Donne-le moi, dit Elina.

L'ondin ne lui prêta pas la moindre attention. Il parlait au brochet, qui était déjà à la frontière, prêt à quitter ce monde-ci. Les hameçons avaient déchiré ses entrailles. Il saignait par la bouche et les branchies. Les raies rouges maculant ses flancs étaient pareilles à des bandes sur une voiture. Ses yeux brillaient comme des machines huileuses, étrangement humaines. L'ondin ôta sans hâte le popper et la Krokodil de la mâchoire du poisson et les déposa sur la rive.

Il inséra ensuite un doigt long et fin dans la bouche du brochet.

— Que comptes-tu faire ?

Le poisson tremblait. Elina était certaine qu'il allait perdre la vie, mais l'ondin tripatouillait les cavités de son patient avec le plus grand calme. Il sortit le leurre gluant. Pas une entraille n'était venue avec l'hameçon.

Elina tendit la main.

— J'en ai besoin, dit-elle. Du brochet, je veux dire.

L'ondin plaça le troisième leurre au côté des deux précédents. Il parlait au poisson, le caressait, lava le sang sur ses flancs et sa bouche. Il le tenait comme un Christ visqueux sorti des eaux. Et voici que l'épanchement s'arrêta. Le poisson respirait et vivait. L'ondin le remit à l'eau avec ses deux mains.

— Peux-tu écouter ce que je te dis, là ?

L'ondin écarta les mains. Le poisson flottait. Il secoua son corps et disparut.

— Bon sang, tu fais chier.

L'ondin grimaça. Il ouvrit la bouche et rit. Le vent se leva. Avec le vent, des nuages noirs se pressèrent sur l'îlot boisé. Ils occultèrent le soleil. L'étang et l'ondin se confondirent dans l'obscurité et Elina fit demi-tour, elle partit et savait, sans avoir à regarder, qu'à la place de l'étang il y avait un trou noir ou un portail menant à un ailleurs.

4

Elina débrancha tous les appareils électriques à l'exception du congélateur. Elle était assise dans l'obscurité de la cuisine. Des bourrasques puissantes balayaient la cour. Elle observait une grive tenace qui cherchait de la nourriture à terre. Une rafale emporta l'oiseau et le fit rouler-bouler au bas de l'escarpement.

Par un temps pareil, l'énergie, les êtres et les pensées circulaient entre les mondes. Ce savoir était plus ancien que le village même, que la construction des maisons en bois ou l'invention de la poudre.

Il se mit à pleuvoir. Une lourde chute que le vent poussait à l'horizontale, projetant les gouttes comme des balles de fusil contre le toit, les murs et les fenêtres.

Sa mère était née au cœur d'une telle tempête.

Elina contempla la pluie pendant dix minutes. Une silhouette sombre apparut alors. Elle se matérialisa dans l'embrasure de la porte de l'étable. Conique, elle faseyait comme un fantôme et traversa rapidement la cour en direction de la maison. Chacun des poils sur la peau d'Elina se hérissa. Elle tendit le cou et suivit la progression de la silhouette. Celle-ci disparut à l'extrémité de la maison. Là où se trouvait la porte. Des pas sur les marches. Que lui fallait-il faire ? Quels étaient les mouvements décisifs à accomplir ? La porte fut ouverte et refermée. Vacarme dans le corridor. Elina n'eut le temps de se lever qu'à demi quand la porte du couloir s'ouvrit et que face à elle se tint Hibou, vêtu de sa cape de pluie.

— Soir.
— Soir.
Ils se regardaient.
— Quelque chose qui ne va point ? demanda Hibou.
— Non. Pourquoi ?
— On aurait dit que t'allais décoller.
Elina se rassit. Son cœur battait à grands coups.
— C'est rien. Juste une petite frayeur.
— Je peux te dire que, là-dehors, il n'y a rien d'autre qu'une eau qui mouille de tous les diables.

Hibou emporta son sac à dos et son équipement de pluie dans la chaufferie. Il revint dans la cuisine, s'assit face à Elina et lui demanda comment elle allait.

— Je n'ai pas eu le brochet aujourd'hui.
— Ah. Comment que ça se fait ?
Elina ouvrit la bouche, mais ne sut pas par quoi commencer. Elle secoua la tête.

Hibou portait une chemise en flanelle rouge grossière, un pantalon militaire, un ceinturon muni d'un couteau. Lui et Elina laissaient leur regard errer dans la cour. La tempête essayait d'arracher les trembles et les bouleaux.

— Tu n'as même point de lumière, dit Hibou.
— Non.

Hibou se leva, alla chercher une bougie et l'apporta sur la table. L'alluma avec une allumette. Ils étaient assis de part et d'autre et scrutaient l'obscurité dehors, où la flamme se répliquait en une file de flammèches jaunes dans le lointain.

— Ça te dirait de manger un bout ? demanda Hibou.

Elina dessinait des cercles au crayon sur une enveloppe vide.

— Pourquoi pas.

Hibou prit un brochet nettoyé dans le réfrigérateur et alluma la gazinière. Il sortit une poêle et un bol d'un placard, coupa le poisson en tronçons. Dehors, un éclair. Hibou déposa un épais morceau de beurre dans la poêle et la mit sur le feu. Un grondement. Hibou cassa deux œufs dans une assiette et les battit à la fourchette. Dans une autre, il mit de la chapelure à laquelle il ajouta du sel. Il plongea d'abord les tronçons dans l'omelette, puis les roula dans la chapelure. Le beurre grésillait. Il déposa les morceaux avec la spatule dans la poêle pour les faire frire.

Elina huma le fumet du beurre et du poisson.

— Évidemment que t'as rien avalé de la journée, dit Hibou.

Il retourna les tronçons et baissa le feu. Pencha la tête. Sortit assiettes, fourchettes et couteaux et mit la table avec un soin digne d'un grand restaurant. Il servit les morceaux de queue à

Elina, c'étaient ses préférés. Il se réserva ceux du centre.

Ils étaient à table et, éclairés par la bougie, dînaient avec ferveur. L'orage grondait au-dessus de la maison, faisant tout pour emporter avec lui le maximum de choses à tordre et à arracher. Il s'empara de fleurs et de branches, d'un morceau de polystyrène et d'un arrosoir qui roula à travers la cour. Hibou observait le manège avec irritation et imprima dans son esprit la direction prise par l'arrosoir.

— J'ai essayé de trouver la canne à moulinet fermé, dit Elina.

Hibou décrocha une arête plantée entre ses dents et la posa sur le bord de son assiette.

— Un essaim d'abeilles avait commencé à s'installer sous le toit de la véranda. J'ai piqué dans le nid avec et elle a cassé.

— T'aurais pas pu trouver un autre bâton ?
— C'était le plus près.
— Je vois.
— C'était un peu niais, pour sûr. Mais tu as trouvé la canne casting ?
— Ouais.

Elina se mit à conter ses tribulations à l'étang. Hibou écoutait. Il riait de temps en temps, l'histoire était tellement absurde.

Quand Elina mentionna l'ondin, Hibou s'étonna.

— Qu'est-ce qu'il fiche là-bas, celui-là ?
— Je sais pas.

Il était de notoriété publique que l'ondin méprisait le marais et ses eaux troubles. L'ondin aimait les eaux claires. On l'avait vu, misérable, remonter à la surface d'un lac, recracher des potamots et des cyperus en maudissant les agriculteurs dont les engrais eutrophisaient la demeure du génie des eaux.

C'était une créature rancunière. Si un laboureur laissait son tracteur pour la nuit trop près de la rive, l'ondin sortait de l'eau à la brunante, grimpait dans la cabine et précipitait l'engin dans la rivière.

Les baigneurs, il leur chatouillait les pieds. Les pêcheurs, il leur volait leurs vers sur l'hameçon et remplissait leurs sennes de tant de cailloux qu'il était impossible de les remonter sans treuil. Le pire destin était celui des pêcheurs au filet. L'ondin les faisait chavirer et les enroulait dans leurs propres pièges, si serré que la prise attendant les plongeurs partis draguer le fond avait de quoi donner le frisson.

Un villageois se fâchait parfois et tirait un coup de fusil sur l'ondin, sans le toucher, bien évidemment, après quoi les autres ôtaient leur casquette et regardaient le tireur avec tristesse, car tous savaient qu'il ne verrait pas le Noël suivant.

Hibou n'arrêtait pas de changer la disposition de ses couverts dans son assiette en même temps qu'il ordonnait ses phrases dans sa tête.

— Ce brochet, l'est fichtrement important pour toi, sans doute.

— Oui.

— Je dis juste que si l'ondin a mis sa marque sur l'étang, le boulot peut devenir dangereux.

— J'ai mes moyens.

— Je n'en doute point.

Ils contemplèrent la tempête. Le ciel derrière l'étable se divisa en deux, telle une toile bleu de Prusse sur laquelle l'artiste tirerait un trait de peinture blanche brillante de haut en bas. La cour s'illumina en un arrêt sur image. La vision s'éteignit. La maison fut ébranlée par un grondement énorme, aussi puissant que si un train s'était encastré dessous. Les couverts cognèrent contre les assiettes, les vitres tintèrent, et Elina et Hibou s'agrippèrent aux bords de la table comme par peur d'être arrachés du sol.

— Nom de Dieu, lâcha Hibou.

Des grêlons se mirent à pleuvoir. Ils étaient aussi gros que des œufs de pigeon et couchaient tout ce qui était resté droit sous la pluie, les rosiers qui démarraient et les rhubarbes. Les boules blanches rebondissaient dans l'herbe et s'agglutinaient dans les creux. L'averse mollit. Ils observèrent la cour et se demandèrent ce qui allait leur tomber dessus par la suite. Il se remit à pleuvoir.

— Tu ne veux point me dire, dit Hibou, ce qui te tracasse.

Elina ne répondit pas.

— Ça pourrait aider.

— Ça se pourrait.

— Vas-y, alors.

Elina continuait de dessiner des ronds.

— Es-tu allée voir Asko et Efraim ? demanda Hibou.

— J'ai pas eu le temps.

— C'est peut-être bien. Que t'aies pas eu le temps.

— Voui.

— Asko a la mémoire qui flanche.
— Ouais, dit Elina. T'es parti longtemps ?
— Juste une nuit. Je suis passé voir derrière le lac Jurmusjärvi si l'autour avait fait son nid.
— Y en avait ?
— Y en avait un.
— J'ai vu Simo-Merdo au magasin de pêche.
— Alors ?
— Il vendait ses Bonho-Merdos.
Hibou s'esclaffa.
— Je croyais qu'il était mort, dit Elina.
— L'est pas prêt de mourir. Sais-tu d'où lui vient son nom ?
— Non.
Hibou raconta que le véritable nom de Simo-Merdo était Jussi. Comment Jussi était devenu Simo, Hibou n'aurait pu le dire, mais le sobriquet venait de ce que Jussi avait jadis vidé les fosses d'aisance du village. Jussi trimballait dans la cour des habitations une citerne fixée à l'arrière de son tracteur, enfonçait un tuyau dans la fosse et pompait les boues pour remplir sa cuve avant de les épandre dans ses champs. Une fois, le tuyau s'était bouché. Jussi avait déplacé la lourde plaque pour mieux voir, mais un accident s'était produit et il était tombé la tête la première. Pataugeant dans la merde, Jussi avait réalisé quel était le problème. Au fond de la fosse, il y avait un bonhomme qui s'agrippait à deux mains au tuyau. Quand il le vit, le bonhomme lâcha le tuyau, empoigna Jussi par le colback et se mit à lui tirer les cheveux en rouspétant, « pourquoi que les gens ne vouaient pas un culte au dieu de la merde, le

Bonho-Merdo ». Jussi, secoué comme un prunier, avait les yeux qui lui sortaient de la tête. Il répondit qu'au village on ne savait pas que la merde aussi avait son dieu. Le Bonho-Merdo se mit en colère et lutta encore plus fort avec Jussi. Trois jours et trois nuits, le duo s'acharna dans la fange. Finalement, Jussi réussit à faire une clé d'étranglement au Bonho-Merdo et lui fit promettre qu'il le rendrait aux humains. Ainsi fut-il, et Jussi ressortit de la fosse. Il sentait tellement mauvais que les oiseaux tombèrent, raides morts, des branches des arbres dans un rayon de cent mètres. Jussi arrêta son activité de convoyeur de daube et se mit à boire et à bidouiller des têtes de Bonho-Merdo. Depuis ce temps, Jussi s'est appelé Simo-Merdo, et tout ça remonte au moins à quarante ans.

— Ça peut pas être vrai, dit Elina.
— Il y a plus étrange, en ce bas monde.

Elina dit qu'elle aussi avait deux ou trois histoires de son cru.

La première se passait comme cela. Il y a trente ans, le père d'Elina, Kauko Ylijaako, se lassa de ses vaches et de leurs faces stupides. Il appela immédiatement Asko qui vint chercher les bêtes le soir même et les conduisit à l'abattoir.

Son père transforma l'étable en salle d'écorchage mise à la disposition de l'amicale des chasseurs d'élan. Dès la fonte des neiges, des ouvriers vinrent du bourg pour arracher le plancher et couler une dalle de béton où le sang s'évacuerait plus facilement. Ils fixèrent des rails et des crochets au plafond où l'on pendrait des élans à l'automne suivant.

Elina avait épié à la porte, quand les gars détachaient la peau au couteau. Parfois ils l'attrapaient à deux mains et tiraient. Ça faisait le même bruit qu'une lirette, oubliée dehors par temps de gel, sur laquelle on tire pour la décoller de la neige dure.

Un matin d'automne, un grabuge était sorti de la forêt, qui arracha la porte à double battant de l'étable et commença à charger les élans sur ses épaules.

La mère d'Elina, qui se trouvait à la fenêtre, avait vu les portes voler dans le ciel. Elle sortit dans la cour et s'approcha du grabuge pour lui signifier qu'il n'avait nul droit de prendre les élans d'autrui. Le grabuge lui demanda ce qu'elle comptait faire. Elle lui répondit qu'il aurait le droit d'emporter les animaux uniquement s'il la battait au jeu du tire doigts.

Le grabuge se retourna pour regarder la mère d'Elina, étonné. Il dressa un index, qui était à lui seul aussi épais que la mère tout entière, après quoi il examina son doigt, puis la mère, son doigt de nouveau, et il se mit à rire. Il rit tellement que les élans tombèrent de ses épaules, et il bascula à la renverse, se roula par terre et éclata d'un rire tonitruant, puis son ventre explosa.

La chose, toutefois, n'avait rien d'extraordinaire, les faire mourir de rire étant une méthode éprouvée contre les grabuges.

Une fois les battants de la porte récupérés au pied de l'escarpement et le grabuge mort transporté en tracteur dans la forêt pour le bon plaisir des pattes-rayées, Elina avait demandé à sa mère si elle n'avait pas eu peur de ce grand grabuge. Celle-ci lui demanda en retour de quelle manière le grabuge, autrement dit le *meteli*, tuait les gens. Avec ses poings, avait répondu Elina. Exact, avait confirmé sa mère. Il cogne tellement fort que les gens sont aplatis comme des crêpes. Pas de quoi avoir le temps de vraiment souffrir.

Dans une autre histoire, Elina se rendait pour la première fois toute seule dans la forêt. Ce qui lui était formellement interdit. La forêt était paisible et ennuyeuse, une sacrée déception en fait, et Elina avait regagné la cour de la maison. Ce n'est qu'une fois arrivée qu'elle se rendit compte qu'un teignon l'avait suivie. Elina se précipita à l'intérieur et observa par la fenêtre de la cuisine le teignon qui faisait le tour de la cour à pas lourds et curieux, tanguant comme s'il était ivre. Il attrapa une branche de pin et se mit à gratouiller le mur de l'étable.

Elina alla annoncer à son père, occupé à trier des myrtilles, qu'il y avait un teignon dans la cour et lui demanda si elle pouvait le garder. Son père se rua à la fenêtre. Puis il fonça dehors, rugit affreusement, ramassa des cailloux et en bombarda le teignon, qui se protégea la figure de ses mains poilues en glapissant et repartit en courant dans la forêt.

— Pourquoi tu as fait ça ? demanda Elina en pleurs.

— Les gens et les teignons, point ensemble ne vont, répondit son père.

Son père lui parla d'Elviira, dont le fils unique était mort en tombant dans un puits. Elviira avait recueilli un teignon. Elle lui faisait revêtir le pantalon de son fils, le couchait dans son lit pour la nuit et le promenait chaque jour au village. Elle voulait que le teignon dise bonjour aux gens et celui-ci avait fini par savoir prononcer « bouzou ». Quelle ne fut pas la fierté d'Elviira quand le teignon salua l'officier de justice en personne, Auvo Pasma, qui n'en fut pas du tout impressionné, bien plutôt complètement effaré, et dit à Elviira qu'il fallait donner le teignon à bouffer aux chiens ou l'abattre d'un coup de fusil et qu'habiller pareil bestiau de la forêt et le considérer comme un enfant de l'homme était une impiété. Elviira le prit pour elle et ne se montra plus. Personne ne vit Elviira et le teignon de toute une semaine, jusqu'à ce que ce dernier réapparaisse un beau jour, tout seul, au magasin d'alimentation, vêtu d'une robe appartenant à Elviira, et pointe le doigt vers une saucisse. Heta, terrifiée, donna la saucisse au teignon, qui déposa un mark et deux pommes de pin sur le comptoir. Le teignon ressortit, content, en se prenant les pieds dans la robe d'Elviira. Heta téléphona à Esko de l'autre côté de la route, qui sortit son fusil et abattit le teignon devant la boutique. Elviira fut découverte étranglée dans son lit.

Hibou souriait, car il connaissait bien ces histoires.

— Ça fait pas mal de temps qu'on n'a point connu ça, dit Hibou. De grabuge, je n'en ai point vu depuis dix ans. Les pattes-rayées, ça fait encore plus longtemps et même les teignons se raréfient. Ce serait bien la faute à ces étés qui sont chaque fois plus chauds que ceux d'avant.

Hibou n'était pas de Vuopio à l'origine. Il était arrivé au village en provenance du Sud avant même la naissance d'Elina. Hibou avait commencé par donner un coup de main à la scierie, puis il avait distribué le courrier pendant un moment. Il avait fini gardien du centre de santé, après quoi il était parti à la retraite, il y avait six ans. On le prenait pour un toqué, car il parlait des oiseaux sur un ton chaleureux et ne faisait même pas partie de l'amicale des chasseurs. Elina évaluait son âge à environ soixante-dix ans. Mais c'était impossible à dire. La vie lui avait consciencieusement buriné la face. Il n'y avait pas un endroit intact. Le corps de Hibou était bizarrement dépareillé avec sa tête sortie du fond des âges. Le vieux était maigre comme une belette et ses mouvements étaient vifs et précis. Elina ne lui avait jamais vu de lunettes. Hibou pouvait pointer un endroit minuscule au sommet d'un pin éloigné et dire que c'était un rougequeue à front blanc ou donner le nom du propriétaire d'un renne paissant à cent mètres en se basant sur la marque à l'oreille de l'animal. À moins d'avoir des jumelles, il était difficile de le contredire.

Hibou paraissait connaître tous les boulots et parlait comme un natif, ce qui ne faisait que prouver qu'il venait d'ailleurs. Les locaux ne connaissaient que leur domaine. Les éleveurs de rennes s'y connaissaient en rennes et les chasseurs d'élan s'y connaissaient en élans, et rares étaient les villageois à avoir jamais entendu parler du rougequeue à front blanc. Seuls les débarqués du train apprenaient tout, car ils n'avaient pas la certitude qu'on leur laisse le droit d'appeler cette terre la leur, et cette incertitude les suivait jusqu'au tombeau.

L'orage faiblit, la pluie aussi. Hibou mit la vaisselle dans l'évier. Il annonça qu'il allait regarder des films. C'était sa façon d'annoncer qu'il allait se coucher.

— Je vais partir aux oiseaux tôt le matin, mais je rentrerai le soir. Prends soin de toi.
— Ouais.
— Et oublie point de manger.
— Ouais ouais.
— Bonne nuit.
— Dis.
— Quoi.
— Je pourrais avoir ta montre ?

Hibou jeta un œil à sa montre, puis à Elina.
— Pour quoi faire ?
— J'ai besoin de voir le temps. Un truc important.
— Ah bon.

Hibou retira sa montre et la tendit à Elina.
— Ne la perds point.

La montre avait un bracelet en cuir marron effiloché. Elina la mit à son poignet.
— Non. Merci. Bonne nuit.

Hibou alla dans l'ancienne chambre du père et de la mère d'Elina où il avait aménagé son couchage et ferma la porte.

Elina décida de régler une chose encore. Elle alla chercher dans la chaufferie le vieux sac à dos de son père. Elle y rangea de quoi allumer un feu, une hachette, une bâche, des vêtements de pluie et des sous-vêtements propres. Elle prit des conserves pour trois jours. Elle déposa le sac dans un coin de l'entrée. Au cas où.

Puis elle resta assise un long moment à la table de la cuisine et observa la cour détrempée, châtiée. Elle se dit que ce jour-ci, ça n'avait encore rien été.

Demain elle allait passer à l'action.

DEUXIÈME JOUR

5

Janatuinen posa un garrot avec sa ceinture sur la jambe de Gunnarsson et le conduisit à l'hôpital. Elle attendit devant l'entrée des urgences que les infirmiers extraient l'homme et sa valise de la banquette arrière, leur demanda de refermer la portière et démarra sans jeter un regard dans le rétroviseur.

Il y avait deux heures de route d'Oulu jusqu'à la frontière. Janatuinen prit son petit-déjeuner dans une station-service au bout d'une heure environ et observa le vent qui soufflait dehors. Il était en train de se calmer. Les branches d'un bouleau grattaient la vitrine, épuisées, comme si elles frappaient pour entrer.

Janatuinen atteignit la zone frontalière à neuf heures du matin. Les carreaux du poste de garde étaient cassés. Le châssis avait été dégondé et déposé contre le mur de la guérite. La barrière s'était brisée et ses deux moitiés avaient été portées derrière la bicoque. Un quatre-quatre Suzuki vert avait été avancé pour bloquer le passage. Un jeune gars en casquette était assis à la place du conducteur et dormait appuyé contre le volant.

Janatuinen tourna la manivelle pour abaisser sa vitre. Le garde dans sa guitoune semblait avoir veillé toute la nuit. Il dit qu'il ne lui conseillait pas de voyager en Laponie. Il était sur le point de passer aux histoires d'assurances quand Janatuinen interrompit son exposé en lui annonçant qu'elle était de la police.

Elle lui tendit sa carte.

— Eh bien, vous aussi, vous êtes coincée, dit-il avant de la lui rendre.

— Oui.

Le garde étudia la voiture de Janatuinen, une Toyota Corolla rouge d'une vingtaine d'années. Il cracha par terre devant sa guérite.

— Voilà le genre de merde qu'ils vous ont refilée.

Janatuinen toussota.

— À se demander si elle passera le contrôle technique.

Janatuinen ne répondit pas.

— Les boulots pour l'État, ça craint. Ou bien ?

— Si vous le dites.

— Ouais. Bon débarras à vous.

Le garde exécuta un moulinet de la main, adressé au planton endormi, pour lui enjoindre de bouger. Le gars ne réagit pas. Le garde attrapa un balai dans un coin de la guérite, se pencha par la fenêtre et asséna un coup sur le Suzuki. Le gars revint à lui. Le garde pointa la voiture de Janatuinen avec son balai. Le conducteur passa la marche arrière et se rangea sur le bas-côté.

Janatuinen atteignit Vuopio à la mi-journée. Elle traversa le village en voiture. La tempête avait jonché la route de branches de pin et de bouleau. Janatuinen manœuvrait soigneusement pour contourner les plus grosses, comme si elle passait son permis. Elle voyait défiler les boîtes aux lettres et les poteaux indicateurs renversés. Elle aperçut un homme dépenaillé assis à un arrêt de bus, qui tenait sur ses genoux des rondelles de bois sur lesquelles il avait collé des boutons, de la mousse et des bouts de plastiques de différentes couleurs. L'homme tendit une rondelle dans sa direction, manifestement dans l'intention de la lui vendre. Janatuinen poursuivit son chemin. Un renne à la fourrure emmêlée traversa la route, traînant derrière lui une luge d'enfant rouge vide. Janatuinen contemplait les maisons en bois qui semblaient être là depuis au moins cent ans. Elle examinait les grandes vérandas, les murs dûment badigeonnés d'ocre rouge et les châssis de fenêtre blancs. Elle vit aussi des toits effondrés et des cours aux airs de dépotoirs. Même là, il y avait des rideaux aux fenêtres et une voiture garée devant la maison. Dans une cour trônait une mûre des tourbières en plastique géante. De la taille d'un sauna. Sa porte s'ouvrit. C'était un sauna.

Janatuinen parvint au bout du village, s'engagea dans la cour de la salle des fêtes, fit faire demi-tour à la voiture et repartit dans l'autre sens.

« Le Leurre de Vuopio » paraissait ouvert.

— Bonjour monsieur, dit Janatuinen en entrant dans la boutique.

— Bonjour ! s'écria Keijo en dégringolant de son siège.

Janatuinen s'approcha du comptoir et jeta un œil de l'autre côté. Keijo était allongé sur le dos.

— Vous vous êtes blessé ?

Keijo se releva à grand peine et se rassit sur son tabouret.

— C'est rien... je suis un professionnel, hé hé... Vous êtes qui ? Enfin, en quoi puis-je vous aider ?

— Janatuinen, brigadier de police judiciaire.

Keijo pâlit.

— Mais tu es une fille. Une femme ?

Janatuinen ne répondit pas. Keijo la fixait, la tête penchée.

— Quel est votre nom, monsieur ?
— Ollila.
— Prénom ?
— Keijo.
— Je cherche Elina Ylijaako.

Keijo fit des hochements de tête.

— Je la connais, oui.
— L'avez-vous vue ces derniers temps ?
— Non, je l'ai point vue, dit Keijo.

Il décrocha une cuillère sur le présentoir et se mit à l'essuyer avec un chiffon.

— Je peux demander pourquoi que tu cherches la jeune maîtresse de la maison Ylijaako ?

— Je ne peux rien vous dire, monsieur.

Janatuinen examina la pièce. Elle saisit un étui jaune sur une étagère. Celui-ci contenait un poisson en caoutchouc jaune. Janatuinen ignorait ce qu'on était censé en faire. L'étui était couvert d'une crasse grise, tenace. Elle le reposa à sa place.

— Les affaires marchent ?

Keijo hocha la tête de plus belle.

— Ah, ça oui ! Des pêcheurs, il y en a moult par ici. On peut s'estimer heureux de trouver la place de mettre sa barque à l'eau, hé hé hé ! Notre spécialité, c'est la truite arc-en-ciel introduite. Un poisson bien niais.

— Vous n'avez vraiment pas vu Elina Ylijaako ?

— Nooon…

— Vous n'avez pas l'air sûr…

— Enfin, bon.

— Bon ?

— Vous êtes de la police, hein ?

Janatuinen fronça les sourcils.

— Oui. À moins que ce ne soit toujours pas clair.

— Vous savez gérer les… euh… les incidents ?

Janatuinen le dévisagea attentivement.

— Écoutez-moi bien, monsieur. Dites-moi tout de suite si vous avez vu Elina Ylijaako et indiquez-moi tout ce que vous savez d'autre sur ses mouvements et son lieu de résidence.

— Madame la policière ! Calmez-vous, s'il vous plaît !

— Mademoiselle.

— Ah oui ?

Keijo lécha la paume de sa main et plaqua ses cheveux noirs crasseux sur son crâne.

— Écoutez. On avait un policier jadis par chez nous.

— Je dois...
— Il est mort maintenant.
— Pardon ?
— Ça a mal tourné pour lui.
— C'est une menace ?
— Non point ! Je veux dire. Ben. Il s'appelait Onkamo. Il est mort à la chasse à l'élan. Un compagnon de battue lui a perforé le poumon.
— Encore deux secondes sur ce ton-là et je vous embarque, prévint Janatuinen.
— Non ! C'était un accident. Ou bien. Tu peux d'abord venir voir chez moi ?
— Et pourquoi donc ?
— J'ai cet incident, là-bas ! En cours. Tu pourrais peut-être t'en occuper ? Après je dirai ce que je sais à propos d'Elina. Et je ne menaçais pas. J'essayais de raconter l'histoire du village... si jamais mademoiselle s'y plaisait plus longtemps... Je ne suis pas ce genre de beaux parleurs...

Keijo se tordait les mains en jetant des regards à Janatuinen.

— Vous comprenez que vous ne pouvez pas faire de troc avec une représentante de l'autorité publique ?
— Ce n'est point du troc. J'ai une urgence.
— Et vous êtes ici, dans votre magasin ouvert ?
— Il faut bien gagner sa vie. Écoute, c'est un problème compliqué. Difficile à expliquer. J'ai besoin de la police. Peux-tu m'aider ?

Janatuinen poussa un long soupir.

— Dites-moi de quoi il s'agit.
— On s'est introduit chez moi.

— Quand ?
— Maintenant. Ou plutôt il est arrivé hier. Et maintenant il est là-bas.
— Qui ?
— Lui.
— Lui ?
— Je ne connais point son nom.
— Et il s'est emparé de votre maison ?
— Exactement ! Il s'en est emparé. Il l'a carrément occupée.

Janatuinen hocha la tête.
— Ah oui...
— Vous allez m'aider, mademoiselle la policière ?
— Donnez-moi une minute, dit Janatuinen.

Elle partit vers la porte.
— Bien sûr. Je vous en prie.

Janatuinen se rendit sous la véranda et alluma une cigarette. Observa le village. Une vieille femme s'avançait devant le bonhomme qui vendait ses figurines. Elle lui dit quelque chose au passage. Le bonhomme la héla. La vieille s'arrêta et revint près de lui. Ils se mirent à discuter.

Janatuinen se remémorait le conseil que lui avait donné le commissaire La Colombe.

Sois partante pour tout. Dis ouais à tout.

La Colombe était allé en Laponie vingt ans plus tôt enquêter sur une fraude fiscale liée à un projet de barrage. La Colombe partit pour deux jours, il finit par rester deux mois. Dans l'aventure, il perdit un pied, ses cheveux grisonnèrent et même sa personnalité changea, aux dires de ses collègues.

Sinon tu vas perdre ton temps, lui avait dit La Colombe, *tu ne découvriras rien.*

Il avait ajouté que les locaux portaient des collants d'hiver jusqu'à la Saint-Jean, mais Janatuinen n'y croyait pas, elle cuisait déjà dans son simple tee-shirt et son jeans.

Janatuinen fumait. Elle suivait la progression d'un grand charançon du pin qui grimpait le long d'un poteau de la véranda. Il était d'une lenteur comique mais déterminé et déplaçait ses pattes les unes après les autres, exactement comme une machine. Comme s'il connaissait parfaitement le temps dont il disposait. Il grimpa au plafond et progressa jusqu'au-dessus de Janatuinen, où il s'arrêta. Janatuinen l'observait, la nuque cassée. Si elle n'avait pas détecté son trajet, elle aurait cru qu'il s'agissait d'un motif du bois. L'insecte lâcha prise et tomba dans son tee-shirt.

— Nom d'un chien ! s'écria-t-elle.

Elle passa sa main dans l'échancrure, trouva le coléoptère et le balança devant elle sur le perron. Le charançon rebondit et resta coincé sur le dos. Il agitait vainement ses pattes. Janatuinen l'écrasa du bout de sa chaussure. Une pâte blanche gicla de sous la carapace noire.

— Quelle merde, dit-elle en essuyant sa semelle par terre.

Elle jeta son mégot dans la vieille boîte de conserve de betteraves prévue à cet effet et regagna l'intérieur.

— Montrez-moi le chemin, dit-elle à Keijo.

— Parfait. C'est ici, sur l'escarpement de la rivière.

*
* *

Keijo apposa un balai-brosse sur la porte du magasin. Janatuinen prit son sac à l'arrière de sa voiture et le balança sur son dos. La cour était jonchée de débris, de pommes de pin et de bouts de planches soufflés par la tempête. Keijo s'approcha d'une pigne et shoota dedans.

— C'est moche, ce vent qui fait voler les saletés, dit Janatuinen.

— Ce n'est point grand-chose par rapport à ce qui nous attend.

Keijo lui indiqua un sentier qui menait derrière la boutique. Ils marchaient entre des cassissiers et des framboisiers. Leurs feuilles embaumaient puissamment. Keijo portait en guise de chaussures une paire de fines semelles qu'il s'était peut-être procurées, des décennies plus tôt, sous le nom de tongs. En fait de pantalon, une guenille trouée au fond, sans rien en dessous. Sa chemise était d'un gris qui ne donnait aucune indication quant à sa couleur d'origine. Surmontant cet ensemble se balançait une tignasse pleine de nœuds pouvant abriter n'importe quel type de vie.

Le loqueteux se dandinait joyeusement comme un gnome conduisant sa proie dans sa tanière.

La végétation qui les entourait était d'un vert acide. Le ciel, haut, était redevenu le domaine des hirondelles. Plus bas, leurs ventres blancs rasant les buissons, voletaient les bergeronnettes grises.

L'abondante lumière brûlait les yeux de Janatuinen. Le commissaire La Colombe lui avait catégoriquement interdit l'usage des lunettes de soleil.

Un bourdonnement monta sur la gauche. Un acanthocine charpentier s'approchait de Janatuinen, ses longues antennes déployées. Elle donna un coup du revers de la main et la bestiole s'écrasa en tournoyant au milieu des framboises.

— Pourquoi les gens de Laponie n'ont-ils pas d'adresse ? demanda Janatuinen.

— Les choses changent, sais-tu. Un beau jour un pattes-rayées débarque, il soulève ta baraque dans les airs et la repose à trois-cents mètres de là. Alors, c'est plus la même adresse. Des sortilèges surviennent.

— Quels sortilèges ?

— Des malédictions. Pardon, je peux poser une question ? C'est rare que la police passe par chez nous. Comment ça se fait que tu sois venue ?

— Il fallait bien que quelqu'un le fasse.

— Je vois.

Janatuinen raconta qu'elle était partie avec son collègue, mais que celui-ci avait changé d'idée à Oulu.

— Je comprends, dit Keijo.

Ils parvinrent dans une cour où était sise une maisonnette d'ancien combattant tout ce qu'il y avait de plus ordinaire. Elle était flanquée d'une cage contenant une niche, sur le toit de laquelle un chien gris aboyait.

— Tout doux, Remu, dit Keijo.

Le chien agita la queue et baissa la tête. Puis il reprit ses aboiements.

— L'intrus est-il dangereux ? demanda Janatuinen.

— Non, l'est point comme ça.

Keijo ouvrit la porte du côté de la véranda et entra. Janatuinen lui emboîta le pas. Ils gagnèrent le sas d'entrée puis la pièce commune, royaume des travaux en loupe de bois. On y trouvait des tables, des pendules, des chaises en loupe de bois et même une étagère dont les tablettes étaient chargées de monceaux de tasses *kuksa* et de louches de sauna façonnées en loupe de bois.

Keijo pénétra dans le salon, s'assit sur le canapé et ramassa le journal du soir posé sur la table basse. Il annonça que Janatuinen devrait chercher l'intrus du côté de la cuisine.

— Tout semble en ordre ici, dit Janatuinen.

Un bruit monta des profondeurs du logement, comme si quelqu'un faisait tomber des objets par terre. Keijo rejeta sa tête en arrière et s'écria :

— Pas de panique ! Je t'ai amené de la compagnie pour aller à la pêche.

— Comment ça, à la pêche ? demanda Janatuinen.

Keijo fit un geste de la main.

— Vas-y.

— Comment ça : à la pêche ?

Keijo réitéra son geste. La pièce comptait une grosse cheminée en briques rouges et près de celle-ci une porte, d'où provenait le bruit. Janatuinen s'en approcha.

— Ohé ? C'est la police.

Un son de liquide filant dans un évier. Comme si quelque chose aspirait, lapait ou pompait.

— Mais qu'est-ce qu'il y a là-dedans ? demanda Janatuinen à Keijo.

— Bah va voir.

Janatuinen ouvrit la glissière de son sac à dos et sortit un pistolet.

— Minute, dit Keijo en se remettant sur ses pieds, mais Janatuinen avait déjà saisi la poignée.

Elle tira la porte de la main gauche pour ouvrir en grand, recula d'un pas et plaça sa main gauche en soutien de la droite. Elle braquait son pistolet, bras tendus, devant elle. C'est dans cette position qu'elle se retrouva confrontée à ce qu'il y avait dans la cuisine. Son monde se métamorphosa définitivement. Janatuinen hurla. Elle battit en retraite, l'arme pointée sur la créature accroupie sur la table de la cuisine.

L'être tenait un grand faitout à deux mains et buvait. Janatuinen recula jusqu'au mur du fond, sans jamais cesser de viser le monstre. Celui-ci avait une fourrure noire et rêche comme si la nuit même s'était matérialisée sous forme de crins flexibles et frisés. Keijo avait rejoint Janatuinen, les deux mains en avant, et répétait en boucle : « Ne tire pas. » Le monstre reposa la gamelle et regarda droit dans la direction de Janatuinen. Ses yeux étaient durs et brûlants et brillaient comme deux billes ayant roulé dans le feu. Il ne s'écarta pas à la vue du pistolet. Les balles n'avaient peut-être aucun effet contre cette chose. L'être ouvrit sa bouche couleur de vin rouge, humide et charnue. Des dents y luisaient. La créature souleva à nouveau le faitout avec ses longs bras.

— Ôte-moi ce flingot de là, pour notre bien à tous, dit Keijo.

— C'est quoi ce truc ? demanda Janatuinen sans baisser son arme.

— Un teignon.

— Un quoi ?

— Le roi de Suède. Et il me mange ma soupe, ce vaurien !

Le teignon laissa tomber la gamelle vide sur la table d'où elle roula par terre. Il les regarda l'un et l'autre avec le plus grand calme. Il respirait profondément, comme un bouddha ou un carlin de très grande taille. Un flot d'air sifflait à travers ses narines énormes.

— Il veut aller pêcher à la ligne, dit Keijo. J'ai pas l'énergie.

— Pêcher ?

— Ôte-moi ce flingot.

Janatuinen baissa son arme. Le teignon, assis, avait les yeux dardés sur elle.

— Les cannes sont sur le perron de la porte de derrière. Servez-vous. La barque est amarrée au bord de l'eau. Un modèle long et étroit, pour la navigation en rivière, de couleur noire. Prenez votre temps.

Keijo regagna la porte de la cuisine comme si cet être horrifique, cet assemblage de rumeurs et de contes, ne les plaçait pas tous les deux en danger de mort immédiat.

— Va y dire un truc.

Janatuinen s'approcha de Keijo. Le teignon, nullement troublé, les observait avec bonheur. Sa fourrure était entrelardée de feuilles, de terre et de débris forestiers. La cuisine était tapissée de saletés, la créature s'en était manifestement donné à cœur joie pendant un bon bout de temps. Les portes des placards béaient. Casseroles, poêles et aliments secs jonchaient le sol. L'évier débordait de macaronis.

— Voici mademoiselle la policière, dit Keijo. Elle va t'emmener à la pêche.

Le teignon semblait écouter.

— Ne nous énervons pas, dit Janatuinen.

Keijo hocha de la tête à l'adresse du teignon.

— Allez, c'est l'heure de remonter ta ligne !

Il faisait des gestes saccadés, mimant l'acte de pêcher. Le teignon poussa un hurlement et sauta à terre, avec une rapidité confondante, puis se rua dans leur direction. Janatuinen poussa un cri. Elle s'écarta d'un bond. Keijo se campa un peu en arrière, et le teignon se propulsa devant eux, immense et noir, exhalant la forêt. Il courut hors de la cuisine, hors de la maison et fila dans la cour.

Keijo ramassa son faitout, jura et se mit à nettoyer.

— Il veut juste pêcher... Fais-lui plaisir ! Ce démon m'a bouffé ma soupe à la saucisse... faite hier... Écoute. S'il te serre le cou, chatouille-le sous les bras. Et parle-lui. Il aime ça.

Janatuinen passa son pistolet à sa ceinture.

— Ça, ça n'a aucun rapport avec mon travail.

— Pêche un peu avec lui. Moi, je n'en puis plus.

— On ne devrait pas le ramener dans la forêt ?

— Il n'y veut point rester. Ne sais-tu pas que le teignon veut être un humain ?
— Je ne sais rien de rien sur ces machins-là.
— Ah.
— On devrait l'abattre ?
— Dis point de sottises.
— C'est un animal nuisible.
— Taratata.

Janatuinen fit un signe de la main embrassant la cuisine en désordre. Keijo, qui balayait les restes de nourriture et les feuilles à la brosse en chiendent, se redressa.

— T'as qu'à inviter la famille Tervo à faire une partie de cartes, à jouer au *tuppi*, pour voir. Au matin tout sera comme ça.
— Mais je ne sais pas pêcher, moi.

Keijo dévisagea Janatuinen comme s'il était face à une folle.

— Il t'apprendra.

6

Au cours de la nuit, Elina revécut toute la scène.

Dans son rêve, elle était réveillée par un bruit de verre cassé, chez elle, dans le Sud. Elle se leva et gagna le salon. Au milieu de la pièce était posée une grue très grande, entrée par la fenêtre. Sous ses ailes, elle possédait une paire de mains d'homme, avec lesquelles elle soulevait l'écran plat.

Mauvais timing, se dit Elina.

Elle ordonna à la grue de reposer la télévision. Celle-ci fit un pas en arrière et tourna sa tête d'oiseau. L'éclat de ses yeux rouges était incandescent. Elina s'approcha et agrippa l'écran. La grue lui donna un coup de bec sur l'épaule. Elina recula. Son épaule lui élança douloureusement. Elle saisit le manche à balai posé contre la bibliothèque, qu'elle utilisait pour faire ses étirements de gymnastique, et se rapprocha derechef. Elle exécuta des moulinets et tenta de toucher la grue au niveau des pattes. L'oiseau fit un bond de côté avec agilité. Il donna un nouveau coup de bec, visant la tête. Elina l'esquiva. À l'attaque suivante d'Elina, la grue jeta la télévision sur elle. Elina leva instinctivement le pied droit. La télévision s'écrasa sur son gros orteil avant de se fracasser par terre. La grue déploya ses ailes, les fit claquer par deux fois et s'éleva en l'air. Surplombant Elina, elle frappa. Elina dévia son bec d'un coup de bâton. La grue frappa encore. Elina parvint à empoigner son bec de la main gauche, laissa tomber son balai et, joignant la droite à la gauche, jeta l'oiseau à terre. Elina monta sur la grue. Elle lui coinça les mains avec ses genoux. Elle tenait bon au bec, tandis que l'oiseau se débattait et lui donnait des coups dans le dos avec ses pattes. Celles-ci étaient munies de griffes redoutablement pointues. Elina lui colla le bec contre le sol. L'œil rouge de la grue la regardait sans ciller. Elina lâcha sa main droite et tâta le ventre de l'oiseau. Elle cherchait l'endroit où il avait été ouvert et recousu. Elle le trouva, inséra ses doigts entre les points et desserra le fil, agrandit les ouvertures. Elle eut enfin toute la main plongée à l'intérieur de l'oiseau. Elle trifouilla dans la sciure. Ses doigts atteignirent quelque chose de dur, c'était le cœur de l'oiseau, elle le tira au dehors, l'animal s'effondra d'un coup, flasque. Elina se releva en ahanant. Elle ouvrit son poing. Dans sa paume, il y avait un petit bout de pain de seigle.

Elina se redressa dans son lit et déglutit. Elle s'assura lentement qu'elle était bien à Vuopio.

Elle se leva et partit pour la cuisine d'un pas de vieillarde. Ses organes lui semblaient s'être liquéfiés.

Elina savait que c'était le second avertissement.

Dans la cuisine, elle prit un comprimé analgésique et le fit glisser avec une gorgée d'eau. Elle s'assit à la table en attendant que la douleur s'atténue.

Mais non, ça ne s'atténuait pas. Elina contemplait la cour qui était aussi éreintée qu'elle. Des branchages dispersés sur l'herbe. Des feuilles déchiquetées et des fleurs arrachées. Partout des oiseaux criant leur étonnement d'avoir survécu à la nuit.

— J'arrêterai quand les mains et les pieds m'en tomberont, dit-elle tout haut. Ou plutôt, je n'arrêterai pas.

Elle se leva. Le liquide remua en elle.

— Ah, voilà bien le diable, maintenant !

Elina sortit un faitout. Elle y fit couler de l'eau, le posa sur le feu et alluma le gaz. Elle vérifia à la pendule que la montre de Hibou était à l'heure. Elle alla chercher dans le tiroir de sa table de nuit le journal tenu par sa mère, quatre calepins reliés de cuir, et l'étudia, attablée dans la cuisine. Il n'y était dit que peu de choses à propos de l'ondin. Surtout qu'on avait intérêt à n'avoir aucunement affaire avec lui.

Elle regarda dehors et réfléchit. Elle se souvenait d'une vieille histoire à propos de l'ondin, où celui-ci était assis sur un ponton, agitait des dés dans sa main et hélait les passants pour qu'ils jouent avec lui.

Elina se mit à chercher un paquet de cartes. Elle ouvrit tous les placards de la cuisine et finit par en découvrir un dans un tiroir, sous des bougies. Elle étala les cartes sur la table et se mit à les empiler de sorte qu'une sur deux soit un as ou un roi et une sur deux un deux ou un trois. Quand elle vint à bout des as, des rois, des deux et des trois, elle rangea ensuite selon le même principe les dames, les valets, les quatre et les cinq. Elle vérifia qu'elle avait tout bien fait. Pour finir elle changea quelques rois et quelques deux de place.

L'eau bouillait. Elina y versa des flocons d'avoine. Elle prit un élastique dans le pot à crayons posé sur la table et le passa deux fois autour du paquet de cartes. Elle prépara un porridge clair, très délayé, dont elle mangea la moitié. Elle s'habilla et mit le paquet dans sa poche, où il pesait, dur et plat, comme une boîte de cartouches.

Ensuite, un coup de répulsif antimoustiques, sa casquette, son couteau dans la tige de sa botte, et dehors.

Elina posait les pieds sur les mêmes mottes que le jour d'avant, sur les mêmes touffes d'aulne. Aux endroits où ses bottes avaient arraché l'écorce, le liber brillait comme l'os. Elle s'appuyait aux mêmes branches, qui s'inclinaient chaque fois un peu plus bas. L'une d'elles finit par céder, et Elina n'eut plus la force de se rééquilibrer.

Elle tomba lentement, comme une femme ivre, en même temps que la branche, dans le fourré.

Elle se remit péniblement debout, le souffle court, proférant des jurons. Elle se maudissait surtout de n'avoir pas su qu'elle était si faible.

Elle tapota sa poche. Le paquet de cartes était toujours là. Elle reprit son chemin. Tous ses vêtements étaient trempés, une fois de plus. Elle commençait à penser qu'elle était en fait dans le marais depuis la veille au soir. Qu'elle avait dormi dans les broussailles et n'avait fait que rêver de Hibou et de son lit.

De l'autre côté de la saulaie, elle s'arrêta. Un élan femelle se tenait dans la tourbière. Elles s'observèrent. L'animal donnait l'impression de vouloir lui demander son chemin. Comme si la tempête avait embrouillé sa boussole et le laissait complètement désemparé. Comme s'il avait oublié ce qu'il était.

L'élan partit droit devant lui, c'était une direction qui en valait une autre. Elina se tenait là, reprenant son souffle, et le laissa partir tranquillement. Une fois l'animal hors de vue et le bruit de son passage éteint, elle reprit sa route.

Elle repéra l'ondin de loin déjà. Il avait trimballé sur place une vieille senne et s'en était confectionné un trône. Il se prélassait de l'autre côté de l'étang, il attendait, désœuvré.

Elina s'arrêta sur la rive d'en face. La senne, qui avait donné sa forme au trône, était hors d'âge et rouillée, mais l'ondin était parvenu à s'y installer tel un aristocrate. Il toisa Elina de ses yeux bleus, avec ennui. Il était entièrement nu et lisse comme un dauphin, aussi gris que l'animal. Il était splendide et terrible, un jouet venu du futur.

L'ondin était parfaitement chauve. Son crâne avait une forme qui donnait envie d'y reposer la main. On racontait l'histoire d'un souffleur de verre qui rêvait de fabriquer un objet ayant la forme du crâne d'un ondin. Le souffleur demanda audience. L'ondin lui souhaita la bienvenue et, le soir même, il inclinait le crâne du souffleur de verre, qu'il avait cureté, pour y boire.

— Tu as oublié ta canne à pêche, dit l'ondin.

— Tu dois savoir aussi bien que moi qu'elle ne me serait d'aucune utilité.

— Aucune !

— J'ai besoin de ce brochet.

— Je te crois.

— J'ai une proposition.

— Moi aussi.

— Ah oui ?

— Oui. Tu vas demander pardon, au brochet et à moi.

— Ah bon.

— Ensuite, tu vas faire demi-tour, te tirer, et tu ne reviendras jamais.

— Tu vois ça comme ça.

— Oui.

Elina ôta sa casquette, essuya son front en sueur et la remit.

— Je ne peux pas.

— Oui, je m'en doutais. Mais en tout cas je t'aurai offert une échappatoire. Je crains que ce ne soit plus possible par la suite.

— Je n'ai pas d'autre choix.

— Dis-moi donc à quoi tu pensais.

— D'abord je veux le voir.

— Quoi ?

— Le brochet. Savoir s'il est en vie.

— Si peu de confiance... dit l'ondin en baissant le menton.

Le poisson remonta lentement à la surface. Au début on ne distingua que sa gueule sombre. Puis son dos et sa queue. Le brochet fit un tour dans le sens des aiguilles d'une montre, comme un animal de compagnie dressé. Le ventre d'Elina se tordit. Si proche.

Le brochet replongea dans l'invisibilité.

— Contente ?

Elina hocha la tête. Elle sortit le paquet de cartes de sa poche.

— On va le jouer.

L'ondin se redressa sur son trône.

— Tu me proposes un jeu, toi ?
— Oui. Pour ce brochet.
— Quel est ton enjeu ?
— Tu auras ma voiture.

L'ondin joignit le bout de ses doigts.

— Tu ne dois pas être au fait de mes besoins actuels.
— J'ai de l'argent aussi. Du cash.

L'ondin caressa sa tête chauve.

— J'aime les jeux. Il faut l'avouer, en ce sens tu tires sur la bonne ficelle. J'aime vraiment beaucoup les jeux. Il n'y a que les enjeux qui me donnent à réfléchir. En l'occurrence, ils ne me semblent pas équivalents. Une voiture ou du cash pour une vie entière...
— Que veux-tu alors ?
— Que tu mettes ta vie en jeu.

Elina s'éclaircit la voix. Passa d'une jambe sur l'autre.

— Euh, comment ?

— Si je gagne, je prends ta vie. Si tu gagnes, tu auras le brochet.

Elina retournait le paquet dans sa poche.

— D'accord.

— Comme c'est amusant !

L'ondin ferma les yeux, se frotta les mains et gloussa de rire.

— À une condition.

L'ondin rouvrit ses yeux pareils à deux puits recouverts de glace.

— Si je gagne, j'aurai le brochet. Et tu ne reviendras plus jamais dans cet étang.

L'ondin la fixait.

— C'est là ta condition ?

— Ouais.

L'ondin agita la main.

— Aucune importance. Bien plus crucial est de savoir à quoi nous jouerons.

— Disons qu'on joue au jeu du dernier pli, au *katko*.

L'ondin grimaça comme si son trône était soudain devenu brûlant.

— Quelle proposition triviale ! On ne pourrait pas faire une canasta plutôt ? Il faut être quatre, mais je pourrais demander à mes amis. Iku-Turso serait ravi. Je le sais. Organisons un tournoi !

Elina secoua la tête.

— La canasta, je ne sais pas y jouer. Je sais jouer au dernier pli. Il faut un jeu que les deux connaissent. Une seule distribution. Et on n'en parle plus.

— Tu es bien ennuyeuse ! C'est bon.

L'ondin quitta son trône et la rejoignit avec la prestance d'un danseur de ballet. Elina se demanda d'où venait que les créatures de l'autre monde étaient soit d'une beauté et d'une intelligence effarantes, soit d'une laideur et d'une bêtise incroyables. Les moustiques voletaient autour de l'ondin, mais ne le touchaient pas. Ils avaient passé un accord.

Dans le marais, rien qui pût faire office de table. Elina s'assit où elle était. Elle commença à distribuer les cartes devant elle sur la tourbière humide qui ondulait. Les croquemitaines étaient arrivés. L'ondin la rejoignit et s'accroupit. Les croquemitaines s'enfuirent sans demander leur reste.

L'ondin était tout près. Il sentait la crème de luxe.

Au beau milieu de la distribution, une douleur se fraya un passage comme un ver dans le sternum d'Elina. Elle s'interrompit un instant, ferma les yeux et inspira profondément. Une fois que la douleur eut obtenu ce qu'elle voulait, c'est-à-dire son entière attention, elle regagna son trou.

Elina rouvrit les yeux. L'ondin l'observait, manifestement réjoui.

Une fois qu'Elina eut distribué les cartes restantes, il dit :

— Minute.

— Quoi encore ?

— Il faut mélanger avant de distribuer.

Elina se força à regarder l'ondin en face, ses yeux offraient un mélange de glace et d'intelligence.

Elle tenta de conserver une voix indifférente et répondit :
— Je l'avais déjà fait.
L'ondin l'examina.
— C'est inapproprié. Tu essaies de me gruger. J'exige que le paquet soit remélangé.
Elina fixait les cartes. Il lui fallait immédiatement réagir.
— Comme tu veux.
Elle prit le tas de cartes dans sa main gauche et se mit à tirer celles du dessous avec sa main droite pour les glisser au milieu de la moitié inférieure du paquet.
L'ondin claqua la langue.
— Tu mélanges mal.
— Quoi ?
— Tu ne mélanges qu'à un seul endroit.
— J'ai mélangé comme il faut, tout le temps.
— Donne-moi le paquet.
— T'inquiète, je m'en occupe.
— Tu essaies de me gruger ?
— Ne dis pas de bêtises.
— Je veux que les cartes soient mélangées comme il faut. Donne-moi le paquet.
Elina fit non de la tête, continua son manège. L'ondin soupira. Il lui donna un coup sur la main si rapide que son œil ne put le détecter. Les cartes s'éparpillèrent sur la tourbière. Elina poussa un cri. L'ondin commença à les ramasser et dit qu'il allait s'occuper de la distribution. « Sous aucun prétexte », répliqua Elina et elle aussi se mit à ramasser. Pendant un moment, ils firent la course. Une fois que chacun eut son paquet, Elina tendit la main.

— OK, j'ai compris le message, dit-elle. Je vais mieux mélanger.

— Tant que tu te montres soigneuse, cette fois-ci.

— Ouais.

L'ondin donna ses cartes à Elina.

Elina reforma le paquet, les mains tremblantes. Elle répartit les cartes une à une en six piles devant elle. L'ondin demanda d'une voix mielleuse si tout allait bien. Elina opina du chef. Elle réunit les piles, tint le tas en main et le tendit vers l'ondin.

— Tu veux couper ?

L'ondin, de son long doigt, repoussa le bord supérieur du paquet de quelques centimètres en direction d'Elina. Celle-ci plaça la moitié sélectionnée par l'ondin sous le reste des cartes et procéda à la distribution, tout en se demandant à quelle vitesse elle pourrait détaler au milieu du marais. Pas assez vite. Pas dans cet état physique, pas avec cet orteil. Elle darda son regard autour d'elle. Chercha s'il y avait quelque chose avec quoi elle pourrait frapper. Des saules rabougris. Rien. Rien de rien. Elle avait son couteau. Une arme dérisoire face à l'ondin.

Elle devrait frapper tout de suite. Il ne faudrait même rien tenter d'autre. Dès que la dernière carte serait jouée.

Elle n'avait pas l'intention de crever ici.

Elle retourna sa donne. Cinq cœurs. L'as, la dame, le six, le quatre et le trois.

Nom de Dieu, elle n'allait pas crever ici.

L'ondin caressa son menton, fin et mince, choisit une carte et la posa devant lui.

C'était un cinq de trèfle. Elina le prit avec son six de cœur.

— Cela fait cinq ans que tu viens à cet étang, dit l'ondin. Autant d'années que tu cherches les ennuis. N'est-il pas agréable que tes souhaits se réalisent enfin ?

Elina réfléchissait à sa stratégie. Il n'y en avait qu'une seule à dire vrai.

— Ça ne te regarde pas, dit-elle en abattant son as.

L'ondin pencha la tête. Sourit.

— Qu'importe. Dans deux secondes, tu vas tout me raconter.

L'ondin posa un quatre de trèfle, ce qui signifiait qu'il n'avait pas de cœur, ce qui signifiait qu'Elina avait gagné.

Elle posa le reste de ses cartes sur la tourbière.

Elle porta ses mains à son visage et inspira deux fois, profondément, dans l'obscurité de ses paumes.

Une chance incroyable.

L'ondin laissa tomber ses cartes. Valet de carreau, roi de trèfle et as de trèfle. Les petits muscles sous le menton de l'ondin tremblaient. Il hocha légèrement la tête, comme s'il avait pris une décision.

— Tu as enfreint les règles, dit-il.

— Non, qu'on se le dise.

L'ondin se leva et alla regagner son trône.

— Tu avais classé les cartes d'avance pour qu'elles te soient favorables. La partie est nulle.

— Tiens ta promesse.

L'ondin s'installa sur son siège.

— Tu as triché.

— Ne t'avise pas d'annuler.
— Je te prie de partir.
Elina réfléchit. Elle avait son couteau. L'ondin n'était pas armé. Il la fixait, ses yeux étaient deux fentes sombres.

L'ondin la dépiauterait aussi facilement qu'un gardon.

— Maintenant, dit l'ondin, je ne te laisserai pas t'en tirer vivante deux fois.

Elina regarda l'étang. Il n'y avait pas d'autre choix. Elle fit demi-tour et se mit en marche.

Elina partie, une pie décolla à la lisière de la forêt en direction des tiges de l'étang, pinça le valet de carreau dans son bec, le secoua, le lâcha et repartit. Les cartes dispersées, blanches, détonnaient autant sur leur environnement que l'ondin assis le menton dans sa main. Immobile.

7

Elina rejoignit directement l'étable. Elle saisit la cible de fléchettes posée sur l'établi, ressortit côté cour et l'accrocha au mur près de la porte au clou qui n'avait soutenu que des cibles de fléchettes au cours des trente dernières années. Elle décrocha du mur cinq fléchettes rouges rouillées et se plaça à cinq mètres de distance. Elle se retourna et scruta la cible. Y retourna, la déplaça de trois centimètres vers la gauche, regagna le pas de tir, plaça l'avant de son pied gauche au niveau de la marque en pierre et le droit trente centimètres en arrière. Elle leva la main qui tenait la fléchette. La rabaissa et chassa un moustique de sa joue avec l'intérieur de son bras. Se mit à lancer.

Manqué, deux, sept, sept, huit.

Enfant, elle faisait la compétition avec son père. Le perdant était obligé de porter le bois de chauffage du sauna. Chaque samedi et mercredi.

Elle alla ramasser les fléchettes et relança.

Six, sept, huit, sept, neuf.

Elle alla chercher les fléchettes.

Son corps se balançait d'avant en arrière. Elle ne cherchait pas tant à viser qu'à trouver le bon rythme, comme un cambrioleur qui explore avec son crochet les gorges d'une serrure. Elle croyait que le tempo dégagerait un chenal menant de sa main au centre de la cible.

Six, sept, sept, neuf, neuf.

L'ondin savait dans quel pétrin se trouvait Elina avec le brochet. Il ne la laisserait plus approcher de l'étang.

Neuf, neuf, trois, huit, neuf.

Elle ne pouvait pas tirer sur l'ondin.

Huit, six, quatre, neuf, neuf.

Elina devait trouver un moyen de le convaincre de quitter l'étang.

Neuf, manqué, quatre, huit, neuf.

Elle n'avait qu'une seule possibilité. Elle l'avait su, tout le temps.

Neuf, huit, neuf, sept, dix.

Elle contempla la cible et compta. Quarante-trois. Avec ce score, on évitait la corvée de bois.

En général.

Elle regagna sa voiture et partit en direction du bourg.

*
* *

Elina tourna au niveau du pont et ne réalisa qu'ensuite à quel point elle était sale et combien elle se sentait mal.

Elle jeta un coup d'œil à sa montre. Bientôt une heure. Elle n'avait pas le temps de retourner à la maison se débarbouiller. Il lui fallait préparer une tarte à la rhubarbe.

Tel était le présent qu'elle destinait à un allié qu'elle n'avait encore jamais rencontré. Elle avait lu des choses à son propos dans les journaux de sa mère. Elle connaissait ces passages par cœur. Connaissait les lieux et les mots justes.

Avant toute chose, elle était désespérée.

Elle roulait et passait en revue sa liste de courses. Farine de blé, levure, bicarbonate, œufs, lait fermenté. Elle se rendait au bourg parce qu'elle ne pouvait pas se montrer à la coopérative. Heta savait quelque chose. Elina n'avait aucune envie de tirer au clair ce dont il s'agissait.

Le bourg était distant d'Ylijaako de vingt-huit kilomètres. Elina stoppa à mi-chemin au niveau de l'arrêt de bus, sauta par-dessus le fossé et courut jusqu'au bois où elle vomit tout ce qu'elle avait mangé le matin. Elle s'appuya à un tremble et resta là, les yeux clos. Les cliquètements d'une bicyclette se firent entendre sur la route. Elina tourna la tête. Salme la dépassa, chargée d'un sac à dos vert et de sacs en plastique accrochés de part et d'autre de son guidon. Elle faisait l'aller-retour du bourg à Sodankylä une fois par semaine, ramassant toutes les bouteilles et cannettes consignées. C'est ainsi qu'elle gagnait sa croûte.

Elina leva la main. Salme lui fit un signe de tête et s'éloigna. Ses revenus avaient diminué du fait que les gens ne jetaient plus leurs ordures dans le fossé autant qu'avant.

Elina attendit que Salme soit hors de vue et regagna sa voiture.

Les prochains à croiser sa route furent quatre rennes qui traînaient la patte sur la gauche de la chaussée, les uns derrière les autres. Ils offraient un spectacle affreux. Ils avaient les yeux grands et noirs comme s'ils avaient pleuré toute la nuit. Leur fourrure s'effilochait, toute tachetée. Ils étaient tourmentés par les moustiques et les taons pour lesquels ils représentaient un déjeuner ambulant. Ils subissaient la torture infligée par les larves d'œstres qui s'étaient développées sous la peau de leur dos pendant tout l'hiver et le printemps et foraient maintenant leur passage en laissant de douloureuses plaies sanguinolentes.

Elina ralentit à leur hauteur, car ils étaient susceptibles de bondir devant le véhicule à tout moment. Les créatures martyrisées ne jetèrent pas un œil à la voiture. Elles marchaient la tête basse, en cortège funèbre, comme si elles avaient appris la mort de leur rédempteur et étaient en route pour ses funérailles.

Elina parvint au bourg. C'était comme Vuopio, mais en plus grand. Il y avait, outre le kiosque à glaces, l'église et l'auberge, un petit centre commercial comprenant un coiffeur-barbier, une banque et un bar.

Quatre-cents ans plus tôt, des humains, arrivés par la rivière, avaient érigé les premières maisons sur le rivage. Du haut des tunturis étaient descendus des grabuges, des teignons et des *haltija* maîtres des lieux, qui avaient détruit les cabanes jusqu'aux fondations. Les habitants avaient fui sur leurs barques. Les grabuges avaient ri et bombardé les embarcations des humains avec les pierres arrachées aux fondations de leurs propres maisons. Une fois les monstres retournés à leurs solitudes sauvages, les humains étaient revenus. Ils avaient reconstruit le village et les grabuges avaient hurlé de fureur et envoyé une malédiction : les vaches ne donnaient plus de lait, les champs, plus de récoltes. Les humains avaient été contraints de partir, cette fois encore. Mais, la malédiction dissipée, ils étaient revenus. Après chaque tentative de les chasser, ils étaient revenus un peu plus nombreux et un peu plus coriaces, aussi éternels que les fourmis ou les moustiques, et ainsi la Laponie avait-elle appris que l'occupation était inéluctable.

Le magasin d'alimentation se trouvait près du centre commercial. Elina se gara devant.

Sur le réverbère planté devant la boutique, une épervière boréale était posée. Elle observait le bourg comme un défi à relever.

À l'intérieur, tout était comme avant. L'aménagement n'avait jamais été modifié. Comme si l'emplacement des articles, leurs marques et la disposition des rayons avaient été fixés dans de saintes écritures. Elina passa devant le présentoir à fruits et légumes, attrapa une boîte d'œufs dans le rayon de gauche, tourna à droite et avança dans l'allée des aliments secs, prit la farine, fit demi-tour et regagna l'allée centrale où elle choisit avec espoir un paquet de boulettes de viande pour son déjeuner. Elle tourna au coin à droite pour gagner le rayon des produits laitiers. Elina savait exactement où se trouvait le lait fermenté, et elle avançait comme en rêve, songeant à sa mission et aux épreuves qui l'attendaient, et ainsi leva-t-elle les yeux seulement une fois parvenue au niveau de la porte du réfrigérateur, qui était ouverte.

À demi penché dans ses entrailles froides, il y avait Jousia.

*La première rencontre de Jousia et Elina.
Ou comment Elina récupéra son bonnet.*

Au début du mois d'août, les élèves des villages éloignés et ceux du bourg étaient jetés ensemble dans la même cour d'établissement secondaire et n'avaient d'autre choix que d'établir la hiérarchie qui régnerait entre eux. Ceux du bourg avaient l'avantage de jouer à domicile. Ils commençaient par passer en revue chacun de ceux qui venaient d'ailleurs avant de se jauger entre eux, et nul n'échappait au jugement de la balance ni ne se voyait attribuer une valeur exacte.

Elina passait les récréations près du portail d'entrée, muette et distante, constituant ainsi une cible parfaite. Les filles l'entouraient, pointaient du doigt ses vêtements et les déclaraient, un par un, moches. Elina ne réagissait pas. Les filles disaient que la figure d'Elina était comme le derrière d'un grabuge et qu'elle était grosse et puait comme un teignon. Elina ne réagissait toujours pas. Une des filles lui donnait une bourrade, et Elina vacillait, sans parler. Les filles riaient.

Le même jour, on fit courir des rumeurs à son sujet, qui avaient trait à sa sexualité, à la santé de sa peau et à ses parents. Les semaines suivantes, on lui vola tout ce qu'on pouvait, en commençant par ses chaussures et sa trousse. Pendant une récréation au mois de novembre, Janna Keippana alla lui piquer son bonnet directement sur la tête et le jeta dans un sorbier.

Tout le monde attendait de voir ce qu'Elina allait faire.

Rien.

Jousia Mäkitalo partit en direction du sorbier.

— Vas-y pas le chercher, le prévint Janna Keippana.

Jousia y alla et rapporta son bonnet à Elina, sans dire un mot. C'était leur première rencontre, et ils ne se regardèrent même pas. Elina fixait le sol devant elle. Son bonnet apparut soudain dans son champ de vision et resta là, dans ses mains.

On les châtia tous les deux. Janna Keippana en référa directement aux plus hautes instances, c'est-à-dire à son frère, Joni Keippana. Joni était déjà en troisième et plus grand que la plupart des enseignants, et il était aussi dévoyé qu'il était grand.

Joni se flanqua de ses deux lieutenants. Ils s'emparèrent d'Elina et la firent rouler dans la neige comme s'ils panaient un poisson. Ils la tournèrent et la retournèrent, changeant de sens par intervalles. Quand Elina fut entièrement blanche et complètement crevée, ils l'abandonnèrent à son sort et s'approchèrent de Jousia qui les attendait avec un air de défi. Joni marchait en tête de la troupe, grand comme Goliath. Jousia se catapulta en avant. Il tenta de renverser Joni, mais celui-ci ne tangua même pas. Joni empoigna Jousia et le flanqua dans une congère. Le trio frotta longuement sa victime avec de la neige gelée. Ils en fourrèrent dans le col de son manteau, tirèrent l'élastique de son pantalon et en remplirent aussi les jambes. Durant toute l'opération Jousia hurla, jura et cogna. Les persécuteurs riaient. La bagarre était agréable quand le rossé résistait.

L'incident ne poussa nullement Elina à modifier son comportement. Elle allait en chaussettes rechercher ses chaussures jetées dans un buisson d'orties et lorsque quelqu'un collait un chewing-gum dans ses cheveux, elle taillait dedans aux ciseaux. Elle rendait la persécution si facile que celle-ci n'offrait plus à ses attaquants de quoi monter en grade. Au contraire, lorsque quelqu'un s'avisait de lui renverser de la soupe aux pois sur les genoux à la cantine, les autres poussaient des toussotements gênés.

Ainsi la laissa-t-on tranquille avant la fin de la première année scolaire.

Les garçons se déplaçaient à mobylette, en quad, en tracteur et en tracteur-tondeuse. À la récréation, ils se réunissaient autour de leurs véhicules, s'y appuyaient et comparaient leurs qualités. Joni Keippana menait les débats. Les garçons construisaient des tremplins d'où ils décollaient sur leurs motoneiges. Ils montaient en selle, faisaient hurler le moteur à vide et se lançaient dans une compétition à qui ferait le plus de bruit.

Jousia sectionna la chenille de la motoneige de Joni. Quand celui-ci rentra chez lui en longeant le fossé, la chenille se décrocha et Joni fit un vol plané par-dessus son guidon. Le lendemain, Joni vint en tracteur. Jousia versa du sucre dans le réservoir et, au retour, le moteur cala au premier carrefour.

Chaque semaine, on donnait une raclée à Jousia. Il se vengeait à chaque fois. Le recteur convoqua les parties pour une réunion de crise. Jousia toisait dédaigneusement tant les enseignants que les persécuteurs et leurs parents. Il annonça qu'il résistait à toutes les injustices, aussi bien dans la cour de récré qu'en classe et qu'il n'y avait besoin de personne pour expliquer quoi que ce soit. Les parents de Jousia estimaient que leur fils souffrait de la solitude. Taisez-vous, ordonna Jousia, et quand ses parents racontèrent qu'il écrivait de temps à autre des lettres à des amis imaginaires, Jousia se leva et sortit de la pièce. Les mêlées continuèrent.

Jousia était un combattant médiocre, mais doué d'une opiniâtreté sans fin. Il rendait les coups jusqu'à ce qu'on l'attache à un arbre ou qu'on l'épuise tellement qu'il n'avait plus la force de lever le bras.

Jousia vengeait aussi les autres, même si personne ne le lui demandait. En classe, il protestait s'il avait le sentiment que lui ou autrui avait reçu une note injuste, que la victime soit le premier de la classe ou son propre ennemi. Les enseignants écoutaient ses diatribes enflammées avec un sourire torve, humiliés, car il leur opposait chaque fois des arguments sans failles.

À la récréation, lorsque les garçons s'en prenaient à Jousia, les enseignants détournaient le regard.

Les années passèrent. Quelques semaines avant la fin du premier cycle du secondaire, la classe de Jousia et Elina se vit assigner un devoir à la maison intitulé « Moi et le monde ».

Les élèves devaient se mettre en binôme, s'interroger mutuellement et expliquer au reste de leurs camarades l'image qu'ils se faisaient du monde. Quelqu'un leva la main et demanda s'ils devaient parler de leurs loisirs. L'enseignant répondit qu'il était question de ce qu'ils pensaient du monde et de l'impression que leur donnaient les événements. Ceux qui étaient assis près de la fenêtre commencèrent à regarder dehors. Quelqu'un rapporta que son père lui avait dit que les sociaux-démocrates étaient l'ennemi numéro un de la société. Un autre annonça qu'il avait uniquement l'intention de faire la liste de tout ce qu'il apercevait en une journée, et pas un coup d'œil de plus.

Les binômes furent tirés au sort. Jousia choisit un petit papier dans la corbeille, y jeta un œil, lorgna vers Elina et rapprocha sa chaise du pupitre de celle-ci. Il lui annonça que le sujet lui tenait à cœur et qu'il voulait faire l'exercice dans les formes. Elina hocha la tête, fixa sa table. Jousia dit qu'à son avis Elina devrait venir chez lui pour qu'ils puissent s'interviewer l'un l'autre à fond. Elina opina du chef.

— Hé, dit Jousia.

Elina releva les yeux. Jousia scruta son regard et lui demanda lentement si c'était OK. Elina se redressa, ouvrit la bouche et répondit :
— Oui, c'est bon.
— Samedi prochain ?
— Ouais.

*
* *

C'était le mois de mai, il y avait encore de la neige dans les fossés et au bout des maisons où elle avait été poussée en tas énormes durant l'hiver. L'eau en dégoulinait et rigolait sans discontinuer. Les pinsons criaient dans les pins, les courlis piaillaient dans les champs. Aux larmiers se formaient de grosses gouttes brillantes qui chutaient d'un coup, et Elina ignorait encore qu'à partir de ce printemps, les voix des eaux et des oiseaux lui rappelleraient toujours ces jours heureux.

La maison de Jousia était située sur la pointe de Kuikkaniemi, à deux kilomètres au sud du bourg. Il fallait parcourir trente kilomètres depuis Ylijaako. Elina venait à bicyclette. Elle empruntait les chemins forestiers, rallongeant son trajet de cinq kilomètres. Elle ne voulait pas risquer d'être vue par un des habitants du bourg.

La maison de Jousia était bleu clair, sur deux niveaux, posée sur la berge escarpée de la rivière. Jousia était assis sur les marches du porche en train de lire, en jogging et tee-shirt. Quand Elina entra dans la cour, il reposa son livre et abrita ses yeux de la paume de sa main.

— J'ai fait des petits pains, annonça-t-il.

Il installa Elina à la table de la cuisine et y déposa une jatte de pains moelleux, brûlants. Il l'encouragea à se servir avant qu'ils ne refroidissent. Elina en rompit un. La mie fumait. Elle le tartina de beurre et croqua. Fichtrement bon. Elina avait envie de rire. Elle plaça une main devant sa bouche.

— C'est dégueu ? demanda Jousia.

Elina secoua vivement la tête. Jousia, croyant qu'elle était en train de s'étouffer, bondit sur ses pieds. Elina avala sa bouchée et dit que le petit pain était très bon, merci.

— Très bien, dit Jousia et il se rassit.

Elina aurait aimé se resservir, mais n'osait pas.

Jousia s'était muni d'un carnet à carreaux bleu et d'un crayon. Il tapota la pointe sur sa lèvre inférieure et déclara que personne en cours ne savait rien d'Elina. L'information était si plaisante que celle-ci poussa un hennissement.

— Désolée.

— Pourquoi tu ne te défends jamais ?

Elina haussa les épaules. Elle ramassa des miettes dans son assiette. Il lui vint à l'esprit qu'elle n'en serait pas quitte pour le silence. Elle répondit :

— J'ai pas l'impression que je devrais.

Jousia nota sa réponse dans son calepin.

— Tu n'as pas de respect de toi-même ?

Elina se sentit transpirer.

— Je vois point ce que j'en ferais.

— Tout le monde doit se respecter. Sinon les autres te marchent dessus.

— C'est pas grave.
— D'accord. Que penses-tu du monde ?
Elina réfléchit.
— J'aime bien pêcher et observer les oiseaux.
Jousia la regarda d'un air dégoûté.
— Le but, c'est pas de lister tes loisirs.
— Oui, répondit Elina.
Elle fixait ses genoux et avait honte.
— Désolé, mais ça a l'air complètement naze.
— Ça vaut mieux que de crier.
Les sourcils de Jousia se haussèrent.
— Tu penses que c'est ça que je fais ?
— C'est pas ce que j'ai dit.
— Mais c'est ce que tu voulais dire.
Elina gratta le coin de la table avec son ongle.
— Je veux point me disputer ou quoi que ce soit.
— Mais moi, je le veux. Si c'est bien ce que t'as dit.
— Bon. Il faut que je réfléchisse.
Jousia se rejeta en arrière.
— OK.
Elina tapotait du doigt sur la table.
— Bon, dit-elle.
Jousia, attentif, prit son crayon en main. Patienta.
— Peut-être que je pense surtout que le monde ne devrait pas gagner.
— De quelle manière ?
Elina se gratta la tête. Il fallait qu'elle le dise, sans doute.
— Te souviens-tu, quand tu es allé chercher mon bonnet dans le sorbier ?
— Évidemment.

— Je savais qu'on ne pouvait pas gagner. Pas avec leurs règles. Alors j'ai décidé de ne point jouer. Ils n'ont pas le droit de décider de ce que je ressens.

Elle réfléchit un instant.

— Je veux dire que je ne les ai pas laissés entrer au niveau intérieur. Donc ouais, on peut sûrement dire que j'en ai, du respect de moi.

Jousia écrivait.

— Es-tu gandhiste ?

— Je sais pas. Je ne mérite juste aucune attention.

— Mais tu ne peux point les laisser faire.

— Comment ça, je peux point ?

— D'ailleurs ça continue, pareil.

— Bah.

— Stoïcienne, décida Jousia et il nota.

— Mais quand même tu t'en débarrasses, non ? demanda-t-il.

— De quoi ?

— Ben, dit Jousia et il agita la main qui tenait son crayon, tu sais bien, des émotions.

Elina haussa de nouveau les épaules. Elle réalisa qu'elle avait souvent fait ce geste au cours de la conversation et décida d'arrêter.

— Bon. J'aime bien regarder les livres d'ornithologie.

Jousia plongea son visage dans ses mains.

— Bordel ce que t'es bizarre.

— Oui.

— Quand j'en ai ras le bol, moi, je fais de l'art.

— Hein ?

— Des genres d'œuvres. Mais pose-moi d'autres questions d'abord, dit Jousia.

Il arracha quelques pages à son carnet et les donna à Elina. Il lui glissa aussi son crayon, croisa les bras et attendit.

— OK, dit Elina.

Elle lorgna vers les petits pains, mais Jousia ne fit pas un geste dans leur direction.

Elle lui demanda :

— Quelle est ta vision du monde ?

Jousia répondit qu'il était un utilitariste individualiste. Il dit qu'il était un partisan des libertés individuelles et qu'à son avis l'individu avait le droit de faire ce qu'il voulait, mais que lui incombait en même temps la responsabilité morale de son environnement et, en dernière instance, du monde entier. L'individu devait tout tenter pour en faire un meilleur endroit où vivre, tant pour lui-même que pour les autres, et cette responsabilité était à la fois locale et globale.

— Parle un peu moins vite, le pria Elina.

— OK, acquiesça Jousia.

Il évoqua l'impératif catégorique et l'éthique anthropocentriste. Il présenta l'éthique biocentriste et donna l'exemple de la ségrégation raciale aux États-Unis et des génocides en Afrique et en Asie. Il mentionna le développement durable et le libre marché, les dangers y afférant, et se levait de temps à autre pour reproduire jusqu'aux moindres mimiques des discours célèbres. Il citait des livres et Elina ne saisissait pas la moitié de ce qu'il racontait, mais elle grattait sans arrêt, en s'étonnant que quiconque puisse pérorer aussi longtemps en étant aussi convaincu de son fait et de son charisme. Jousia en arriva à la musique qu'il écoutait et aux films qu'il regardait, et les relia par toutes sortes de transitions hasardeuses à sa bataille personnelle, qui se jouait sur tous les fronts, à tous les niveaux possibles. Il finit par dire qu'il avait pris un bon moment pour y réfléchir et découvert qu'il servirait au mieux la société en se faisant artiste.

Elina reposa le crayon. Elle avait rempli des pages entières.

— Ouais. Je crois que j'ai tout.
— Bien. On va voir ce que j'ai fait, maintenant ?
— Ton art, tu veux dire ?
— Oui.
— Pourquoi pas.

Ils sortirent et traversèrent la cour en direction de l'écurie. Jousia tourna la tête vers la rivière, Elina étudia son profil. Son menton sévère et son expression déterminée.

Jousia ouvrit la porte et dit qu'il réalisait des sculptures. Ils passèrent devant les boxes. Trois chevaux à la robe foncée soufflèrent à leur arrivée et les suivirent du regard. Jousia et Elina parvinrent à une pièce spacieuse située au bout du bâtiment, qui servait, selon Jousia, de garage et, de temps en temps, d'atelier.

Dans un coin était posée une mobylette blanche Honda Monkey aux flancs de laquelle avaient été fixées avec du fil de fer une paire d'ailes d'oie des moissons. L'engin semblait sur le point de prendre son envol.

Ils se tenaient à côté.

— Alors, de quoi ça a l'air ? demanda Jousia.
— Pourquoi elle a des ailes ?
— À ton avis ?
Elina fit le tour de la mobylette.
— C'est pas grave si t'aimes point, dit Jousia. J'ai déjà accepté le fait que je serai incompris à mon époque.
— Ah OK, c'est sûrement la bonne attitude.
— C'était une blague.
— OK.
Jousia se gratta le menton.
— Du coup. Avec cette œuvre, j'explore la liberté. Pourquoi tu fais cette tête ?
— Pour rien.
— À quoi tu penses ? Dis-moi franchement.
— Non, mais rien.
— C'est trop évident ?
— Pas dans ce sens-là.
— C'est évident.
— Non, mais c'est bien.
— J'ai jamais pensé que je serais un maître en deux secondes, dit Jousia, tout en ayant l'air de l'avoir pensé.
Elina éternua.
— Tu as les yeux qui coulent, dit Jousia. Vas-tu bien ?
— Ouais.
Elina s'essuya les paupières. Elle éternua une nouvelle fois.
— Je dois être allergique aux chevaux.
Ils sortirent. Jousia s'excusa de ne pas lui avoir posé la question avant. Elina l'assura que ce n'était rien. Elle annonça qu'il était quand même temps qu'elle rentre chez elle.

— Il faudra que tu reviennes.

Avant qu'Elina n'ait eu le temps de répondre, Jousia ajouta qu'à son avis ils n'avaient pas encore fini le devoir à la maison.

— Il nous reste encore du temps avant de le rendre. Passerais-tu lundi après les cours ?

— Pourquoi pas.

— Veux-tu des petits pains ?

*
* *

Après la deuxième séance, Jousia suggéra qu'ils se fassent visiter les lieux les plus importants de leur vie.

— Parce qu'en parlant, on reste bloqué à un certain point, ajouta-t-il. Il faut du concret pour connaître l'autre vraiment.

Jousia fit traverser la rivière en barque à Elina. Une fois de l'autre côté, ils grimpèrent au sommet de l'escarpement et traversèrent des champs bruns labourés. Ceux-ci étaient constellés de vanneaux huppés qui se détachaient comme des fleurs blanches sur la terre foncée.

Les oiseaux observaient le duo qui avançait à grandes enjambées dans les sillons.

Ils gravirent une colline au milieu de laquelle se trouvait un chalet en rondins, inachevé. La construction comportait un soubassement, des murs et un toit, mais on voyait par les fenêtres que les pièces étaient vides et pas finies. La porte était barrée par un imposant cadenas. Selon Jousia, le constructeur était un habitant du Sud qui avait hérité du terrain. Il avait entamé les travaux de nombreuses années auparavant et, à la fin d'une journée de travail, était allé prendre le café chez un fermier du coin, histoire de faire connaissance avec ses voisins. Le gars du Sud avait repéré un crâne de grabuge accroché au mur et demandé ce que c'était que ce bordel de truc. Le fermier lui avait raconté. Le gars du Sud s'était senti mal à l'aise. Il avait voulu s'assurer qu'il s'agissait bien d'un animal préhistorique. Quand le fermier l'avait tiré de sa méprise, le Sudiste avait hoché la tête et passé toute la soirée à zieuter le crâne et, depuis, on ne l'avait plus revu dans le coin.

Jousia dit qu'il venait là en été pour lire parce qu'un vent agréable soufflait sous le porche, chassant les moustiques.

Jousia grimpa sur la large balustrade et s'adossa au mur du chalet. Au loin montèrent les cris d'une harde de teignons. Ils échangeaient des grognements graves, dont la signification n'était jamais apparue à aucun chercheur.

— Ce chalet symbolise à mes yeux l'inachèvement de la vie, dit Jousia.

Elina caressa la surface poisseuse d'un rondin et se demanda ce que le chalet pouvait symboliser pour elle, mais c'était juste un chalet.

— Un jour je vais me barrer d'ici, dit Jousia.
— N'y aura rien qui te manquera ?
— Non.
— Même pas la rivière ?
— La rivière ?
— Je la trouve belle.

Jousia donna un coup de godasse à un poteau qui soutenait le porche.

— N'y a rien de beau ici.
— Les arbres aussi sont spéciaux.
— Moi, sur tout ça, dit Jousia en traçant du doigt une ligne courant sur l'horizon, je te foutrais un tas de béton et de baraques. Ce serait bien.

*
* *

Le lendemain, c'était au tour d'Elina. Elle se réveilla dès six heures et rangea sa chambre. Elle alla dans la cuisine, prit un chiffon et se mit à essuyer la table. Son père entra. Voulut savoir si tout allait bien.
— C'est trop demander qu'on vive comme des êtres humains dans cette baraque ? demanda Elina.
— Tu attends de la visite ?
— Jousia Mäkitalo.
— Pour ce devoir ?
— Ouais.
— Bien long, ce devoir.
Jousia se rendit à Ylijaako aussitôt la sortie des cours. Il fit le tour de toutes les pièces et déclara qu'Elina habitait dans une maison vraiment agréable. Il fit également part de son opinion aux parents d'Elina. Son père examina le jeune homme avec des yeux comme des soucoupes. Sa mère resta muette, impénétrable. Elina avait honte d'eux, de tout son cœur. Elle pressa Jousia vers le corridor. Ils enfilèrent des bottes de caoutchouc, Elina attrapa une canne à

pêche posée contre le montant de la porte, puis ils partirent pour le marais.

Plus tard, au bord de l'étang, Jousia se gratta l'arrière du crâne.

— Un choix intéressant.

Les moustiques bourdonnaient autour d'eux. Elina décrocha son Rapala de l'anneau.

— Tu paries quoi que j'attrape un poisson au premier lancer ?

— Dans cette flaque de boue ?

— Oui.

— Si t'en chopes un, je ferai tes devoirs.

— Merci, dit Elina et elle balança son leurre.

Le brochet qu'Elina tira sur la tourbière était petit et maigre. Il pesait une livre tout au plus. Le poisson gisait sur une motte et battait de la queue comme un fœtus en colère expulsé trop tôt. Elina le prit par la nuque et le regarda dans les yeux, droit dans les trous obscurs placés en leur centre. Elle se secoua pour s'arracher à la contemplation de leur fond. Elle frappa le poisson au front avec l'étui de son couteau. Le brochet fut pris de spasmes. Elina frappa de nouveau. Les écailles semblèrent lancer des étincelles. Le poisson devint flasque.

Elina coupa une baguette de saule d'une vingtaine de centimètres. Elle ôta toutes les fourches à l'exception de la plus basse, dont elle laissa dépasser quelques centimètres. Elle inséra la baguette sous un opercule du brochet. Frotta jusqu'à ce que l'extrémité ressorte par la bouche. Elle saisit le bout qui dépassait de la gueule, le tira un peu plus dehors et secoua, le poisson glissa alors au niveau de la fourche. Elle le souleva en l'air et le fit tourner dans la lumière profonde de l'après-midi qui se répandait comme du miel autour d'Elina et Jousia.

Elina dit que, selon sa mère, le brochet était un ambassadeur qui avait le pouvoir de nager d'un monde à l'autre sans payer l'octroi. Ce spécimen aussi avait dû visiter des centaines de dimensions. Vivre des réalités qui outrepassaient la compréhension humaine.

— Et malgré ça, le v'là qui pendouille à ton bâton, dit Jousia.

Ils rentrèrent à Ylijaako. Derrière l'étable, Elina jeta le brochet sous la berge au milieu des boutons d'or.

— L'aurait été bon à la poêle, s'étonna Jousia.

— On n'a point le droit de manger le brochet du Seiväslampi.

— Pourquoi ?

— Je suis pas très sûre. Écoute. Veux-tu voir un truc épatant ?

Ils rentrèrent. Son père découpait un lavaret salé, à la cuisine. Sa mère étendait le linge au sauna. Elina entraîna Jousia dans la chambre de ses parents. Elle le fit asseoir sur le grand lit, ouvrit le tiroir d'une table de nuit et en sortit un carnet relié de cuir noir.

— C'est quoi ? demanda Jousia.

— Le journal de ma mère.

Elina s'installa à côté de Jousia et se mit à feuilleter le carnet.

— On a le droit de regarder ? demanda Jousia.

— Non.
— Bien.

Le livret contenait des dessins, des chiffres et des schémas. D'étranges symboles. On trouvait, pressés entre certaines pages, une fleur, une araignée ou un papillon.

— Là, dit Elina.

Elle indiqua une double page remplie de texte écrit serré. En haut le titre : *Seiväslampi*.

Elina lut à haute voix :

— Le brochet est dans l'étang chaque printemps. On dirait toujours le même chaque fois. Kauko dit qu'il l'a attrapé dix étés de suite. Son père vingt. Dans l'intervalle, il y a eu une année où il a oublié de le pêcher. Cette année-là, les récoltes ont été mauvaises. L'endroit est propice. Nous y pratiquons des sortilèges.

— Et ensuite, il y a le sortilège en question, dit Elina.

— Montre.

— Pas tout de suite. Ici, en dernier, il est dit « sortilège accompli ». Et la date. Il y a huit ans.

Jousia fixait Elina.

— Est-ce que ta mère a fait un sortilège dans cet étang ?

— Certainement.

— Je veux voir, dit Jousia et il prit le carnet des mains d'Elina.

Il se mit à lire :

Dans les entrailles du brochet...

— Silence.

L'ordre venait de la porte. Jousia lâcha le calepin sur ses genoux. La mère d'Elina glissa au-dessus du seuil comme un fantôme. Stoppa devant eux.

Jousia lui tendit le carnet.

— Tenez.

— Les choses interdites intéressent les enfants, prononça la mère d'Elina d'une voix neutre comme un médecin qui énumère les symptômes de son patient au dictaphone.

Jousia tendait toujours le carnet. Ayant compris que la mère d'Elina n'avait pas l'intention de le prendre, il le reposa sur ses genoux. Au bout d'un instant il le transféra sur le lit.

— Pardon, s'excusa Elina.

— Si je t'ai dit de te taire, dit la mère d'Elina à Jousia, c'est parce que, prononcées au bon endroit et au bon moment, ces paroles peuvent provoquer de terribles dommages. Et même, la mère d'Elina ménagea une pause à ce moment, la destruction.

— OK, dit Jousia.

La mère d'Elina s'adressa ensuite à sa fille :

— La raison pour laquelle je t'ai dit que tu n'avais point le droit d'étudier mes journaux, c'est qu'ils contiennent des choses que tu ne comprends pas encore. Ils sont dangereux donc. Tu recevras toutes mes notes en temps voulu. Si tant est que tu aies la force d'attendre.

Cela dit, la mère d'Elina quitta la chambre aussi silencieusement qu'elle y était arrivée.

Elina replaça le carnet dans le tiroir de la table de chevet. Ils sortirent à toutes jambes dans la cour et, pour plus de précaution, coururent jusque derrière l'étable.

— Ta mère est assez étrange, dit Jousia.
— Ouais.

Ils se regardèrent, sourirent et éclatèrent de rire.

— J'ai failli chier dans mon pantalon, dit Jousia.
— Je croyais que tu n'avais peur de rien.
— J'ai peur de rien. Sauf de ta mère.
— Moi aussi elle me fait peur des fois.
— Tu sais certainement ce qu'on dit au village.
— Ouais.
— Que c'est une sorcière.
— Ouais.
— C'en est une ?

Elina poussa un gémissement.

— Un peu sûrement.
— Et toi, t'en es une ?
— Qu'est-ce que tu crois ?
— Me regarde pas comme ça.
— Je sais pas.

La forêt faisait comme un mur derrière eux. Ils écoutaient les pépiements et les gazouillements qui montaient de son cœur. Comme si c'étaient les épicéas, les bouleaux et les pins qui chantaient et non les oiseaux qui les peuplaient.

— Tu dois faire mes devoirs, maintenant, dit Elina.

Jousia lui prit la main.

— Quoi ? demanda-t-elle.

Jousia ne disait rien.

— Y a un truc qui va pas ?

Jousia lui tenait la main. Murmura quelque chose.
— Qu'est-ce que tu as dit ?
Jousia lui lâcha la main.
— Juste que c'est une belle soirée.

8

Janatuinen prit les cannes à pêche près de la porte de derrière et descendit le raidillon qui menait au bord de l'eau. La berge escarpée se prolongeait à perte de vue dans un sens et dans l'autre. Elle était couverte de boutons d'or. Une barque était tirée sur la plage. C'était une embarcation goudronnée de noir, profilée pour la navigation en rivière, remontée à moitié sur la terre ferme. Un filin orange la maintenait en place, tendu de la proue jusqu'au talus où l'ancre était fichée sous une grosse pierre. La rivière était large et impétueuse, la surface parcourue de petits tourbillons, et par endroits l'eau semblait s'écouler à contre-courant. Les vagues désunies bouillonnaient les unes contre les autres. Cela rendait Janatuinen nerveuse. Il lui semblait que le spectacle n'avait été élaboré que pour la contrarier. L'inquiétait aussi la circulation des nuages au-dessus de la rivière. Ils se hâtaient en suivant le cours de l'eau comme si la nature entière faisait voyage vers un point annoncé à elle seule.

C'était un espace indompté, ouvert dans le monde, étranger à Janatuinen. Elle n'avait aucune envie de se mêler à cela. Pour comble, il y avait le teignon. Il faisait les cent pas, impatient, devant la barque.

Janatuinen devait prendre une décision. Elle pourrait très bien retourner à sa voiture et s'en aller.

Elle songea à Gunnarsson.

Janatuinen avait été réveillée par un coup de feu suivi d'un cri, à quatre heures du matin. Elle avait enfilé le peignoir de l'hôtel et foncé du côté de son équipier. Ils avaient des chambres communicantes, une chaussure maintenait entrebâillée la porte commune. Janatuinen avait ouvert d'un grand coup et découvert Gunnarsson gisant sur le dos au pied de son lit.

L'homme l'avait regardée les yeux écarquillés, son pistolet près de lui. Du sang jaillissait de son pied.

— Je vais pas en Laponie, moi, avait grommelé Gunnarsson d'une voix enrouée.

Le teignon remarqua que Janatuinen était arrivée. Il poussa un cri aigu et se mit à faire des grands gestes vers la barque avec ses mains larges comme des battoirs. Le répit dont Janatuinen disposait pour se décider venait d'expirer.

Elle avait envie de filer d'autorité les cannes au teignon. Avec un peu de chance, il partirait seul. Mais lorsqu'elle fut à sa hauteur et les lui tendit, il ne leur accorda pas la moindre attention. Il soupira et posa sa lourde main sur l'épaule de Janatuinen. Avec l'air pédant que seul peut prendre un local. Comme s'il était au courant de son conflit intérieur. Il arborait un large sourire sur sa figure de grenouille velue. Janatuinen sentait l'emprise de ses doigts, leur puissance, et subodora que, en d'autres temps, des adversaires autrement sérieux avaient pu se faire une idée de sa force au cours de joutes qui n'avaient rien de plaisanteries. Elle soupçonnait ce qu'il était advenu d'eux. Elle regarda le teignon dans les yeux. Deux tunnels au fond desquels des étoiles brillaient et derrière ces étoiles des galaxies vertes et pourpres tournant lentement autour de leur axe. Janatuinen cilla et se força à contempler la face du teignon dans son ensemble. Elle aussi d'une inquiétante étrangeté.

Sois partante pour tout.

— Et puis merde, soupira Janatuinen. Allons-y.

Le teignon grimpa bruyamment à bord, s'assit sur le banc de poupe, agrippa la coque et adressa à Janatuinen le regard confiant d'un enfant installé pour un tour de montagnes russes.

Janatuinen repoussa du pied la pierre sous laquelle l'ancre était dissimulée. Le caillou roula d'un coup et dévoila un objet brun, cylindrique. Il était d'un poids invraisemblable. Janatuinen s'y prit à deux mains pour transbahuter le machin dans l'embarcation, elle haletait, maudissant la Laponie et le métier qu'elle avait choisi. Le teignon observait son dur labeur avec satisfaction. Janatuinen enroula le cordage et le chargea à la suite de l'ancre. Elle poussa la barque. Celle-ci, se déplaçant avec légèreté, glissa dans l'eau. Janatuinen exécuta deux vives enjambées et sauta à bord comme elle le faisait, enfant, au lac de ses vacances, dans une autre vie.

Elle saisit les avirons. Le teignon se récria, manifestement il voulait ramer. Janatuinen leva les mains en signe d'acceptation. Ils se levèrent et entamèrent l'échange de places sur l'esquif instable que le courant emportait vers l'aval. L'embarcation se mit en travers, tangua. Le teignon essaya de dépasser Janatuinen. Il se pressa contre elle au point qu'ils furent un instant embrassés, elle et le monstre. Il sentait puissamment la forêt. Janatuinen était certaine qu'ils n'allaient pas tarder à tomber par-dessus bord. Elle poussa le teignon dans le dos. Il geignit et se tassa, et voilà qu'ils étaient passés chacun de leur côté. Tous deux encore embarqués.

Le teignon s'installa et empoigna les avirons. Il se mit à ramer. La barque tournait sur elle-même. Le teignon poussa un rugissement frustré. Il jeta les rames à l'eau où elles claquèrent l'une après l'autre et partirent se la couler douce au gré du courant. Le teignon tourna le dos à Janatuinen, s'agenouilla au fond de l'embarcation et passa ses longs bras de chaque côté de la coque. Il plongea les mains dans l'eau. Il effectuait de longues tractions la paume immergée et la barque se mit enfin à bouger selon son bon vouloir. Le teignon, submergé de joie par son invention, poussa des cris et passa à la vitesse supérieure. Il leur fit remonter un bon bout de chemin en amont. Ils avaient laissé la maison de Keijo cent mètres en arrière quand le teignon se souvint de la raison qui les avait conduits sur la rivière. Il cessa de ramer, attrapa le cylindre qui faisait office d'ancre et le balança comme une bombe. Une colonne d'eau rejaillit et les doucha, le filin se dévidait, l'embarcation glissait en aval, le câble se tendit, et la barque s'arrêta avec une légère secousse.

Le teignon s'installa. Il semblait attendre quelque chose.

— Quoi ? demanda Janatuinen.

Ah oui, les cannes à pêche. Elle les attrapa et en donna une au teignon. Janatuinen songea qu'ils n'avaient pas de vers, ou quelle que soit la chose qu'on accroche à l'hameçon dans ces contrées, et elle se demandait ce que le teignon allait en penser.

Il lui arracha la canne de la main et soit il n'était pas au courant pour les appâts soit il s'en fichait. Il flanqua le bouchon à l'eau d'un geste revêche. Janatuinen fit, elle aussi, plonger son hameçon.

Ils pêchaient. La rivière était lisse et pressée. Elle convoyait, de part et d'autre de la barque, des feuilles et des fétus comme des passagers en voyage d'affaires. Le soleil se montra derrière les nuages et les éclaira. La fourrure du teignon brillait comme le poil lustré d'un berger allemand. Il regardait son flotteur d'un air concentré. Immobile, enthousiaste. Le courant tirait droit sur les lignes et mettait les bouchons à l'oblique. L'eau passait devant eux et leurs flotteurs comme le temps, incapable d'arracher pour les emporter avec elle la barque et l'idylle ou, comme on voudra, le cauchemar des deux pêcheurs, baigné de lumière.

Janatuinen coinça sa canne entre ses genoux et sortit ses cigarettes.

— J'espère que tu ne comptes pas t'éterniser ici, dit-elle.

Le teignon avait les yeux fixés sur son bouchon, mais ses petites oreilles noires, les touffes de poils posées de chaque côté de sa tête, frémirent. Il écoutait.

— J'ai encore des trucs à faire aujourd'hui.

Janatuinen l'examina. Elle avait été témoin, en des lieux ordinaires de la vie quotidienne, salons, bas-côtés de route et arrière-cours, de spectacles horrifiants. Elle avait vu ce que les humains étaient capables de s'infliger mutuellement. Les plans insensés et de grande envergure qu'ils pouvaient élaborer pour détruire leur prochain. Et elle avait appris ce qu'elle-même était capable de faire aux gens, et c'est ce qui l'étonnait peut-être le plus. Donc pourquoi ce genre de trucs ne pourrait pas exister ? Des teignons.

— Ils m'ont tous déconseillé d'accepter cette mission, dit Janatuinen. Ils me l'ont dit et répété, sérieusement, plusieurs fois.

Le teignon fixait son bouchon. Janatuinen planta un coude sur son genou et tint sa cigarette entre l'index et le majeur.

— Je n'aime pas la campagne, dit-elle. Mais alors pas du tout. Je n'aime pas la crasse, les vaches, les pistes en gravier ni les ploucs. Et pourtant, voilà où je me retrouve.

Elle souffla une bouffée.

— Qu'est-ce que t'en dis ?

Le teignon souriait.

— Tu trouves ça sympa d'écouter mes histoires ?

Une hirondelle rustique se laissa tomber du ciel et se posa sur le bord de la coque entre eux deux. Elle tourna la tête et regarda le teignon. Puis Janatuinen. Elle déploya ses ailes et les fit claquer. Une détonation silencieuse. L'oiseau était dans le ciel.

Janatuinen balança son mégot dans la rivière.

— Tu n'as pas de copains ? demanda-t-elle au teignon. De la famille ?

Celui-ci avait les yeux mi-clos.

— Je te comprends, va. Une phase difficile. Moi aussi, je suis venue avec mon équipier, mais il a décidé de quitter la partie.

Janatuinen abrita ses yeux de sa main. Elle aurait quand même dû prendre des lunettes de soleil.

Une barque approchait en aval. Janatuinen suivait sa progression. Deux hommes, l'un à la proue, l'autre à la poupe. Les cannes de chaque côté de l'embarcation. Ils pêchaient à la traîne. Un petit moteur trois chevaux poussif propulsait l'esquif. Les pêcheurs glissèrent devant Janatuinen et le teignon. Celui-ci leur fit signe. Le pilote leva la main. Janatuinen ne parvint pas à déterminer si c'était elle ou le teignon qu'il saluait.

La barque les dépassa et disparut derrière un coude de la rivière.

— C'est bon là, tu en as eu assez ?

Sur la gauche de la barque, une petite pierre noire affleurait au milieu des eaux près de la rive. Avait-elle été là tout le temps ? Janatuinen plissa les yeux pour réexaminer la surface. La pierre n'était plus visible.

Janatuinen se frotta les paupières et scruta de nouveau. Les yeux réduits à deux fentes. La pierre s'était rapprochée de la barque. Elle disparut. Ce n'était pas une pierre.

Janatuinen sut qu'ils étaient en danger.

Elle jeta un regard discret au teignon. Chaque poil de la fourrure de la créature était hérissé.

Un choc sourd se fit entendre sous eux. Janatuinen se mit debout. La barque tangua. Janatuinen observa le fond. Quelque chose toqua. Quelqu'un frappa trois coups sur le fond de la barque. Le teignon aussi avait les yeux braqués en direction du son. Janatuinen étudia l'eau de chaque côté de l'embarcation. À gauche, une main s'éleva. Qui agrippa le bord de la coque. Une seconde main.

— Il y a quelqu'un, s'exclama Janatuinen et elle s'accroupit.

Elle empoigna les mains et tira. De l'eau sortirent une tête et des épaules, une personne entière, nue. Il fallut à Janatuinen quelques secondes pour réaliser que quelque chose clochait. La silhouette était bleue et blême. Les poignets que Janatuinen serrait étaient froids et gluants. La personne en détresse leva la tête. Janatuinen fixa un visage qui portait, en guise d'yeux, deux perles ovales blanches, troubles. Et en guise de bouche, un trou sombre.

— Nom d'un chien ! s'exclama Janatuinen en tentant de se libérer, mais les rôles s'étaient inversés.

La créature lui maintenait les poignets. Ses doigts serraient fort. L'étranger se hissa à bord. Une portion supplémentaire de dos se montra, dont les vertèbres formaient des nodosités osseuses. Il était silencieux comme les poissons, dont il avait quitté la demeure, et aucun mécanisme ne faisait ni entrer ni sortir l'air de cet être. Le cœur ne propulsait pas de sang dans ses membres.

Mais il demandait quelque chose. Sa bouche muette tâtonnait. Janatuinen vit des petites dents pareilles à des cailloux mouillés. Il voulait de la chair.

Le teignon se tenait au-dessus d'eux. D'une seule main, il empoigna la créature par la tête et la souleva. Le visage blême se tourna vers lui comme un accusé prêt à accepter n'importe quelle sentence. Le teignon fracassa son poing dans sa face. Celle-ci céda et s'affaissa à l'intérieur du crâne avec un craquement sec de polystyrène. Les doigts se détachèrent de Janatuinen et la créature glissa sans un bruit dans l'eau, avec une grâce étrange, coula et fut emportée par le courant. Janatuinen s'assit au fond de la barque et étudia ses mains, essayant de comprendre. Elle observa le teignon qui regagnait sa place avec la tranquillité d'un adulte ayant séparé des enfants qui se bagarraient. La rivière se souleva derrière lui. Elle se dressa comme un mur ou une main et attrapa le teignon qui fut déséquilibré vers l'arrière. Trois nouvelles créatures avaient jailli hors de l'eau. Deux se pendirent aux bras du teignon, une de chaque côté, et la troisième lui serra la gorge. Elles l'entraînaient en arrière, dans les flots. Le teignon hurlait et se débattait. Les créatures efflanquées tiraient sans céder, comme manipulées par une force supérieure. Janatuinen ouvrit son sac à dos et sortit son pistolet, rejoignit le teignon et se pencha par-dessus lui. Elle colla successivement le canon de son arme entre les yeux de chacun des assaillants.

Les créatures basculèrent, un trou noir au milieu du front, lentement, la bouche ouverte comme si elles étaient la proie d'une vision divine. Elles s'enfoncèrent sous la surface. L'écho des détonations fusa dans les deux sens sur la rivière. Janatuinen se tenait debout au milieu de la barque, l'arme au poing, scrutant les alentours, mais il ne se présenta pas d'autres clients. Le teignon sauta sur ses pieds. Janatuinen indiqua la maison de Keijo.

— On rentre !

Le teignon se mit aussitôt à ramer dans la direction donnée. La barque commença à bouger, jusqu'à ce que l'ancre les retienne. Janatuinen passa son pistolet à sa ceinture, remonta le cylindre et l'embarcation repartit avec un à-coup. Ils atteignirent la berge à quelque distance en amont de la maison de Keijo. Le teignon sauta à terre et regarda sans bouger Janatuinen qui tirait l'embarcation à sec. Elle enroula par trois fois le filin autour d'un jeune bouleau.

Janatuinen partit en aval et le teignon la suivit docilement de son pas chaloupé.

9

Elina était en panique. Elle fit demi-tour. Si vite que son panier valdingua contre le rayon des jus de fruits et qu'une brique d'un litre s'écrasa au sol. Elle ne s'attarda pas pour voir si Jousia avait réagi au fracas. Elle regagna la porte d'entrée à pas rapides, pour s'apercevoir que celle-ci n'avait pas de poignée. Elle retourna au rayon des aliments secs et lâcha son panier, prit la direction de la caisse et passa devant le vendeur, Timo Leppänen, qui étudiait son manège. Elle trouva enfin une porte qui s'ouvrait. Dehors elle chercha une cachette, mais il n'y avait rien d'autre en vue que la grand-route et des voitures stationnées. Elle se rendit derrière le magasin, où se trouvaient le quai de livraison et les poubelles. Elle ne comprenait pas comment elle avait pu ne pas songer qu'elle pourrait tomber sur Jousia. Elle choisit un gros container à cartons, s'accroupit derrière et attendit.

Comme rien ne se passa pendant une minute, comme personne ne semblait l'avoir suivie et quand elle sut qu'elle était en sécurité, elle s'assit par terre, remonta ses genoux contre sa poitrine et ferma les yeux.

Vingt minutes s'écoulèrent. Elle consulta l'heure à sa montre. Elle n'avait pas de temps à perdre. Elle aurait déjà dû être sur le chemin du retour.

Elle se donna une claque.

— Bouge !

Elina tendit le cou depuis sa cachette, passa en revue les voitures garées devant la boutique. Elle ignorait quel genre de véhicule Jousia conduisait.

Elle se replia à nouveau derrière la benne. Examina l'endroit où elle était assise. Du sable durci à force d'être tassé. De la végétation pointait sous le container. Achillée millefeuille, marguerites, plantain. Quand ce village avait été bâti, on avait creusé et compressé le sol. Avant de l'asphalter. Mais les plantes n'en avaient que faire. Elles transperçaient toutes les couches. Elles tiraient parti de la moindre fissure, du moindre trou, et aspiraient tous les nutriments qu'elles trouvaient dans le gravier comme si elles n'avaient jamais entendu parler de défaite.

Elina se mit lentement en mouvement, sur le qui-vive, comme un lièvre qui hésite à traverser un champ. Elle se redressa, passa la cour et retourna dans la boutique. À l'intérieur, il n'y avait personne d'autre que Timo Leppänen. Il mettait en rayon des sachets de noix. Elina jeta un œil dans les allées. Personne. Pas de Jousia. Son panier était toujours à l'endroit où elle l'avait lâché. Elle le ramassa, alla à la caisse, attendit que Timo passe de l'autre côté et paya.

— Mäkitalo t'a demandée, dit Timo.
— Quoi ?
— Jousia Mäkitalo. Qu'était là y a une minute. Il a dit que, si je te revoyais, je devais te dire que tu peux passer lui rendre visite chez lui.
— OK, dit Elina.
Elle reprit sa voiture pour rentrer.

Une fois dans la cuisine, elle ouvrit le paquet de boulettes et en mangea une. Ça n'avait pas le goût de nourriture. Très bien. Elle en avala une autre. Elle prit un couteau d'office, sortit, alla aux pousses de rhubarbe déchiquetées par la grêle et coupa trois tiges qui rougissaient comme des veines. Elle ôta les grandes feuilles et emporta les pétioles à la cuisine, les rinça, les éplucha et les éminça. Elle pensait à Jousia. Elle alluma la radio et battit les œufs et le sucre. Mangea une boulette. Elle ajouta le lait et le beurre. La pâte sentait bon. Pendant un petit instant, Elina eut l'impression qu'elle profitait d'une agréable journée de congé, jusqu'à ce qu'elle repense à Jousia. Lui rendre visite, tu parles. Elle ajouta la farine et la levure. Elle étendit la pâte sur une plaque, disposa les morceaux de rhubarbe avec soin et symétrie comme si elle était en train de constituer une amulette compliquée dont chaque élément devait être à sa place au risque que le sortilège ne fonctionne pas. Elle enfourna la tarte, resta près du four pour surveiller la cuisson. Le gâteau monta et se colora. À ce qu'il semblait, ce serait bon. Elle espéra que ça le serait assez.

Elle sortit la tarte et n'eut pas la patience d'attendre qu'elle refroidisse. Elle préleva une belle portion à un coin et la fourra dans sa bouche. C'était brûlant et bon. Elle coupa un second morceau. Elle s'assit et attendit ce que son ventre allait dire. Il ne disait rien. Elle trancha le gâteau, laissa quelques parts sur une assiette sous une serviette et plaça l'assiette sur la table à manger à l'attention de Hibou. Le reste, elle le mit dans une vieille boîte à biscuits en métal.

Elle était prête.

*
* *

Keijo les attendait sur la rive en bas de chez lui avec son chien. Il était debout, les mains dans les poches, à l'endroit où l'embarcation avait été amarrée, et son chien posté près de lui aboyait. Keijo observait le duo qui s'approchait en longeant la rivière.

— Où est la barque ?

Janatuinen fit signe derrière elle.

— On l'a remontée un peu plus loin, là-haut.
— Ah oui.

Le chien s'approcha de Janatuinen les oreilles couchées, il renifla les jambes de son pantalon et agita la queue. Janatuinen se demandait si, en le touchant, elle attraperait une maladie.

— Les rames, c'est une autre histoire, dit-elle.

— Quel genre ?

Janatuinen fit signe devant elle.

— Elles sont parties par là.
— Ah oui.

Keijo tourna les yeux vers la rivière, satisfait, laissant entendre que tout cela n'était que le signe que Janatuinen était allée jusqu'au bout du travail.

— J'ai entendu comme des coups de feu, dit-il.

Janatuinen décrivit à Keijo les créatures qui étaient sorties des eaux et ce qu'elle et le teignon leur avaient fait.

Keijo répondit :

— Je vois ce que c'est.

Janatuinen le regardait fixement. Le teignon se tenait à côté d'elle tel un subordonné. Le chien renifla son pied velu et geignit. Le teignon contemplait le chien avec gourmandise.

— C'était quoi ? demanda Janatuinen.

— Des affligés de rivière, ça.

— Quoi ?

— Des pauvres diables qui se sont noyés dans la rivière.

— Tu veux dire que c'étaient des personnes mortes ?

— Ouais. Si ça se trouve, mon cousin était dans le tas.

Janatuinen contempla la rivière. Celle-ci avait l'air innocent. Les vandoises gobaient des insectes en surface près de la rive.

Elle demanda :

— Qu'est-ce que je devrais savoir d'autre ?

— Sur quoi ?

Janatuinen pointa du doigt le teignon qui respirait et soufflait tranquillement, paraissant content des amusements de sa journée. Le chien, retourné aux pieds de Keijo, le surveillait.

— Qu'est-ce qu'il y a d'autre ici, à quoi je devrais me préparer ?

— Bah. Il peut y avoir des ours dans la forêt.

— Comme monstre, je veux dire.

— Bah, c'est quoi un monstre ?

Janatuinen indiqua de nouveau le teignon.

— Tu pourrais me montrer Simppu Tervo du doigt, ce serait pareil.

Janatuinen soupira.

— Où se trouve Ylijaako ?

— De l'autre côté de la rivière. Tu traverses le pont, tu tournes à gauche et tu roules tant qu'y a de la route.

Janatuinen le remercia et se mit en peine de grimper le talus. Keijo, le chien et le teignon suivaient. Janatuinen marcha jusqu'à la maison de Keijo, emprunta le chemin buissonnier menant devant le magasin, où se trouvait sa voiture. Le vieux type posté à l'arrêt de bus était appuyé dessus, une rondelle de bois à la main. Il semblait attendre depuis longtemps. Il sortit de sa torpeur à la vue du quatuor, quitta le soutien que lui offrait le véhicule et tenta de tituber sur ses jambes. Janatuinen crut qu'il avait été effrayé par le teignon, mais c'était elle qu'il regardait. « Achète », dit le vieux en tendant la rondelle vers Janatuinen avec des gestes mécaniques et sans allant.

— Fais point attention à lui, dit Keijo.

— Attends, dit Janatuinen au vieux et elle se défit de son sac à dos.

Elle en sortit son portefeuille. Le vieux cessa instantanément de tanguer. Il osait à peine respirer. Il craignait peut-être que le moindre geste inconsidéré mette fin à la transaction qui s'amorçait.

— Combien ? demanda Janatuinen en désignant le bidule que le vieux tenait dans sa main.

Le vieux dardait un regard révérencieux sur le porte-feuille de Janatuinen, comme si c'était une relique. Janatuinen jeta un coup d'œil à Keijo. Celui-ci ne dit rien.

Janatuinen explorait son portefeuille.

— Ça irait, ça ?

Le vieux examina les billets tendus par Janatuinen et dit :

— Des pièces.

— Pardon ?

— Je prends les pièces.

— J'ai ça, comme pièces.

Le vieux opina.

— Ouais.

— Bien.

Janatuinen versa les sous dans la main du vieux. Celui-ci les mit dans sa poche, donna la rondelle à Janatuinen et partit.

— Merci, lança Janatuinen.

Le vieux ne réagit pas. Il prit la direction du village.

— Eh bien, dit Keijo en le regardant s'éloigner.

— Je vais y aller, dit Janatuinen.

— Ponne Voyaze !

Janatuinen monta en voiture, déposa son sac sur le siège passager et mit le moteur en marche. Une chaleur étouffante régnait dans l'habitacle. Elle baissa sa vitre.

Une des portières arrière s'ouvrit et se referma. Janatuinen jeta un coup d'œil dans le rétroviseur central. Le teignon était assis sur la banquette et grimaçait.

— Tu peux sortir ?

Brrr ! Le teignon fit vibrer ses lèvres et gloussa.

— C'est juste un gros chien.

Janatuinen embraya et quitta les lieux.

10

Janatuinen roula jusqu'au bout du village, tourna au pont, le traversa et prit sur la gauche. Elle jeta un coup d'œil dans le rétroviseur central. Le teignon était assis, tranquille et sage, et si se faire conduire était pour lui une expérience spéciale, il ne faisait pas le moindre geste qui l'aurait laissé entendre.

La voiture avait appartenu au commissaire La Colombe. C'était avec cette même guimbarde qu'il avait effectué sa mission en Laponie bien longtemps auparavant. Janatuinen avait envisagé de partir avec son Audi, qui n'avait pas plus de trois ans, mais La Colombe avait catégoriquement repoussé l'idée. Il soutenait qu'un véhicule neuf éveillerait la méfiance et que c'était sa voiture que Janatuinen devait prendre.

La troisième ne passait plus et le clignotant gauche fonctionnait au petit bonheur la chance, mais la Toyota possédait un volant, un accélérateur et vous faisait aller de l'avant.

Des champs, des maisons. Janatuinen conduisait lentement car elle voulait tout voir. De ce côté-ci de la rivière, l'atmosphère était encore plus étrange que du côté de la route principale. Chaque cour de ferme formait son petit royaume. Dans l'une d'elles, quatre voitures étaient empilées. L'extrémité d'une autre était occupée par une aire de lancer de poids, en béton coulé, toute entourée de rosiers, où un homme s'exerçait en tournoyant.

— Regarde-moi ça, dit Janatuinen.

Devant eux se succédaient des boîtes aux lettres autobricolées et des gloriettes bizarrement ornementales. Des étables vides à l'apparence d'enveloppes larvaires d'insectes démesurés. Certaines étaient toujours en activité et l'on pouvait entendre jusque dans la voiture le vrombissement des trayeuses et le meuglement des vaches. Des vaches, il y en avait aussi dans les champs en bordure de la route, des blocs d'apathie. Le fumier puait.

Les gens étaient dehors, affairés à nettoyer les traces de la tempête. Il faisait encore si sec que l'interdiction de faire du feu aurait dû être en vigueur au village. Et l'était peut-être d'ailleurs, ce qui n'empêchait pas que dans chaque cour de ferme flambât un feu où les gens jetaient les branches cassées par le vent. Les porteurs de branches et les pousseurs de brouettes interrompaient leur tâche au passage de la voiture. Ils fixaient Janatuinen, arborant un visage inexpressif comme s'ils percevaient sa qualité d'étrangère à travers la carrosserie. Certains levaient la main pour la saluer, mais elle ne répondait pas. Elle ne connaissait pas ces gens. Elle était certaine que chacun d'entre eux avait un casier. Ensuite, ce fut la fin des maisons et des gens, et la forêt poussa de part et d'autre de la route. Cela se poursuivit sur plusieurs kilomètres. Janatuinen était en train de se demander si elle n'avait pas dépassé Ylijaako, quand, à la sortie d'un virage, elle fut obligée de s'arrêter, car un tracteur occupait toute la chaussée.

L'engin était stationné, immobile, comme un barrage mis en place par les autorités. De grandes prairies se déployaient des deux côtés de la chaussée. Celle de gauche était traversée par une route au bout de laquelle, près de la rivière, on distinguait la combinaison d'éléments maintenant bien connue : une maison d'ancien combattant ayant besoin d'un coup de peinture, une étable et une remise. Janatuinen stoppa à une dizaine de mètres du tracteur. Ses vitres étaient grises, couvertes d'une boue séchée grumeleuse. Janatuinen crut deviner une silhouette dans la cabine. Elle descendit de voiture et s'approcha. Oui, il y avait quelqu'un à l'intérieur.

Janatuinen frappa à la portière.

—Ého ! Tout va bien ?

La silhouette sursauta. Le moteur démarra dans un rugissement, un nuage de fumée noire bouffa par le pot d'échappement et l'antique machine s'ébranla. Janatuinen sauta dans le fossé. Le conducteur tourna dans le sens opposé et mit les gaz. L'engin en surrégime émit un hennissement loufoque. Janatuinen observait la manœuvre. Au niveau de l'embranchement, la vitesse du tracteur diminua d'un coup. Il s'engagea sur la route à travers champs et partit gronder en direction de la ferme.

Janatuinen le suivit. Durant tout l'épisode, le teignon était gentiment resté à sa place et ne semblait pas davantage réagir aux coups de freins et d'accélérateur.

Le tracteur s'arrêta devant la remise. Janatuinen se gara à côté. Un bonhomme âgé en polaire grise et casquette descendit de la cabine. Il jeta un regard à Janatuinen sans dissimuler son hostilité et s'éloigna en direction du bâtiment principal.

Janatuinen sortit de voiture.

— Hé, lança-t-elle.

Le bonhomme se retourna.

— Quoi ?

— Est-ce la maison Ylijaako ?

Le bonhomme cracha à ses pieds.

— Non.

— Pouvez-vous me dire où se trouve Ylijaako ?

Le bonhomme dévisageait Janatuinen, une expression laborieuse peinte sur le visage.

— Je suis de la police, dit Janatuinen.

— C'est un canular ?

— Je suis le brigadier Janatuinen, de la police judiciaire. Il s'agit d'un homicide.

— À la bonne heure ! dit le bonhomme en se réjouissant à vue d'œil.

— Vous savez de quoi je parle ?

Le bonhomme fit des hochements de tête. Il souriait comme si la journée avait pris un tour nouveau, plus lumineux.

— Tout le village est au courant.

— Je suis à la recherche d'une personne du nom d'Elina Ylijaako.

— Qui ?

Janatuinen était sur le point de répéter, quand le bonhomme lui hurla dessus :

— La jeune maîtresse de la maison Ylijaako ?
— Oui.
— Bon, je vais t'en dire deux mots. Suis-moi.

Le bonhomme était sur le point d'entrer quand il adressa un nouveau regard à Janatuinen.

— Savais-tu que tu as un teignon sur la banquette arrière ?
— Je sais.
— Allons-y, alors.

Le bonhomme gagna la porte d'entrée, Janatuinen suivait. Arrivée au perron elle fit demi-tour, retourna à la voiture, ouvrit la portière arrière et dit au teignon :

— Toi, tu ne chies pas à l'intérieur.

Le sourire du teignon s'étira.

Janatuinen laissa la porte ouverte et rejoignit le bonhomme à petites foulées. Ils se déchaussèrent dans une entrée spacieuse et gagnèrent un grand séjour. Celui-ci comportait une longue table, un four à pain, un fourneau à bois, un plancher recouvert de longs tapis colorés. Dans un coin, un fauteuil à bascule et une horloge de parquet.

Un vieil homme était au fourneau, qui tournait, à la louche, le manger dans sa marmite et qui s'écria, sans lever les yeux : « T'as faim ? ».

— Nous avons de la visite.

Le vieil homme se retourna.

— Hein ?

Le bonhomme pointa du doigt Janatuinen qui leva la main pour saluer et dit qu'elle s'appelait Janatuinen.

— C'est une policière, ajouta-t-il.
— Asko, lui lança le vieil homme. Qu'est-ce que t'as encore fait ?
— J'ai rien fait, moi. Elle vient causer de la sorcière d'Ylijaako.
Le vieil homme s'essuya sur son jeans et tendit la main.
— Efraim.
Janatuinen lui serra la main.
— Elle a un teignon dans sa voiture, dit Asko.
Efraim scruta Janatuinen, puis Asko et de nouveau Janatuinen.
— Sais-tu ce qui est arrivé à Elviira ?
— Non.
— Tu finiras bien par l'apprendre. Installe-toi à table, dit Asko.

*
* *

L'horloge possédait un long balancier en cuivre. Les côtés du caisson étaient décorés de moustiques géants qui emportaient entre leurs pattes effilées des vaches, des chevaux, des gens.
— Honneur à l'invitée.
Efraim déposa devant Janatuinen une assiette ébréchée remplie de bouillon à la viande. Os et moelle, tendons et membranes. Trois bouts de carottes et de patates. Janatuinen y plongea sa cuillère, la porta à ses lèvres et goûta. Gras. Viandeux. Elle reposa la cuillère dans son assiette et demanda quelles informations les deux hommes détenaient à propos d'Ylijaako.

— Déjà, que c'est point trop tôt que la police s'y intéresse, dit Asko.

Il détacha un morceau de moelle avec son couteau et le glissa dans sa bouche.

— Comment cela ?

Asko posa son couteau sur la table.

— Elle a tué mon frère.

Janatuinen sortit de sa poche un calepin et un stylo qu'elle fit cliquer.

— Le nom de votre frère ?

— Auvo Unto Olavi Pasma.

— C'est pas sûr, dit Efraim.

Asko fit un signe de tête en direction de Janatuinen.

— Elle va enquêter.

— La vérité... poursuivit Asko, en ramassant sa cuillère et en l'agitant devant son invitée comme une preuve... ne brûle point, même dans le feu. Qu'en dit notre policière ?

— Ça ne vous dérange pas si c'est moi qui pose les questions ?

— Inutile de demander. Je vais tout vous raconter.

— J'aimerais procéder dans l'ordre.

— Il est là-dedans l'ordre, dit Asko en se cognant le front de l'index.

— Pah, dit Efraim.

Asko se retourna.

— Quoi ?

— J'ai dit « pah ».

— Peux-tu me laisser discuter en paix avec mon invitée ?

Efraim souffla un coup.

— Merci. Mon frère était l'officier de justice de la commune. Un homme diablement bien et gaillard. Heta, sa veuve, tient encore la coopérative au village. Ils ont eu deux gars aussi. Qui sont déjà de par le monde. Note qu'Auvo était toujours de tous les travaux communs bénévoles. Il aidait toujours qui le lui demandait. Et il travaillait dur pour sa famille. Pas comme la jeune maîtresse d'Ylijaako, qui n'a jamais vu ce que c'était que le travail honnête. Fille de rien du tout d'une maison de pas grand-chose. Mais qui s'est trouvée naître au beau milieu du tonnerre de Dieu et, qui plus est, en un point de jonction des planètes où la gent redoutable grondait si fort en traversant les mondes que des étincelles sautaient dans tous les sens. La terre s'arquait comme la houle marine et la gent puissante n'évita point l'humaine enfant, mais lui passa à travers le corps dans un grand souffle de flamme. Et la gent maline fit roussir et brûler en elle toute l'innocence qui est, pour nous autres, une bénédiction reçue à la naissance et la chargea des pieds à la tête de charmes et de pouvoirs magiques et ainsi fut-elle une sorcière maléfique depuis son premier cri.

Efraim arriva à table avec son assiette de soupe.

— Une magouilleuse, oui, tout comme toi.
— Quoi ?
— Je dis une magouilleuse tout comme toi.
— C'était une parfaite gredine, ça oui. Tu te souviens quand elle est passée cet été-là, par-devant chez nous, et a regardé dans notre cour ?

Elle a donné le mauvais œil à Vekku, par la suite de quoi Vekku est mort.

— Il a fallu encore un an pour ça.

— Pas une année. Six mois peut-être. Sept. Quoi qu'il en soit, Vekku ne mangeait plus et ne sortait même plus faire un tour ou chasser le lapin. Et c'était le meilleur chien de chasse au lapin de tout le village.

— Il était fichtrement bien, ce chien, admit Efraim.

— J'ai essayé de le susciter, Vekku, dit Asko. Si on connaît le truc, on peut susciter une âme morte. Je l'ai appelé en rêve. Mais il n'a point répondu. Il n'a point répondu même si j'ai sifflé et l'ai appelé par son nom. C'est là que j'ai su qu'Ylijaako avait jeté son âme dans les entrailles du brochet, et le diable si tu peux susciter quelque chose pris là-dedans, ou peut-être bien que c'est le diable, justement, que tu susciteras.

— Par ici, dit Efraim en s'adressant à Janatuinen, on croit que le brochet voyage entre l'ici et l'au-delà.

À Asko, il dit ces mots :

— Je crois qu'il est juste mort de vieillesse.

— Dans les entrailles du brochet, par le diable !

— Notre Asko, il est un peu que peu, dit Efraim à personne en particulier. À sa soupe.

— Commençons par le commencement, reprit Asko, histoire que notre invitée soit mise plus au courant. La jeune maîtresse d'Ylijaako avait toujours le nez collé dans ses bouquins quand elle était gamine. Voilà aussi qui aurait dû alerter les autres, le vice lui titillait déjà l'âme. Personne de normal ne lit autant. Et elle ne disait pas un mot de ce qu'elle lisait. Elle était comme un coffre qu'on ne cesse de remplir et remplir d'affaires, mais quand on soulève le couvercle il n'y a rien dedans. Le coffre est vide. Où est passé tout ce savoir, alors ? En Enfer ! Vois-tu, elle ne pouvait rien dire, puisque le savoir qui s'accumulait dans sa tête était destiné à devenir l'instrument des ténèbres. Une fois, alors que les autres enfants jouaient à Jacques a dit pendant la récréation, eh bien, celle-là, elle est restée toute seule sur la balançoire avec son livre et quand le concierge est venu lui demander ce qu'elle lisait, elle lui a lancé un regard tellement mauvais qu'il a failli pisser dans son froc. Et voilà aussi que ça me revient : elle a sûrement donné le mauvais œil à Arijoutsi, d'ailleurs, vu qu'il n'a pas fallu cinq ans pour qu'il passe de vie à trépas.

Asko regarda Efraim.

— M'entends-tu ?

Efraim mangeait sa soupe en silence.

— Arijoutsi a noué un fil de cuivre à sa ceinture, il l'a lesté avec une pierre au bout, et il a jeté la pierre par-dessus un câble électrique. Il a brûlé sur pieds. Qui inventerait un truc pareil tout seul ?

— Il avait un problème d'alcool, dit Efraim.

— Personne, sauf quelqu'un qui est possédé. En tout cas, tout le monde pensait que la demoiselle n'était pas tant sage que complètement crétine et qu'elle ne comprenait pas elle-même ce qu'elle lisait. Même en classe, elle ne disait rien et ne levait jamais la main. Donc ça a été vraiment une surprise pour tout le monde quand, à la fin de l'école, elle a pris le train pour l'université et qu'elle a été admise. Avec les meilleures notes. Ici, on était comme deux ronds de flanc. En fait elle était supérieurement intelligente ! Et comment : elle était bien à son aise pour répondre aux questions, avec le Malin en culotte de feuilles qui veillait au grain et lui indiquait les bonnes réponses de son doigt crochu. Et ses parents, ils secouaient la tête, consternés de voir leur fille perdre sa vie sur les bancs de l'école. Cela dit, elle aimait les études mais point la ville, qui grouillait de gens comme si c'étaient des insectes, et là-dessus je suis bien d'accord avec elle : en ville, il n'y a pas moyen de se retourner sans rentrer dans quelqu'un. Elle s'est présentée au bureau du doyen et a annoncé qu'elle laissait tomber. Le doyen l'a regardée comme nous quand on était mômes, et il a répondu « mais les réjouissances viennent juste de commencer ». La jeunette lui a dit qu'elle ne changerait point d'avis et elle a repris le train pour rentrer le soir même. Ses parents étaient sacrément contents. On peut même dire aveuglés de bonheur quand elle s'est dégoté un des ivrognes qui traînaient au coin de la coopérative et que le gars se trouvait être Kauko Ylijaako. Ils se sont mariés et la première chose qu'a faite la jeune maîtresse de maison a été de percer un trou dans le marais jusqu'à l'Enfer, et le rallye a commencé.

— Le Seiväslampi est là depuis toujours, dit Efraim.

— Ouais, mais la jeune maîtresse en a fait un chaudron de sorcière.

— Allons, allons...

— À travers l'étang, elle était en ligne directe avec Satan. Tout à coup, les Ylijaako ont réussi dans tout ce qu'ils entreprenaient. Kauko a même fondé une scierie et gagné un argent monstrueux.

— Elle a fait faillite, sa scierie.

— Mais avant elle a fait du profit.

— Elle a tenu un an. Il n'a même pas dû récupérer sa mise.

— Bah, tu te rappelles leurs champs ?

— Oui ?

— Nulle part on n'a vu des feuilles de patates aussi grandes dès le mois de juin.

— Des feuilles tout à fait normales.

— Leurs patates poussaient à vue d'œil. Et la jeune maîtresse, elle faisait tellement mine de rien, mais tellement mine de rien ! Elle se pavanait le minois en l'air de par le village et si quelqu'un lui adressait la parole, elle l'ignorait. Ça se voyait sur sa figure à des kilomètres, qu'elle pensait être supérieure aux autres.

— Elle était juste pas causante.

— C'était la fiancée de Satan, oui, d'un orgueil pas croyable.

— En plus elle avait étudié l'agriculture à l'université. Tu ne crois pas que c'est normal qu'après ce genre d'études les cultures se mettent à réussir ?

— Pas sur un sol comme ça. Et maintenant, on en arrive exactement là où je voulais en venir, dit Asko en agitant l'index. La jeune maîtresse n'appréciait point du tout qu'il y ait un autre expert dans le secteur. Mon frère Auvo, pour ne pas le nommer. Vois-tu, Auvo était non seulement l'officier de justice, mais aussi le président de l'association agricole. Et il a accueilli chaleureusement la nouvelle princesse de la patate comme membre du bureau. Cela n'a point été une réussite. Dès la première réunion, elle s'est mise à dire aux autres comment cultiver leur parcelle. À des hommes adultes ! Évidemment qu'ils n'ont pas eu l'oreille complaisante aux discours de la jeunette et qu'ils lui ont ri au nez. Elle s'est vexée. Elle a même demandé à Auvo, en privé, de parler aux autres pour les convaincre de faire à sa guise, mais Auvo ne pouvait évidemment pas prendre une position pareille.

— Mais ses conseils étaient bons, n'est-ce pas ?

— Bons.

— Elle a proposé l'idée de diminuer les engrais, n'est-ce pas ? Et les toxiques.

— C'est vrai qu'elle était capable de faire pousser ses patates sans produits chimiques puisque le diable était son ami. L'Ennemi de l'âme trottait sur ses sabots de bouc dans ses champs pendant la nuit, il caressait les feuilles et chuchotait aux tubercules. Pour sûr qu'ils devenaient gros et sucrés ! Je me souviens, j'ai mangé une fois une patate d'Ylijaako et je me suis dit que le péché devait avoir ce goût-là. Elle était si bonne, cette patate... Mais ce n'est point pitance de chrétien. Et, pourtant, la jeune maîtresse a décidé qu'il lui fallait écarter Auvo de son chemin.

— Je souhaiterais vous demander une précision, intervint Janatuinen.

— Ce doyen de l'université, il est venu jusqu'ici pour convaincre Ylijaako de retourner à la faculté. Peux-tu le croire ? C'est ainsi que Satan séduit. Le doyen est arrivé au village avec son beau chapeau à la main, il est monté avec ses petits souliers sur le porche payé avec l'argent des patates et il a pianoté sur la sonnette. Ils avaient une sonnette, nom de Dieu ! Et puis le doyen s'est assis à la table de la cuisine avec son petit veston et ses cheveux peignés et s'est confondu en remerciements et en excuses et autres balivernes. Il a passé un bon quart d'heure, ce doyen, à licher son café, à vanter comment que la maison était bien aménagée, et ensuite il est allé à son affaire, et a déclaré que la jeune fille devrait retourner à l'université. Qu'elle était soi-disant l'étudiante la plus douée qu'il ait vue et qu'elle avait un bel avenir de docteur et de professeur et je ne sais quoi encore en tant que magistrat du ministère public au sommet du monde scientifique et que c'était une chance qu'il ne fallait point laisser passer, ni pour elle ni, surtout, pour le monde scientifique. La jeune maîtresse d'Ylijaako a refusé énergiquement. J'aurais bien aimé voir la tête du doyen. D'abord, il dépeint devant l'autre toutes les merveilles du monde et puis l'autre lui répond juste « pas OK ». Mais qu'est-ce que ça pèse dans la balance, les charges humaines, quand on s'est vu promettre les plus hautes places dans le palais de Lucifer et un poste de ministre infernale ?

— Comment a-t-elle tué votre frère ? demanda Janatuinen.

— Elle a jeté son âme dans les entrailles du brochet.

— Ah oui, comme pour votre chien.

— Vekku, c'était pour s'entraîner. D'ailleurs c'est un sortilège pour lequel il faut obtenir une consultation à un niveau spécial.

— Ah oui. Auprès de Satan ?

Asko ne répondit pas tout de suite. Il pointa l'index vers le carnet de Janatuinen.

— Ça fait un moment que tu n'écris plus rien.

— J'ai une bonne mémoire.

— Ou alors c'est que tu ne crois point ce que je te dis.

— Sincèrement, une assez grande partie de tout cela ressemble à de pures fadaises.

Asko posa ses mains l'une sur l'autre sur la table.

— À quoi ça ressemble, c'est pas ce qui compte, dit-il. Ce n'est point de Satan qu'elle a obtenu de l'aide. Satan a déjà fort à faire en ce bas monde. Il est débordé de travail. Il est tellement occupé à maintenir les guerres, les tortures et les angoisses qu'il n'a point le temps de se pencher sur une sorcière. La jeune maîtresse d'Ylijaako a demandé l'aide de son ami.

— Quel ami ?

— Olli-Mangeclous.

— Ben tiens, dit Efraim.

— Qui est Olli-Mangeclous ?

Asko rit.

— La question est : qu'est-ce que c'est ?

*
* *

Elina parcourait le chemin d'accès aux cultures. Elle dépassa l'endroit où elle avait précédemment obliqué pour le marais. La lumière et la chaleur lui tombaient dessus comme une couverture brillante bien serrée. Les petits cailloux crissaient sous ses chaussures. Les moustiques venaient perturber son champ visuel. Au niveau d'Iso-Uopaja, Elina tourna à gauche pour pénétrer sous le couvert des bouleaux et des trembles. Un sentier passait entre les arbres, parsemé de crottes de lapin. Elle parvint au bord de la rivière. Là, au milieu des nénuphars, à moitié tirée sur le sable, il y avait la barque de Hibou. Ou celle d'Elina en vérité. Elle se l'était achetée avec l'argent du reboisement, quand elle avait quinze ans. Elle l'avait conduite à la rame jusqu'à chez elle depuis le bourg.

S'il y avait une chose qu'elle avait accomplie dans sa vie, c'était bien de ramer. Elle avait remonté la rivière et redescendu son cours. Elle avait franchi des petits rapides tourbillonnants et lancé la mouche, elle avait guidé son leurre à contre-courant et remonté des seaux entiers de truites communes, de truites arc-en-ciel et d'ombres communs. Des baquets.

Elina déposa la boîte contenant la tarte sur le banc central, poussa la barque à l'eau et se mit à ramer. Sous le tolet de gauche, un faucheux noir, engourdi, les pattes en étoile, faisait comme une cicatrice. Il habitait là et voyageait pour des destinations sur le choix desquelles il n'avait aucune influence. L'arrangement lui convenait, car son foyer était la barque, non les mondes qu'il visitait à son bord.

L'esquif glissait sur les nénuphars. Arrivé là où les eaux devenaient profondes, les plantes disparurent. Au même endroit commençaient les vagues. Elles cognaient en travers comme des petits poings. Plus loin, elles frappaient avec des pognes un peu plus grosses. Seuls les moustiques les plus obstinés voletaient encore à bord. Le vent eut tôt fait de les balayer à leur tour. Elina ramait en direction de l'île. Un souffle froid s'en exhalait. À mi-chemin, une bonne brise de face se leva et la barque se retrouva presque à l'arrêt. Elina tirait sur les avirons. Elle sentait ses forces s'amenuiser, et plus vigoureusement elle tirait, plus le vent forcissait, et ce n'était pas dû au hasard. Elle ne songea nullement à faire demi-tour. La tarte et les boulettes de viande cherchaient place et forme dans son estomac.

Elle enfonçait les rames dans les vagues et tirait, prête à vomir sur ses genoux s'il le fallait. Soudain la barque fila en avant comme si elle avait transpercé une paroi. Elina remonta les avirons et les garda en l'air pour glisser jusqu'au rivage. Les pales retombèrent dans l'eau comme des becs de scolopacidés. Elina, repliée sur elle-même, haletait. Elle se retourna pour scruter l'île de Manolaissaari. Celle-ci se dressait, touffue et noire, offrant, une fois de plus, une épreuve à surmonter. Combien lui faudrait-il encore en passer ? L'esquif glissa sur le sable et s'arrêta.

*
* *

Efraim débarrassa la table et Asko alla s'installer dans le fauteuil à bascule. Il se poussait du pied au rythme de ses paroles.

— Olli-Mangeclous était valet de ferme chez les Ylijaako, au XIXe siècle. Son surnom lui venait de ce que, dans sa jeunesse, il effectuait des travaux de bardage sur les toits et tenait ses clous dans sa bouche. Ceux-ci contenaient des minéraux qui lui bouffèrent les dents. À partir de là, quand il parlait, on aurait dit qu'il mangeait ses mots. Olli-Mangeclous était dur à la tâche. Il avait des astuces pour résoudre des problèmes qui pouvaient d'abord paraître insurmontables. Ils s'aimaient fichtrement bien, lui et l'ondin. On les vit bien des fois jouer aux cartes au bord de la rivière. L'ondin riait de bon cœur même s'il avait perdu et sortait une poignée de lavarets de l'eau pour Olli-Mangeclous. Le maître d'Ylijaako tirait lui aussi profit de leur bonne entente. Il revint maintes fois de la pêche au filet avec un sourire jusqu'aux oreilles, ses baquets remplis de perches énormes. Et puis un jour, le maître avait découvert son valet appuyé contre la barrière comme une botte de foin. Il se fâcha et lui ordonna de bouger, lui qui en général n'était pas feignant mais toujours en train de fabriquer quelque chose. Comme le bonhomme ne faisait toujours pas un geste, le maître s'approcha et se rendit compte que son visage était tout blanc. Le vieux valet était mort. Le maître ôta son couvre-chef et le remercia pour ses loyaux services. Puis il commença à réfléchir à ce qu'il allait faire du défunt. Ça ne lui disait trop rien de l'emmener au cimetière. Non seulement il faudrait le conduire jusque là-bas, mais en plus l'enterrement coûtait, et pas qu'un peu. Le maître fit donc enfouir la dépouille sur l'île de Manolaissaari. On y avait creusé la terre pour d'autres journaliers avant lui. Mais contrairement à eux, Olli-Mangeclous n'y trouva point la paix, pour une raison qu'on ignore.

*
* *

Elina tira la barque à terre, l'amarra à un épicéa et se mit en route. Les pentes de Manolaissaari étaient escarpées. Elina fut aussitôt obligée de grimper presque à quatre pattes. Elle tenait la boîte dans une main et s'agrippait de l'autre aux bouleaux et aux branches d'épicéas pour se hisser plus haut. L'un après l'autre, il lui fallait planter l'avant de ses pieds profondément dans le sol. Elina se dandinait comme un ours sous les branches touffues des résineux. La colline s'évasa bientôt suffisamment pour qu'elle puisse se mettre debout. Les épicéas étaient vert foncé et denses. Ils poussaient côte à côte, grands et petits, et formaient un tissu serré à travers lequel elle progressait. Sous les arbres régnaient l'ombre et l'humidité. Le sol était couvert d'amas de mousse verte ruisselants. Au milieu grouillaient les collemboles sauteurs, les enchytréides, diverses sortes de lombricidés et autres décomposeurs qui étaient nés et avaient grandi sur cette île qui était tout leur monde. L'eau qui l'entourait était pour eux sans limites, la terre qui lui succédait n'était qu'un rêve. Les araignées avaient tissé leurs toiles entre les épicéas. Elina se prenait dedans et les essuyait de son visage. Après son passage, les tisseuses se remettaient à l'ouvrage.

Elina visait le centre de l'île où, dans son souvenir, se trouvait une petite clairière. Celle-ci était bien là. On n'y trouvait que des fougères et des herbes, la lumière tombait par l'échancrure des arbres comme dans un sanctuaire. Elina se tenait au centre et regardait droit en l'air. Il y avait tant de lumière qu'elle dut fermer les yeux. Elle resta un moment dans cette position et les moustiques tendirent un voile noir autour de son visage.

Elle prit la direction du nord-est et étudia le terrain, cherchant d'anciens monticules funéraires. Elle en découvrit un, appuya son oreille dessus et écouta. Elle se releva et poursuivit son chemin.

De petites éminences moussues se présentèrent, sur lesquelles poussaient la myrtille et l'airelle. La végétation formait par endroits des boules si massives qu'il devenait difficile de discerner les tertres. Elina s'agenouillait, collait son oreille aux endroits les plus prometteurs et écoutait, comme si la terre en personne avait été enceinte et qu'elle cherchait à distinguer les battements de cœur d'une vie nouvelle en devenir dans le sol. Elle étudia cinq monticules, tous silencieux. Elle en trouva ensuite un qui s'était effondré en son centre comme si on en avait déterré quelque chose ou comme si quelque chose en était sorti de lui-même. Elle se pencha au bord de la dépression envahie de brindilles et tenta de localiser des ronflements. Rien. Elle savait que c'était le bon endroit.

Elina s'assit près de la tombe et prononça :
— Olli-Mangeclous, lève-toi, viens t'en sur l'andain en ce jour si beau.

Elle commença à attendre. Elle n'avait pas la force de rester assise. Elle s'allongea sur le dos et ferma les yeux.

*
* *

— Mais les morts, ils ne sont point pareils aux vivants. Ils ont leurs propres royaumes et leurs hiérarchies et leurs conseils. Ils montent ou descendent ou prennent de nouvelles formes. Ils reçoivent des missions. La mort en elle-même ne signifie rien encore. Dans la mort, moi, je vais entrer dans une autre société, passer sous d'autres lois, et sous ces lois règne l'économie de troc, et l'échange se fait en fragments d'âme. Dans l'au-delà, les âmes sont comme du plastique que Satan recycle. Quand tu cries vers l'au-delà, tu ne sais jamais ce qu'il va répondre. Ce que tu cherches peut très bien être déjà parti. Il peut s'être recombiné à autre chose.

*
* *

Elina s'était peut-être endormie. Elle se redressa et secoua les feuilles, les épines et les branchettes de son dos. La lumière était différente. Plus grise.

Un craquement derrière elle. Elle tourna la tête. Les épicéas bougeaient. Non. Quelqu'un bougeait derrière les arbres. Quelque chose. Des pas, prudents. Elina retint sa respiration. Elle se releva lentement, le haut du corps tourné en direction du bruit. Elle ne déplaça pas ses pieds, ne voulant pas trahir sa position. Elle inspira doucement. Deux cimes tremblèrent. Elle expira doucement. Des branches se balancèrent. Les épicéas s'écartèrent.

Elle le voyait maintenant.

Il était grand, plus de deux mètres. Difficile de dire ce à quoi il ressemblait, car on avait l'impression qu'il possédait un peu de tout ce qui se trouvait sur l'île. Comme si le cœur de cette apparition était constitué par un esprit si nu qu'il lui avait fallu se fagoter d'un corps en prélevant les éléments alentour afin de fonctionner dans ce monde-ci. Il ressemblait à un entrelacs de racines ou à un épicéa ambulant. Néanmoins, deux bras et deux jambes se distinguaient nettement, en bois dur, du sorbier peut-être, et il évoluait avec la grâce silencieuse d'un élan. Sa tête était une souche fichée entre ses épaules, dont la forme était encore imprécise, en cours d'élaboration.

Il était à une dizaine de mètres d'elle. Il tendit un bras, enroula ses doigts autour d'un bouleau gros comme le poignet et le brisa comme une brindille. Un claquement sec, vide. Éclats de bois et poussière. Il brandit le bouleau devant lui comme une épée ou une canne d'aveugle et exécuta un mouvement de balancier de la gauche vers la droite. La créature étudiait les arbres et le sol devant elle, elle se faisait de la place.

La souche avait pris forme. Elle ressemblait à un crâne humain, et ne possédait pas d'yeux.

La créature parla :

— Jestem leszy. Jestem las. Gdzie jesteś ?

Sa voix était profonde et calme. Elina ne reconnaissait pas la langue. La mâchoire ne bougeait pas, la voix semblait provenir de derrière. Comme s'il s'était agi d'un accessoire de scène sous lequel la véritable identité de la créature se dissimulait.

— Słyzę cię. Gdzie jesteś ?

Sept mètres. Elina tourna la tête, choisit un point de repli et recula d'un pas.

La créature s'arrêta. Elle inclina le bois mort qui lui servait de tête. Elina bloqua à nouveau sa respiration. La créature tendit le bouleau dans sa direction, se tourna vers elle, enjamba un tronc d'arbre et avança. Elina recula d'un pas encore. La créature semblait dépourvue de poids. Comme si elle avait été manipulée par des fils, à la manière d'une marionnette, ses pieds ne touchant terre que pour créer l'illusion.

— Gdzie jesteś ?

Cela ne pouvait pas être Olli-Mangeclous. C'était autre chose. Elina ignorait d'où il arrivait, de quoi il était capable ou à quel point il était rapide en réalité. Elle n'avait qu'une seule certitude : que l'obscurité qui s'était nichée en elle était encore plus trouble et horrifiante que le dieu en branches mortes qui lui faisait face.

Elina demanda :

— Qui es-tu ?

La créature s'arrêta et pencha à nouveau le chef.

— Quoi ?

La créature comprenait. Elina se concentra pour conserver une voix égale et articula :

— J'essaie d'appeler Olli-Mangeclous.

— On m'a appelé par ce nom.

La créature s'orienta au son de la voix d'Elina. Elle agitait son bouleau comme si elle bénissait les accidents du terrain devant elle. Elina se replia et la distance entre elles demeura inchangée.

— Je suis Elina Ylijaako, dit-elle.

Elle réfléchit un instant et ajouta :

— Tu étais valet du grand-père de mon grand-père.

— J'ai connu des Ylijaako.

— Tu es Olli-Mangeclous.

La créature s'arrêta le temps d'un battement de cils. Elina savait qu'elle avait raison.

— J'ai besoin de ton aide.

On entendit comme un bruit de bûches de bouleau frottées les unes contre les autres. Elina comprit que la créature riait.

— Je vois bien ce qui t'amène. Personne ne peut t'aider.

— Toi, tu le peux.

La créature ne répondit pas.

— Tu dois faire décamper l'ondin du Seiväslampi.

— L'ondin ?

Olli-Mangeclous rit à nouveau, comme à la pensée d'un vieux souvenir.

— Vas-tu m'aider ?

— Ça ne vaut pas le coup.

— Dis-moi quel est ton prix.

— Laisse-moi te manger.

Elina ferma les yeux et secoua la tête.

— Dis-moi quel est ton prix.

— Tu n'as rien à me donner. Laisse-moi te manger.

Ils se déplaçaient dans le bois d'épicéas. Elina reculait et Olli-Mangeclous la suivait. La lumière de la fin d'après-midi filtrait entre les aiguilles des arbres.

— Laisse-moi te manger.

Dans la bouche de la créature, il y avait des morceaux de granit taillés en forme de dents, qu'elle fit claquer. Le son se répercuta dans le corps d'Elina en soulevant une vague de frissons d'effroi auxquels il ne fallait pas qu'elle donne une seconde l'occasion de croître, pas une seconde, et donc Elina braqua ses yeux droit sur Olli-Mangeclous, sur sa gueule cliquetant de désir, et dit d'une voix forte :

— J'ai quelque chose. Que je peux faire ou donner. J'ai une tarte à la rhubarbe. Elle est à toi. Mais ma vie, je ne la donnerai pas.

Olli-Mangeclous s'arrêta. Il referma la bouche. Il s'assit par terre comme s'il s'effondrait d'un coup.

Dans cette position, les genoux relevés devant lui, il n'offrit soudain plus que l'apparence misérable et piteuse d'un mendiant efflanqué courant les tourbières à épinettes, qui aurait tenté de se camoufler dans un fourré de branchages.

Il dit :

— Tu dois vraiment aimer souffrir.

— Ouais. Oui. J'aime ça.

— Dziwna dziewczyna.

Elina attendait.

— Ta malédiction ne va pas tarder à avoir ta peau. Mais il te reste, en principe, encore un peu de temps.

Elina attendait la suite, mais il ne dit plus rien. Il était assis dans la plus complète immobilité.

Sur la tête d'Olli-Mangeclous, une mésange vint se poser. Elina aurait pu jurer que celui-ci n'avait pas fait un geste. Un son rappelant le claquement d'un fouet se fit entendre, un éclair vert fusa à travers le crâne et l'oiseau fut dans la bouche d'Olli-Mangeclous.

Des plumes voltigeaient. La créature broya sa proie, déglutit.

Olli-Mangeclous se mit à parler. Il raconta que, après sa mort, il avait écumé Manolaissaari, regrettant la compagnie des humains. Il en venait certes de temps à autre. Mais ils ne le voyaient pas, même s'il leur parlait, criait et essayait de les toucher. Plus tard, une petite enfant grave s'était présentée sur l'île, avait regardé Olli-Mangeclous bien en face et lui avait demandé qui il était. Elina savait qu'il parlait de sa mère. L'enfant demanda des choses que les gens de son âge ne devraient pas demander, et Olli-Mangeclous répondit à chacune de ses questions.

La petite était revenue de nombreuses fois. Ils s'asseyaient ensemble sur la berge. Ensuite l'enfant avait cessé de venir. Olli-Mangeclous avait attendu. Il s'était mis à dormir. Il dormait allongé au sein de la terre, apprenant à penser les pensées de la terre. Il s'était apaisé et préparé à se dissoudre en ses éléments primitifs, mais, au lieu de cela, il avait été absorbé dans des salles où on avait exigé des choses de lui. Lui qui avait déjà eu le temps d'oublier ses limites s'étonnait de constituer suffisamment encore un individu, aux yeux de certaines instances, pour qu'on puisse lui donner des tâches à accomplir. Sa marge de négociation avait été étroite.

Olli-Mangeclous paraissait très petit et fragile. Comme s'il était sous le choc. Comme si une créature pareille pouvait être choquée.

Il raconta qu'il s'était attelé à étudier les mondes, passés et futurs, que le voyage n'était pas gratuit et que, pour tout, il fallait faire affaire. Il avait déjà donné ses yeux et une partie de son âme, dont il ne lui restait que fort peu, et il avait besoin d'un pactole supplémentaire. Il dit que dans ce monde-ci volaient encore des moustiques géants et que les parties qu'on pouvait y prélever seraient une bonne monnaie d'échange en certains lieux où il frayait.

— Des pattes-rayées, dit Elina.

— Si tu m'apportes une trompe de pattes-rayées, je peux m'arranger pour que cette bête aquatique que tu appelles ondin ne te dérange plus. Mais il faut que ce soit une trompe fraîche. Et si tu ne me l'apportes pas demain, au plus tard, j'aurai le droit de te manger.

C'était la deuxième fois de la journée que quelqu'un exigeait qu'Elina mette sa vie en jeu, et elle ignorait jusqu'à quel point sa bonne fortune l'accompagnerait. D'un autre côté, il ne s'agissait plus de chance aux cartes ou de pièce jetée en l'air, mais de la quantité de travail qu'Elina était prête à fournir. Et, niveau boulot, elle assurait.

— D'accord.

Olli-Mangeclous redressa la tête et ouvrit la bouche. Une épaisse langue verte y serpentait, avec laquelle il tâta l'air comme s'il en prenait la température.

— L'accord est passé, dit Olli-Mangeclous. Je crains bien que tu ne parviennes pas à m'en apporter.

Elina regardait Olli-Mangeclous. Se demandait ce qu'il savait des autres mondes et de celui-ci. Quelle compréhension des choses avait-il gagnée au cours de ses voyages ? Elle sonda ensuite sa propre volonté, dont elle était la seule et unique maîtresse, et déclara qu'Olli-Mangeclous se trompait.

Celui-ci ne réagit pas à ses propos. Il dit :

— Tu devrais avoir un cadeau pour moi.

— Ouais.

Elina s'approcha d'Olli-Mangeclous, s'assit à côté de lui et ouvrit la boîte. La créature observait ses gestes comme un vieillard bienveillant les jeux d'un enfant.

— Chouette ! dit-il.

Elina ouvrit le couvercle et tendit le récipient en direction d'Olli-Mangeclous. Le monstre saisit la tarte entre ses doigts de branches, avec des mouvements lents et prudents comme s'il se remémorait la nature friable et fragile de la nourriture. Il la posa par terre près de lui. Le sol se mit à grouiller de fourmis qui attaquèrent le gâteau, grimpèrent dessus et le dévorèrent. Olli-Mangeclous évoqua les endroits où il était allé. Il avait visité les mers profondes et traversé les jardins étoilés sans fin de l'univers. Il annonça que le temps des humains, tel qu'on le connaissait, était arrivé à son terme. Que d'abord les eaux s'élèveraient puis baisseraient, et que suivrait une effusion de flots enflammés. La terre se reconfigurerait entièrement. La boue coulerait à torrents. Des canyons s'ouvriraient et bouillonneraient.

— Les montagnes sont déjà en mouvement, dit Olli-Mangeclous.

Il parla de créatures qui peuplaient les mers, tels ces lézards portant sur la figure une bouche à la fois horizontale et verticale. Il parla de créatures en forme de feuille d'orme sondant les fonds marins, pourvues de cinq yeux et de longues trompes d'éléphant flexibles munies de ciseaux à leur extrémité. De requins sur le dos desquels poussaient des enclumes. D'oiseaux hauts de trois mètres, incapables de voler, qui poursuivaient les chevreuils sur la steppe dorée, pliant et dépliant leurs pattes musculeuses, le bec grand ouvert. Il parla de fusées que fabriqueraient les humains et qu'ils s'enverraient les uns sur les autres d'une planète à l'autre et comment tout cela finirait mal. Les humains continueraient leur route. Les humains trouveraient des portes auxquelles frapper et, celles qui ne s'ouvriraient pas, ils les casseraient, et pour celles qui ne se briseraient pas, ils fabriqueraient des clefs. Et tout le temps, les humains changeraient. Ils seraient modifiés non seulement par le temps mais aussi par eux-mêmes, et avant longtemps, il faudrait parler de dérivés des humains et ensuite de quelque chose de tout autre. Finalement, il n'était question que de la matière se réorganisant encore et encore. Qu'était-ce que la Terre ? Rien de plus qu'un hall d'attente dans lequel les humains avaient patienté un moment.

Olli-Mangeclous dit bien d'autres choses encore, et Elina l'écoutait et comprenait que cette partie de lui qui était toujours humaine désirait voyager en quête de connaissance, comme n'importe qui. La soirée avançait, la lumière s'adoucissait. Olli-Mangeclous disparut, à un moment. Elina regagna sa barque.

11

— Ce ne sont point paroles de chrétien, dit Efraim.
— J'y combine mon expérience à moi, dit Asko.

Efraim posait sur Asko le regard de celui qui a tant écouté les bavardages de l'autre qu'il a épuisé la gamme de toutes les réactions possibles. Le séjour ne comportait pas de lampes. Ils étaient assis dans la grisaille, où la poussière s'élevait et retombait, et Janatuinen avait l'impression de s'être égarée au milieu du décor d'un film au financement brutalement interrompu, où tout le monde avait laissé son travail en plan, excepté deux acteurs qui attendaient toujours le signal du réalisateur.

— Comment savez-vous tout cela ? demanda-t-elle.
— Sur Olli-Mangeclous ? demanda Asko.
— Non, sur Ylijaako.
— On était ensemble à l'école.
— Comment est-ce possible ?

Asko jeta un coup d'œil à Efraim, comme s'il ne comprenait pas la question.

— C'est comme ça.

— Vous dites avoir le même âge qu'Elina Ylijaako ?

— Non, j'ai le même que Markareetta Ylijaako.

— Qui ça ?

— Markareetta. Marke. Ala-Tokoi, de son nom de jeune fille.

— Ça s'écrit Mar-ga-re-ta, dit Efraim.

— La personne que je recherche s'appelle Elina Ylijaako, dit Janatuinen.

— Ah, dit Efraim. C'est la fille de Marke.

Janatuinen laissa tomber son stylo sur la table et les regarda. Dévisagea Efraim.

— Nous avons passé tout ce temps à parler de la mauvaise personne.

Asko et Efraim n'avaient rien à opposer à sa remarque.

— Mais c'est toi qui as parlé de la jeune maîtresse d'Ylijaako, dit Janatuinen à Asko.

— Eh, il dit vrai, vu qu'il ne se souvient point de l'existence d'Elina, dit Efraim. Elle a fait quelque chose de mal, Elina ?

— Où est cette Margareta ?

— Dame, elle est morte depuis neuf ans.

Janatuinen se frotta le visage.

— De mieux en mieux.

Asko semblait déconcerté.

— Elle est morte, Marke ?

Efraim opina du chef.

— Je vous avais dit qu'il était que peu.

Janatuinen soupira.

— Ça veut dire quoi, que peu ?

— Bah, qu'il est comme ça. Il tourne au ralenti.

Asko avait les yeux fixés sur la table.

— Marke est morte...

— Il faut que j'y aille, annonça Janatuinen.

Elle repoussa sa chaise et se leva de table.

— Merci pour la soupe.

— Pourquoi la cherches-tu, Elina ? demanda Efraim.

— Elle est soupçonnée d'un crime grave. La maison Ylijaako est plus loin en avant ?

— Grand Dieu mon Père !

— Oui ou non ?

— Oui. Mais tu ne devrais point y aller.

Janatuinen était debout près de sa chaise.

— Comment ça ?

— Aujourd'hui, c'est une nuit de gent redoutable.

— De quoi ?

— Une nuit qui suit le tonnerre de Dieu. Les esprits sont de sortie.

Janatuinen le regardait fixement.

Efraim fit un signe de tête vers la fenêtre.

— Regarde dehors.

Janatuinen regarda. La cour obscure. La rivière.

— Je ne vois rien de spécial.

Asko sortit de sa torpeur et dit :

— Le défunt Kusti sortit dans le jardin pour aller aux cabinets pendant une nuit de gent redoutable et jamais ne revint. On ne retrouva que ses chaussures et son pantalon devant le trou, vu que les esprits l'avaient embarqué pour le monde des morts.

— Vous n'êtes pas sérieux.

— Tu peux rester ici pour la nuit, dit Efraim. Mais tout ce que je peux dire, c'est que, quoi que ce soit dont on accuse Elina, il y a erreur.

— Bah, nous enquêtons, dit Janatuinen.

Elle savait que si elle restait dans cette maison, elle ne fermerait pas l'œil de la nuit. Elle gagna la fenêtre et scruta la forêt au-delà du champ. Il s'y trouvait un petit chalet et une remise.

— Qui habite là-bas ?

— Hibou, dit Efraim.

— Un homme sympathique, dit Asko. Même s'il traîne aussi ses guêtres à Ylijaako.

— Y a-t-il un hôtel au village ?

— Pas dans celui-ci, dit Efraim. Il y a une auberge au bourg.

— Eh bien voilà. Je vais y passer la nuit.

— À dire vrai, je ne sais pas si quelqu'un y a jamais dormi.

— Merci. C'est sûrement correct.

— Je veux dire, je ne sais vraiment point.

— J'y vais.

— Fais vite. Saute en voiture et démarre illico. Ne t'arrête point en chemin, quoi qu'il arrive, mais fonce jusqu'à destination. Même si je suppose que ta voiture est ancienne, vu que tu y as laissé le teignon.

Janatuinen enfila ses chaussures et sortit en courant.

*
* *

Elina s'éloignait de l'île à la rame. Sur le rivage, une nuée de moustiques encore plus dense et affamée qu'avant lui imposa sa compagnie. Elle remonta à pas lents le chemin d'accès aux cultures pour rentrer à la maison. La lumière du soir était encore puissante, jaune et grise. Elina vivait depuis si longtemps dans le Sud qu'elle commençait à comprendre les touristes qui venaient en Laponie l'été et se retrouvaient à errer dehors en pleine nuit, déboussolés par le manque de sommeil.

Elle se demandait à quel genre de contrat elle s'était engagée.

L'espoir avait repris en elle.

Tout se remettait en mouvement. Tout, sauf les heures qui se répétaient à l'identique, brûlantes et moustiqueuses, et elle sentait que le temps et les circonstances étouffaient sa volonté à petit feu, amollissaient sa résolution, mais elle en avait encore en réserve et ce reste la faisait avancer d'un pas chancelant à travers la lumière et les insectes.

Au milieu du chemin, il y avait une plume de garrot à œil d'or. Dans l'état où était Elina, plongée en partie dans ses souvenirs et en partie dans ses douleurs, n'ayant plus que faiblement conscience de ce monde-ci, elle fut à deux doigts de se pencher pour la ramasser.

*Comment Elina ramassa un plein sac à dos
de plumes d'oiseau et Jousia un caillou dans la rivière.*

Ils avaient besoin d'un jeu. Ils l'ignoraient eux-mêmes, mais leurs corps le savaient, et c'est ainsi que Jousia proposa qu'ils montent une pièce de théâtre avec des peluches. Elina trouvait que c'était une bonne idée. Ils rassemblèrent leurs poupées et leurs oursons et se barricadèrent à l'étage, chez Jousia, où ils se mirent à rejouer des scènes de films classiques. Ils eurent la sensation que leurs marionnettes ne leur permettaient pas d'exprimer les sentiments avec assez d'intensité, aussi se mirent-ils à interpréter les rôles eux-mêmes. Il ne fallut pas longtemps pour qu'ils incarnent Scarlett O'Hara et Rhett Butler. Elina était Rhett et Jousia Scarlett, parce que c'était amusant, et Elina releva le menton de Jousia avec son pouce en déclarant que celui-ci avait un besoin urgent d'un vrai bon baiser. Quand Jousia répliqua « tu crois vraiment être la personne indiquée pour ça ? », Elina l'embrassa.

— Eh, s'exclama Jousia.

Ils ne se quittaient pas des yeux.

— La scène ne se déroule pas comme ça, ajouta-t-il.
— Non ?
— Non.
Soudain, jouer la comédie n'avait plus paru si important.
À partir de ce moment, ils firent tout ensemble. Même les travaux ménagers, qui leur semblaient jusqu'alors d'un ennui mortel, comme passer le râteau, plier les draps et ranger le grenier, gagnaient du sens s'ils pouvaient s'y mettre tous les deux. Leurs parents en profitèrent impitoyablement.

Ils se virent presque quotidiennement, et les jours de séparation constituaient des exceptions déchirantes.

À la fin de l'été, au moment où les feuilles des bouleaux étaient déjà marquées de jaune et où le vent passait sa lame froide, Elina emmena Jousia chez ses voisins, Asko et Efraim.

— Enfin ! s'était exclamé Efraim sur le perron, et il était allé préparer de la pâte à crêpes épaisses.

Asko serra cérémonieusement la main à Elina comme s'il ne l'avait jamais rencontrée. Quand elle se présenta, il sursauta, tourna le dos et alla chuchoter à l'oreille d'Efraim. Celui-ci lui répondit sur le ton de l'impatience. Asko alla s'asseoir sur le fauteuil à bascule dans un coin de la pièce à vivre. Il les épiait et décochait des regards mauvais à Elina et Jousia qui s'étaient installés à table. Efraim interrogea Jousia à propos de Kuikkaniemi. Asko demanda soudain d'une voix forte quels sortilèges la mère d'Elina était en train de concocter. Comme celle-ci ne savait que répondre, Asko se mit à conter des anecdotes.

Asko évoqua les *para*, les rapporteuses, ces créatures acolytes que les villageois façonnaient dans le temps. Vous pouviez fabriquer une para en moins de deux à partir de presque n'importe quoi, une pelote de fil, par exemple. Leur mission était de voler du beurre, du lait et du grain aux voisins. Si vous en preniez une sur le fait et la cassiez, quelque chose se brisait en même temps chez son auteur.

— Comme c'est arrivé à celui-là, dit Efraim, en tapotant du doigt sur sa tempe, tout en désignant Asko d'un signe de tête.

Il déposa l'assiette de crêpes sur la table.

— Faites-vous plaisir !

— Est-ce que les gens en fabriquent encore ? demanda Jousia la bouche pleine.

— Non, répondit Asko. On a passé un accord entre les villages. Elles ne causent que du tracas à tout le monde.

Au moment où ils s'apprêtaient à repartir, Efraim donna un petit coup sur l'épaule d'Elina.

— Tu t'es trouvé un copain fichtrement chouette.

Elina et Jousia marchèrent jusqu'à Ylijaako. Elina raconta qu'Asko lui-même fabriquait des paras en son temps. Il s'était mis à dos les villageois, qui avaient détruit ses rapporteuses et, par là même, sa mémoire. Elina était donc obligée de se présenter à chaque fois, mais ça ne la dérangeait pas, car Asko racontait des trucs sur les anciens temps dont sa mère ne parlait jamais.

— Et ton père ?
— Il dit qu'il ne se souvient de rien, vu qu'avant ma mère il ne faisait que se pinter.

Au niveau du virage, un petit chalet était posé sur la berge de la rivière. Un homme était assis sur les marches, aiguisant sa faux.

— C'est qui ? demanda Jousia.
— Hibou.
— Drôle de nom.
— Je ne le connais pas si bien que ça.

Elina et Jousia entamèrent leurs dernières années du secondaire en tant que couple. Ils pénétrèrent main dans la main dans la cour où ils venaient de vivre les trois années les pires de leur vie, le bâtiment réservé aux élèves les plus âgés étant juste voisin du précédent. Ils s'étaient préparés aux invectives, aux quolibets et aux ragots, mais tout avait changé car leurs persécuteurs étaient partis en école professionnelle.

Ils restèrent ensemble pendant toute la fin de leur scolarité. Elina s'étonnait que sa vie, qui avait été si solitaire, désolante et sinistre, fût soudain pleine d'amour et de lumière. Emplie par les tirades enflammées de Jousia. Saturée par les nuits à tenir l'autre enlacé jusqu'à en traverser la peau.

Jousia écoutait Elina et appréciait ses opinions. Il attendait le temps qu'il fallait lorsqu'elle peinait à revêtir ses idées avec des mots. Lui pérorait, exactement comme avant. S'il se faisait prendre à énoncer une bourde, il perdait la parole et tombait dans l'embarras. Pour les activités pratiques, c'était un parfait empoté. Elina devait l'aider même pour les choses les plus simples du quotidien, comme tondre la pelouse et rafistoler les marches d'escalier en bois. Habitués aux maladresses de leur fils, ses parents ne lui confiaient jamais aucune tâche pour laquelle il eût risqué de se blesser.

En revanche, Jousia adorait cuisiner. Il préparait des plaques entières de petits pains, de brioches et de tartes qu'ils dévoraient jusque tard dans la nuit.

Au bout de la troisième année, Elina pensait connaître Jousia des pieds à la tête. Elle savait d'avance comment il réagirait à des évènements inattendus tels que la crevaison d'un pneu de vélo ou une mauvaise note. À chaque fois, il se livrait à une fureur incrédule. Il leur arrivait aussi, naturellement, de se chamailler car ils étaient tous deux têtus, mais leurs querelles se terminaient toujours de la même manière. Allongés dans leur lit, ils se caressaient mutuellement les sourcils et bredouillaient des excuses. Le lien qui les unissait sortait renforcé de chaque dispute. Ce fut donc un choc énorme pour Elina d'entendre ce que lui dit Jousia au printemps de la dernière année avant le diplôme, au premier jour vraiment chaud, alors qu'ils étaient assis dans la cour, chez lui, et jouaient aux échecs sur un cageot de pommes de terre retourné.

Jousia dit qu'ils devraient voir d'autres personnes.

Elina pensa d'abord que c'était la raison pour laquelle il jouait si mal ce jour-là. Il avait perdu sa reine dès le septième coup, ce qui était très inhabituel. La remarque lui comprima la gorge d'effroi au moment où elle réalisa la signification enveloppée dans les mots prononcés par Jousia. Ce qu'il disait en fait.

— Tu veux qu'on se sépare ?

Jousia renfonça sa casquette sur sa tête.

— Pas spécifiquement. Ou, bon. Ouais. Mais juste pour pas trop longtemps.

Elina posa les mains sur ses joues. Son visage était glacé.

— Pourquoi ?

— Tu ne trouves pas bizarre qu'on projette d'être ensemble le reste de notre vie alors qu'on n'a été avec personne d'autre ?

— Ce que je trouve bizarre c'est que tu trouves ça bizarre.

— Je veux vivre.

— On vit tout le temps, ici.

Ils avaient déjà planifié leur avenir commun. Jousia irait en école d'art et Elina au département de foresterie. Leurs diplômes obtenus, ils reviendraient s'installer ici, construiraient une maison au bord de la rivière à un endroit où soufflerait un vent clément. Jousia, grâce à son art, changerait les mentalités au niveau local et national et deviendrait célèbre. Elina effectuerait des recherches biologiques inédites sur la faune et les poissons de la région.

Mais, visiblement, les plans avaient changé. Ils discutèrent la proposition de Jousia durant toute la journée et la suivante, et Elina ne parvint pas à briser la sinistre résolution de Jousia. Elle en eut assez. Elle dit « on n'a qu'à faire ça, alors ». Elle s'était attendue à ce que son cœur se fende et que le reste de son être s'effondre sur les débris comme un bâtiment mal étayé. Mais il n'en alla pas ainsi. Elle ne sentait rien.

Ils ne se virent pas pendant une semaine, ce qui était leur plus longue séparation depuis qu'Elina était venue chez Jousia pour la première fois. Elina se concentrait sur la préparation de son examen d'entrée à l'université. Elle visait le département de foresterie et était certaine qu'elle échouerait. Les ouvrages au programme ne l'intéressaient pas pour un sou, mais quand Jousia l'appela pour lui demander si elle pouvait passer le voir, elle aurait préféré apprendre par cœur l'intégralité des noms latins des espèces de tipules et dut rassembler toute sa volonté pour dire : « ouais ».

Il fallait qu'ils parlent.

Jousia était assis sur les marches du porche, étiolé. Il ressemblait à la gerbille qu'Elina avait eue enfant. Le rongeur avait un jour réussi à s'échapper de sa cage et avait bondi dans toute la maison jusqu'à ce que le père d'Elina parvienne à le capturer avec une épuisette. Après son retour en cage, la gerbille avait refusé de manger et de boire. Elle gisait, apathique, dans la sciure, et la mère d'Elina avait déclaré de sa voix insensible habituelle que, ayant goûté à la liberté, l'animal ne pouvait plus penser à autre chose et qu'aucun cadeau ou divertissement ne lui ferait plus tourner la tête. Une semaine plus tard, la gerbille était morte.

Ils déambulaient le long de la rivière, en silence. Elina comprenait qu'il lui fallait ouvrir la bouche la première.

Ce qui l'agaçait.

— On n'a qu'à se séparer, dit-elle. Puisque tu le veux.

Jousia hocha la tête et prit Elina par la main.

— J'ai peur, dit-elle.

— Tu te souviens de ce que tu m'as dit la première fois ? demanda Jousia.

— Non.

— Tu as dit que le monde n'avait pas le droit de gagner.

— Et alors ?

— On ne le laissera pas gagner.

Jousia proposa qu'ils cherchent un caillou sur le rivage et y transfèrent leur amour, comme pour le mettre en lieu sûr. Elina trouvait l'idée puérile. Jousia dit que les rituels recélaient de la puissance, pour autant qu'ils en décident ainsi.

Elina grattait la terre du bout de sa chaussure.

— Si tu le dis.

Ils exploraient la rive, distraitement, incertains du bien-fondé de l'idée, mais peu à peu tous deux s'enthousiasmèrent. Ils ramassaient des cailloux au bord de l'eau et rejetaient mutuellement leurs candidats, sous prétexte qu'ils étaient trop irréguliers ou fendillés ou simplement ne donnaient pas l'impression d'être le bon. Ils voulaient en trouver un ayant la forme d'un cœur. Jousia finit par pêcher à un empan de profondeur un petit galet et s'écria « ici ! », il le montra à Elina qui le tourna et le retourna et jugea que, vu sous un certain angle, il ne ressemblait vraiment pas à un cœur.

— Mais c'est une bonne chose. Ça veut dire que notre amour a plusieurs visages.

— T'es pas sérieux, vraiment ?

— On le fait ou non ?

Elina jaugea le caillou. Il était très lisse et très bleu.

— OK, dit-elle.

Ils improvisèrent un poème tout simple, qui était comme une incantation. Jousia tenait le caillou dans sa paume. Elina appuyait sa main par-dessus. Ils fredonnaient les mots d'une seule voix. Jousia rangea ensuite le caillou dans sa poche et ils discutèrent de leurs examens d'entrée.

— Je suis coincé, annonça Jousia.

*
* *

L'école d'art que Jousia ambitionnait d'intégrer exigeait des candidats un travail préparatoire. Il avait fait plusieurs mises au point, qui toutes lui paraissaient idiotes. Il fallait rendre le travail d'ici trois jours et, le matin même, il avait rejeté sa dernière idée prometteuse.

Il n'avait plus rien maintenant.

Ou, plutôt, il avait une pensée.

— Quoi ? demanda Elina.

Il tournait autour du pot. Tant pis alors, rétorqua Elina, et Jousia expliqua qu'il voulait créer une nouvelle espèce d'oiseau symbolisant la diversité de la Laponie. Il avait reçu de son père plusieurs mètres de grillage à poule avec lequel il pourrait modeler l'armature de l'oiseau, mais il aurait besoin de plumes à coller dessus.

— Quel genre de plumes il te faudrait ?

Jousia écarta les bras.

— Des courtes et des longues, de différentes couleurs. Mais j'ai pas le temps d'en ramasser. Je ne sais pas où les trouver. Il en faudrait carrément beaucoup. Peut-être que je peux inventer autre chose.

— Non, dit Elina. C'est une bonne idée. Je vais t'en rapporter.

— Et d'où ?

— De la forêt.

— C'est un boulot énorme, la vache.

— Prépare ton grillage.

Quand Elina fut chez elle, elle annonça à ses parents qu'ils ne la verraient pas de toute la fin de semaine. Elle garnit son sac à dos de casse-croûte et s'enfonça dans les bois. Elle pataugea dans les jonchères et chercha des nids. Elle grimpa jusqu'aux nichoirs et collecta plumes et duvet de colvert, de sarcelle d'hiver et de garrot à œil d'or. Elle sillonna les tourbières et découvrit des nids de limicoles, parcourut les marais et repéra une grue morte sur laquelle elle préleva une collection de choix. Elle mit la main sur du plumage de gallinacés, tétras lyre, grand coq de bruyère et gélinotte des bois. Elle emballait tout dans un sac en plastique et quand il était rempli, elle le nouait avant d'en sortir un autre. Un sac à dos contenait quatre poches pleines.

Lors de sa troisième séance de collecte, le dimanche matin, elle tomba sur Hibou, occupé à étudier la floraison des ronces des tourbières. Celui-ci passait de temps à autre à Ylijaako pour échanger quelques mots avec le père et la mère d'Elina et leur emprunter des outils. Un jour, assis pour le café autour de la table, il avait interrogé son père à propos des oiseaux. Celui-ci avait répondu que sa fille en savait plus que lui, à cette heure, et il s'était tourné sur sa chaise pour appeler Elina. Elle s'était présentée, timide et méfiante. Hibou lui avait adressé un sourire amical et demandé si elle n'aurait pas vu une alouette hausse-col. Elina avait cherché dans sa mémoire. Elle avait feuilleté mentalement le guide ornithologique du *Reader's Digest*, qu'elle connaissait de bout en bout. L'alouette hausse-col. Elle possédait un motif distinctif sur la tête. Elina avait répondu non, mais ajouté qu'elle avait vu des plectrophanes et des sizerins.

Quand Hibou était reparti, le père d'Elina l'avait observé par la fenêtre grimper sur son vélo et s'éloigner en pédalant. Il avait dit qu'il fallait toutes sortes de fous pour faire un monde, même ceux qui comptent les oiseaux quand le plus important serait de trouver comment mettre du pain sur la table le lendemain.

Voici donc qu'ils se rencontraient dans la forêt, Elina et Hibou, et quand le vieil homme apprit ce qu'Elina faisait, il la regarda intensément et lui demanda de quelle manière elle effectuait sa collecte. Elina lui expliqua qu'elle ne faisait aucun mal aux oiseaux et ne les dérangeait même pas et laissait les nids en paix si elle y détectait la moindre activité. Hibou approuva la méthode. Il ajouta que ce qu'il s'apprêtait à lui confier était une information tellement secrète qu'elle ne devrait la divulguer à personne, pas même à son père.

— Bien sûr que non, dit Elina.

Hibou scruta les alentours, bien qu'ils fussent les seuls de sortie. Dans le ciel on voyait une corneille solitaire au loin, à l'aplomb du lac Jurmusjärvi.

Hibou indiqua à Elina l'emplacement du nid d'un autour des palombes. Il lui décrivit en outre le chemin pour accéder au bouquet d'épicéas où le rapace allait chasser. Elina comprenait la prudence de Hibou. Les villageois haïssaient l'autour des palombes qui avait, selon eux, le tort de faire un carnage de tous les lapins et lagopèdes des saules. Il détruisait tous les nids qu'il repérait. Elina le remercia et se mit en route. Elle trouva le petit bois et quelle ne fut pas sa chance : le sol était jonché de restes de tétras, de pie et de geai occis par l'autour. Elina les pluma entièrement.

Le dimanche soir, Elina prit la voiture de ses parents pour se rendre chez Jousia. Elle ouvrit le coffre et déchargea les sacs.

— C'est quoi ? demanda Jousia.

Elina ouvrit l'un des sacs. Jousia ne parvenait pas à émettre un mot.

— Le résultat a intérêt à être bien, dit Elina.

— Ça va être carrément bien, bordel.

Jousia avait modelé la silhouette d'un oiseau à long cou. Doté d'une tête énorme pareille à celle d'un ptérosaure. Jousia rangea les plumes par couleur et par taille et se mit à les coller. Elina l'aidait. Ils travaillèrent toute la nuit. Elina lui expliquait comment disposer le plumage afin que la couverture ait l'air authentique. Tantôt ils se reportaient au guide ornithologique, tantôt ils se disputaient, car Jousia était d'avis que l'art n'avait pas besoin de respecter les lois de ce monde-ci.

La tâche fut longue, car Jousia inventait dans l'intervalle de nouvelles façons de disposer les plumes.

On ne va jamais être prêts, songeait Elina.

Ils dormirent quelques heures dans la matinée et reprirent le travail.

Le résultat était de la taille d'un cheval, bigarré et plutôt crédible. On aurait dit un croisement entre un cygne et une hirondelle rustique. Les consignes précisaient que si le travail était de grandes dimensions, il n'était pas nécessaire de le faire parvenir au département, mais que des tirages photo sur papier suffisaient. Il fallait que les clichés soient exhaustifs et rendent compte de la structure générale de l'œuvre autant que de ses détails. Jousia et Elina photographièrent l'oiseau sous tous les angles, développèrent les photos au labo du lycée et les envoyèrent par courrier. Le cachet en date du dernier jour d'ouverture des candidatures faisait foi.

Deux semaines plus tard, Jousia reçut une lettre l'invitant à se présenter à l'entretien. Il partit pour la ville et s'adressa aux membres du jury comme il le faisait avec n'importe qui. Une seconde lettre arriva. Il était reçu.

Elina passa elle aussi son examen d'entrée. Le département de foresterie était situé dans une autre ville que l'école d'art de Jousia, moins loin au sud, un peu en périphérie, où pas un immeuble ne dépassait les cinq étages. Elina songeait qu'elle pourrait s'y plaire. Elle se classa deuxième de la liste complémentaire. Une semaine avant le début des enseignements, on lui annonça qu'une place était à elle.

Ils firent un pique-nique d'adieu au spot de lecture de Jousia, sous le porche du chalet inachevé, et ils n'eurent rien à se dire. À la fin du rendez-vous, ils affirmèrent qu'ils se remettraient ensemble pour autant qu'ils aient fini leurs études et connu un peu l'aventure. Jousia leur dépeignit un avenir merveilleux et Elina regardait son visage, son visage qu'elle aimait, et elle voulait le croire mais n'y parvenait pas.

12

La portière arrière de la Toyota était toujours ouverte. Trois gamins, trop jeunes pour être déjà des écoliers, se tenaient à côté et regardaient fixement la banquette sur laquelle le teignon dormait recroquevillé. Janatuinen leur fit signe de se disperser. Les enfants reculèrent.

Ils restèrent postés là pour regarder Janatuinen s'installer au volant et démarrer. Elle accéléra à vide et jeta un coup d'œil au teignon. Il ne frémit pas d'un poil.

La porte de la maison s'ouvrit et Efraim apparut sous le porche.

— Ne laisse pas cette bestiole dans notre cour, cria-t-il.

Janatuinen signifia de la main qu'elle avait compris. Elle descendit de la voiture et referma la portière.

— Eh, écoute donc, dit le plus âgé des enfants.

Janatuinen se retourna vers lui.

— Pardon, je veux dire, se corrigea-t-il.

Les gamins faisaient face à Janatuinen, graves et rangés par ordre de taille comme si on leur avait appris chez eux à faire ainsi en présence d'étrangers.

— Quand tu vas le laisser, donne-lui un truc à toi, comme ça il ne te suivra pas, dit-il.

— Je vois.

Janatuinen sortit ses cigarettes de sa poche. Les enfants lui jetèrent des regards désapprobateurs. Elle rangea son paquet.

— Qu'est-ce que je peux lui donner ?

— Moi, je lui donnerais un Lego, dit celui du milieu.

— Merci du conseil, répondit Janatuinen.

Le plus grand hocha le chef.

— Y a pas de quoi.

Janatuinen s'aperçut seulement à cet instant que chacun des enfants tenait dans une main une baguette prélevée sur un cintre à vêtements.

Janatuinen les pointa d'un signe de tête.

— C'est quoi, ces trucs ?

— Une sarbacane à pois, s'écria le petit en brandissant la baguette devant lui, bras tendus, comme dans une parade militaire.

— Je vais te montrer, dit le moyen.

— Non, moi, je vais te montrer, dit le grand.

Il désigna la cheminée de l'étable.

— Vois-tu cette cheminée ?

— Oui.

Le gamin mit son autre main dans sa poche, en sortit quelque chose qu'il porta à sa bouche. Il plaça le tuyau sur ses lèvres. Souffla. La munition claqua contre la maçonnerie rouge de la cheminée, rebondit sur le toit de tôle et s'écrasa par terre.

— Voilà, dit le grand.

Le moyen et le petit le regardaient avec admiration.

— Pas mal du tout, dit Janatuinen.

L'enfant examina sa sarbacane.

— On doit utiliser des portemanteaux au début de l'été parce que les cerfeuils sauvages n'ont pas encore poussé. C'est les meilleurs. Ils font des tiges longues et plus fines à un bout. Mon père, il dit que c'est comme un fusil. En automne, il y a les fruits de sorbier. On peut faire la guerre. Maintenant on doit utiliser des petits cailloux. Mon père, il dit qu'on n'a point le droit de tirer sur les autres avec des cailloux.

— C'est une bonne règle, dit Janatuinen.

Elle dévisagea les gamins.

— Vous n'avez pas tiré sur le teignon, hein ?

— On n'est pas niais, dit le grand.

Le petit secoua énergiquement la tête.

— On n'a point le droit de tirer sur un teignon.

Janatuinen acquiesça.

— Merci encore et au revoir.

— Salut, dit le petit.

Janatuinen monta en voiture et partit. Elle vit dans le rétroviseur les enfants qui regardaient sa voiture s'éloigner. Efraim réapparut à la porte et cria quelque chose, après quoi les mômes détalèrent en courant avant de disparaître derrière l'étable.

La voiture était bourrée de moustiques. Janatuinen baissa sa vitre et accéléra. Les insectes furent aspirés dehors.

Le teignon se redressa sur la banquette. Janatuinen manqua de terminer dans le fossé quand la face noire emplit tout le rétroviseur.

— Bonjour, lui dit-elle.

Elle examina la créature par le truchement du miroir. Celle-ci paraissait bien réveillée et reposée. Elle bâilla, et Janatuinen aperçut ses dents, autant de petits poignards blancs.

Janatuinen emprunta la route principale qui menait au bourg. Rien que de la forêt autour. Au bout de quelques kilomètres, elle mit le clignotant à droite et se dirigea vers l'arrêt de bus.

Elle descendit de son véhicule et ouvrit la portière arrière.

— Tu dois partir, dit-elle.

Le teignon poussa un grognement interrogateur.

— Je ne peux pas t'emmener à l'auberge.

Le teignon ne quittait pas sa place.

— Ouste ! Retourne dans la forêt.

Le teignon essaya de mettre une ceinture de sécurité. Il donna un coup sec sur la courroie et grommela, irascible, parce que la ceinture ne se dévidait pas.

Janatuinen secoua la tête.

— Tu ne vas pas rester assis là.

Le teignon sortit en lambinant. Il se posta près de la voiture et regarda ses pieds, tout triste. Ses longs bras ballaient, ses phalanges traînaient par terre. Janatuinen fit un ample geste du bras en direction des forêts et dit que le teignon pouvait y aller quand il voulait.

Celui-ci considéra les lieux qu'elle lui désignait, sans passion.
— Attends voir.
Janatuinen sortit un grattoir à glace du vide-poche de la portière avant et le donna au teignon.
— Tiens.
Le teignon fixait l'objet, apathique. Janatuinen remonta en voiture, démarra, retourna sur la chaussée et partit.
Elle vit dans le miroir le teignon toujours debout à l'arrêt de bus. Juste avant le virage, elle jeta un nouveau coup d'œil. L'abribus était vide.
Le soir s'assombrissait. Par deux fois, Janatuinen aperçut une grande forme traverser la route devant elle, et la forme ne ressemblait ni à un renne ni à un élan.
L'auberge était un bâtiment en bois sur deux niveaux, jouxtant des locaux commerciaux. Janatuinen se gara devant.
Elle s'appuya sur le capot de sa voiture et fuma. L'air était frais, nettement plus qu'en partant, et cela faisait du bien. Une lumière attirante brillait aux fenêtres de l'établissement. Janatuinen étudia les lettres fixées au-dessus de l'entrée. Elles avaient été découpées dans du contreplaqué, chacune séparément, et percées pour faire passer les chaînettes auxquelles elles étaient suspendues.
Janatuinen jeta son mégot dans le fossé, pris son sac sur le siège passager et entra. Elle s'était attendue à découvrir un petit hall et un comptoir de réception, mais, à l'évidence, elle avait pénétré directement dans le bar. Les lieux étaient déserts à l'exception de deux hommes

qui jouaient aux machines à sous, à l'autre bout de la pièce, assis côte à côte, entièrement concentrés sur leur activité, jackpot pour l'un et payazzo pour l'autre. Ce dernier était Simo-Merdo.

Janatuinen chercha une sonnette sur le zinc pour appeler le personnel, mais il n'y en avait pas.

—Ého, cria-t-elle.

Le joueur de jackpot donna un coup de pied dans la machine. Il se traîna ensuite de l'autre côté du comptoir et dit que Janatuinen ne lui semblait pas être connue de lui.

— Sûrement pas, puisque je ne suis pas d'ici.
— Ah c'est comme ça, dit l'homme.

Il semblait dubitatif.

— Vous avez une chambre libre ?

L'homme la fixa, bouche bée. Janatuinen répéta sa question.

— Une chambre, vous dites ?
— Oui.
— Elles sont toutes libres.
— Génial. Je voudrais une chambre pour une personne pour une nuit, merci.
— Ah bon.
— Oui.
— Il y a juste un problème.
— Quel problème ?
— Elles ne sont pas prêtes.

Janatuinen consulta sa montre.

— Quand est-ce que la chambre pourrait être prête ?
— Quand j'aurai fait le ménage.
— Et il y en aura pour combien de temps ?

L'homme fit la lippe. Lança des regards autour de lui.

— Il faudrait d'abord que je trouve le balai. Et l'aspirateur.

Janatuinen ne savait pas quoi rétorquer. L'homme semblait attendre une espèce de réponse.

— Je vois, dit Janatuinen.

— Il faudrait sans doute que je m'y mette, à les chercher.

— Oui.

— Écoute, dit l'homme en paraissant soupeser attentivement sa proposition. Si tu prenais une bière, sur le compte de la maison, pendant que moi je vais chercher le balai et l'aspirateur et que je te nettoie ton couchage ?

— Ça me va. Il y a de la zéro ?

— De la quoi ?

— De la sans alcool.

— Non.

— Une blonde alors, merci.

— Tu prends une bière quand même ?

— Je prends une bière.

L'homme attrapa sur l'étagère derrière lui une chope complètement démesurée, la remplit et la posa sur le comptoir.

— Je ne sais point où est cet aspirateur, dit-il en s'éloignant.

Janatuinen était seule. Elle inclina le bol de cacahuètes posé sur le comptoir et évalua l'âge des noix. Elle se pencha pour ramasser le journal local de l'autre côté. Il datait d'une semaine. On y rapportait qu'une tombe du cimetière de

Vuopio avait été ouverte, le cadavre, déterré, et les restes avaient été répandus.

Sous le texte, un second article mentionnait qu'une sculpture représentant un oiseau avait disparu dans ce même cimetière. On avait interviewé pour l'occasion « la Mère Riipi », qui menait l'enquête et selon laquelle l'interrogatoire des arbres était encore en cours.

Janatuinen claqua le journal sur le comptoir, prit sa chope et se chercha une place. Le bar sentait la poussière et le cornichon en saumure. Le sol était couvert d'une moquette rouge. Les tables aussi étaient garnies de petits tapis rouges, troués de noir par les brûlures des mégots. Les murs étaient décorés de photographies en noir et blanc de groupes participant à des campagnes d'abattage forestier ou à des événements sportifs. Simo-Merdo était assis sur la banquette voisine du payazzo, appuyé à la machine comme à un bon copain. Il paraissait dormir. Janatuinen passa de l'autre côté de la zone du comptoir, dans le coin le plus distant, et s'y cala, le dos contre le mur.

*
* *

Janatuinen attendait depuis un quart d'heure quand la porte de l'établissement battit. Elle ne la voyait pas depuis son coin. Elle écouta. Elle entendit deux hommes parler à voix basse. Un chuintement doux, à l'ouverture du réfrigérateur près du comptoir, des tintements étouffés, à la récupération des bouteilles, le réfrigérateur fut refermé et les hommes allèrent s'installer à une table. Chaises tirées. Toussotements. Deux sifflements successifs. Soupirs, souffles. Froufrou de manches contre la table.

— T'as entendu, qu'un flic est arrivé.
— Mais non.
— Si. Pour une enquête sur un meurtre.
— Ah.
— Du côté de Vuopio.
— Ben tiens.
— L'a effarouché un teignon, paraît-il.
— Évidemment, tiens.
— C'est une fille.
— Qui ?
— Ce flic.
— Une fille flic ?
— Vrai de vrai.
— Non, tu déconnes.
— Si-i.
Silence. Les hommes buvaient.

— Eh, t'as entendu ça, que le maire s'est fait incruster par une floche ?
— Ouais.
— Tout ce qu'il veut maintenant, c'est bouffer, tout le temps.
— Ça se passe comme ça avec les floches.
— C'est vraiment ça. J'y étais.
— Non...
— Si. J'étais parti voir ma mère à la maison de vieux, quand j'ai entendu un vacarme pas possible dans la cour de la mairie. J'y suis allé. Un monde fou. Pertti aussi était là. Moi j'y demande ce qu'il se passe. Y me dit qu'il y a une floche dans le sorbier. J'y dis t'es point

sérieux. Y me dit que si. J'y dis t'es bourré, mon Pertti. Y me dit que oui. Et qu'il y a une floche dans le sorbier.

— Ah ouais.

— J'ai joué des coudes pour me rapprocher. La Mère Riipi et le maire étaient au premier rang, près d'un arbre. Le sorbier qu'est au bout de la mairie. Sais-tu ?

— Pour sûr que je sais.

— Eh bien dans cet arbre, un petit machin s'agitait dans tous les sens. Un petit piaf marron. Le maire m'a dit que ce matin-là, il était en train d'aller bosser quand il avait vu ce piaf. Ça l'avait étonné, vu que c'est un oiseau de Sibérie, et que d'ordinaire on n'en voit pas par ici.

— Comment qu'il savait que c'était un oiseau de Sibérie ?

— C'est le maire. Ils savent ça, je crois bien. Enfin, c'était rien encore. Le piaf était posé là, les plumes ébouriffées, comme s'il venait de se réveiller ou de passer à travers la turbine d'un avion. Il gueulait qu'il avait une fichtrement grosse faim. Qu'il avait « une telle faim qu'il pourrait bouffer un cochon entier ».

— C'est l'oiseau qu'a dit ça ?

— Oui. Tu parles que le maire était secoué. Il a demandé bien fort qui c'était qui faisait une farce. Le piaf a répondu qu'on lui apporte un bon gros cochon. Qu'il le boufferait. Le maire a réalisé que c'était bien le zozio qui lui parlait. Et il lui a promis qu'il pourrait lui apporter un cochon. Le piaf était ravi. « Aboule, vite, aboule, vite ! »

— Ah oui.

— Le maire a filé direct. Il est allé chercher la Mère Riipi. Elle a pas eu besoin de jeter plus qu'un coup d'œil. Une floche de la toundra. La Mère Riipi, elle a fait trois fois le tour de l'arbre à reculons et dit au maire qu'il fallait qu'il la mette la tête en bas. Le maire est allé chercher le gardien et ils l'ont prise par les pieds et portée comme un cochon de lait auprès du sorbier. La Riipi a craché dessus et marmonné quelque chose que ni le maire ni le gardien n'ont compris. Et pis ils l'ont remise dans le bon sens. La floche était faite.

— Elle connaît les sorts, la Mère Riipi.

— Oui. La floche, elle a réalisé trop tard. La Mère Riipi lui avait fait un cachot. Je suis arrivé juste au moment où elle a tenté de filer. Mais elle pouvait plus s'éloigner du sorbier. Les branches extérieures faisaient comme des barreaux souples qui se mettaient en travers de son chemin partout où qu'elle essayait de passer. Et Sökö aboyait sans arrêt. Tu connais Sökö ?

— C'est qui ?

— Le spitz finlandais du maire.

— Ah ouais.

— Qu'a un œil qui part par là et l'autre par là.

— Ah ouais, ouais.

— Nous, dans le groupe, on gueulait, qu'elle nous dise si la floche pouvait s'incruster dans quelqu'un. La Mère Riipi a dit que c'était possible, en principe, mais rare comme tu peux pas imaginer.

— Mais c'est qu'elles sont des esprits de possession. Les floches.

— Oui, bon, la Mère Riipi a expliqué que les floches, autrement dites *hattara*, c'étaient des fantômes du peuple yupik, qui remonte à mille ans. En fait, c'est des sorciers puissants qui sont morts, mais leur partie spirituelle est restée sur terre. Et ces restes d'esprit ont besoin d'un hôte. En général, les floches s'incrustent dans des animaux. Des renards arctiques et des perdrix blanches, vu que leur vie de l'âme est plus simple que celle des humains. Ils ne résistent pas autant. La Mère Riipi dit qu'en général on en voit seulement en Sibérie, des floches.

— Elle vous a fait un vrai exposé, dis donc.

— Bah, de toute manière, le fils du maire s'est poussé au premier rang, lui aussi, et il a menacé d'aller chercher son fusil pour la tuer. Nous, on a rigolé. T'as aucune chance de réussir ton coup, mon gars. Enfin, tu peux lui tirer dessus, mais elle sentira rien. Si son véhicule se désintègre, elle sautera dans un autre. Une personne, par exemple. Mieux vaut que cette floche soit dans cet oiseau qu'en toi.

— Qu'il est niais ce garçon, de vrai.

— En tout cas il a une grande gueule.

— Oui, mais alors comment ça se fait, pour le maire ? Cette floche ?

— Tout doux. La Riipi a dit qu'elle savait point estourbir les floches. Il faut un sorcier qui comprend comment s'attaquer aux bestioles de Russie. Il paraît qu'il y en a un à Savukoski et qu'elle l'avait déjà envoyé chercher. N'y avait qu'à attendre. Mais le piaf s'est mis à gigoter encore plus. Fichtrement vite. Et les branches du sorbier avaient du mal à suivre. Il a failli s'échapper par un trou. La Mère Riipi s'en est aperçue et elle a crié que la floche cassait le sortilège et qu'il fallait qu'on la remette la tête en bas. Mais avant qu'on ait eu le temps, nous devant, d'attraper la Riipi, le piaf a explosé.

— Hein ?!
— Oui. Ses plumes ont volé de partout. Il a explosé quand la floche en est sortie. Elle s'était fait la malle.
— Et alors, elle s'est incrustée dans qui ? Le maire ?
— Non, dans Sökö.
— Son chien.
— Oui. Il a dingué comme s'il avait pris un coup de fusil. Et puis il a resauté sur ses pattes. Et il s'est mis à tournoyer comme une toupie.
— Eh ben.
— Et pis il a explosé.
— Ah ouais.
— Les intestins et tout le bazar nous sont retombés dessus.
— Ah putain, c'est dégueu.
— Le fils du maire a gueulé et il a sauté jusqu'à la flaque, qu'était tout ce qui restait de ce pauvre Sökö, mais le maire lui a barré le passage en disant « arrête, arrête ».
— Et c'est là que la floche s'est incrustée en lui.
— Oui.
— Comment ?
— Il s'est pris comme une bourrade. L'est point tombé ni rien.

— De quoi il avait l'air ?
— De pas grand-chose. Juste un air bizarre.
— Quel genre ?
— Bah, je sais pas. Il était planté là, avec les yeux qui roulaient et le visage qui se tordait. Après il a demandé où qu'il était et où qu'était le cochon qu'on lui avait promis. Moi, j'ai tout de suite mis de la distance, qu'il n'aille point me sauter sur l'échine, et la Mère Riipi s'est mise à faire le tour pour poser un nouvel enclos. Bah, la floche était bien au jus maintenant et elle a pris ses jambes à son cou.
— Elle s'est carapatée.
— Oui. On l'a regardée faire. J'avais jamais rien vu aller aussi vite. Et, en plus, il a du bide, le maire.
— Ouais, c'est pas une brindille.
— Non mais, m'entends-tu, il a sauté par-dessus le fossé, comme un élan. La Mère Riipi a hurlé « vite, rattrapez-le ! » On y est allés. Le maire détalait comme un lapin et nous laissait tout le temps derrière. Après, il était déjà à la route. Mais un camion a déboulé. Et le maire, il a foncé sur le camion.
— Tu te fous de moi.
— Il a foncé dessus et il a rebondi.
— L'est point mort quand même ?
— Non. Il a foncé sur le côté du camion. Soit il l'avait pas vu, soit il a cru qu'il pouvait passer à travers. Le chauffeur avait vu le bonhomme arriver et freiné autant qu'il pouvait. Un gros bordel comme ça, ça ne s'arrête pas à la seconde. Le maire s'est écrasé dessus et il a volé à plat dos.

— Ah ouais.
— Il a essayé de se remettre debout tout de suite et il paraissait pas avoir d'autre pépin qu'un peu de sang qui lui coulait du nez. On lui a sauté sur le râble, nous les bonshommes, les bonnes femmes et tout le toutim, en une seule bande. Pour sûr t'as jamais vu un truc pareil.
— Ah ouais.
— La floche avait des sacrées forces. Moi, elle m'a pris dans sa rage et m'a éjecté dans le fossé comme un bâton. Elle en a jeté d'autres aussi. Mais on était nombreux et, au bout d'un moment, elle s'est calmée. Le chauffeur s'est pointé sur ces entrefaites. Il a dit qu'il n'avait jamais vu un malade se faire traiter comme ça, qu'on lui saute dessus. On lui a crié que c'était une floche. Il pigeait point. Mais quand il a vu les gens voler comme des baguettes d'aulne, il a sauté dans le tas. On était sept à maintenir le maire à terre.
— Et après ?
— On l'a traîné à la banque. On l'a mis dans la chambre forte, qu'est vide.
— La chambre forte vide.
— Oui.
— Qui c'est qu'a eu l'idée ?
— Le directeur de la banque. Il s'était allongé pour lui tenir les jambes avec deux autres et il a crié « on l'emmène à la chambre forte ! »
— Ç'aurait été bien que cette flic ait été là.
— Pour quoi faire ?
— La floche aurait pu s'incruster dedans.
— Ah, ça ?
— Ici, on n'a point besoin de flics.

— Le chauffeur a sorti une corde de son camion. On a saucissonné le maire, à peine s'il pouvait bouger le petit doigt. On l'a épaulé et transbahuté comme un sapin de Noël.

— Ou un cercueil.

— Peu importe. On lui a fait traverser la route, jusqu'à la banque, et on l'a mis dans la chambre forte et on a vissé la porte. Une porte bien épaisse, d'ailleurs.

— Elles sont comme ça. Même à la dynamite, tu peux pas entrer.

— T'as déjà essayé ?

— Et si je l'avais fait ?

— Ah ouais, ouais.

— Ça me ferait marrer de la voir, cette flic.

— Bah.

— Histoire de lui faire comprendre qu'on n'a point besoin d'elle par ici. Ici, on fait le ménage chez les floches et les bandits nous-mêmes.

Janatuinen vida sa bière. Elle reposa sa chope sur la table et se mit en mouvement. Elle rejoignit l'autre bout du comptoir et découvrit les causeurs à une table près de la fenêtre, s'approcha d'eux et mit sa main dans sa poche. Les hommes levèrent les yeux.

Janatuinen laissa tomber son insigne sur la table.

Les chaises valdinguèrent bruyamment au moment où les hommes se mirent debout. Ils n'étaient pas beaucoup plus grands que Janatuinen, mais ils avaient les épaules larges et une solide carrure sculptée par les travaux au grand air. Janatuinen se rendit compte qu'elle était coincée entre les deux. Elle avait réalisé qu'elle était ivre dès qu'elle avait quitté sa place, mais elle n'avait pas la moindre intention de battre en retraite.

Le premier la regarda droit dans les yeux et dit :

— Pardon.

— Mille excuses, dit le second.

Janatuinen croisa les bras sur sa poitrine.

— On n'avait point deviné qu'il y avait quelqu'un d'autre que Simo-Merdo.

— On racontait juste ce qui nous passait par la tête. On fait toujours ça.

Janatuinen passait les yeux de l'un à l'autre.

— C'était pas très aimable, ce que vous avez dit.

— Non.

— Dame, non.

— J'ai eu une longue journée, reprit Janatuinen.

Les hommes hochèrent la tête comme s'ils étaient au courant.

— J'aurais quelques questions pour vous, en fait. D'accord ?

— Pour sûr.

— Tout à fait.

Les hommes s'assirent du même côté de la table et Janatuinen de l'autre. Ils insistèrent pour lui offrir une bière. Janatuinen refusa. Ils insistèrent pour lui commander un verre d'eau gazeuse avec de la glace et une rondelle de citron, et Janatuinen accepta. L'un d'eux se leva et fit le tour du comptoir, prit une chope et la remplit d'eau gazeuse à la pression. Il ouvrit le congélateur, cassa des glaçons à la louche et en déposa trois dans le verre. Il sortit un citron et un couteau d'un placard, découpa une belle tranche qu'il mit dans la chope. Il apporta la boisson à Janatuinen, qui le remercia. Il retourna ensuite au réfrigérateur et sortit deux bières.

— Connaissez-vous Asko Pasma ? demanda alors Janatuinen.

— Oui-da, nous le connaissons.

— Un homme de rennes, comme nous. Le frère aîné d'Auvo Pasma.

— C'était un sacré bon officier de justice, cet homme-là.

— Ça oui.

— Décririez-vous Asko comme quelqu'un de fiable ?

— Bah, c'est un sorcier.

— Que voulez-vous dire ?

— Qu'on peut s'y fier comme à un sorcier. Point du tout.

— Il est devenu un peu que peu.

— Et Ylijaako, vous connaissez ?

— Kauko ?

— N'importe lequel d'entre eux.

— On se connaît tous à Vuopio.

— Eh bien, parlez-moi de Kauko.

— C'était un genre d'homme à tout faire. Un peu porté sur la bouteille. Il est mort, ça fait quoi, peut-être sept ans maintenant. Il a suivi sa femme de peu. Marke.

— Que savez-vous d'elle ?

— Elle aussi, c'était une sorcière.

— Un peu sinistre.

— Que savez-vous de sa fille ?

— Elle vient ici chaque été. Je l'ai vue quelques fois. Elle ressemble à sa mère. Elle vit dans le Sud. Sans doute dans le secteur de la protection de la nature.

— Quel genre de personne est-elle, d'après vous ?

— Je la connais point assez pour dire.

— Moi non plus.

— C'est pas du tout la même génération.

— Je dirais sinistre.

Janatuinen multipliait les hochements de tête. Elle but une gorgée.

— Vous parlez de sorciers. Vous y croyez ?

— À quoi ?

— À la sorcellerie.

Les hommes se regardèrent.

— Ouais ?

— Et aux floches ?

L'un des deux gratta l'étiquette de sa bouteille avec son ongle.

— J'espère que tu ne vas pas le prendre mal, mais tes questions sont assez bizarres.

— Donc vous y croyez.

Les hommes avaient le regard fixe.

— Que mangent les teignons ?

— T'es marrante, toi, je dois dire.

— C'est important, dit Janatuinen.

— Bah. Des fruits des bois. Des champignons.

— Mais ils ont des dents énormes.

— Bah, ils mangent de la viande aussi des fois.

— Quelle viande ?

— Bah, des fois ils chopent le faon d'un renne dans l'enclos.

— Moi, ils m'en ont pris un.

— Et à moi. Et ça se peut aussi qu'ils abattent un élan.

— Ça se peut bien, oui. Et ils l'ont fait. Et ils pillent les nids d'oiseaux et ils vont aux charognes et ce genre de choses.

— Mangent-ils des humains ?

— Non, sans doute plus.

Le patron de l'auberge apparut devant eux. Rouge et suant, les cheveux hérissés. Essoufflé. L'air réjoui.

Il salua les hommes qui levèrent leurs bouteilles à son intention. À Janatuinen, il adressa ces mots :

— Votre chambre est prête.

— Bonne fin de soirée, lança Janatuinen à la cantonade en se levant de table.

Elle alla chercher sa valise dans le coffre de sa voiture. Le patron l'attendait au comptoir.

— Je vais prendre vos coordonnées, dit l'hôte.

Il ouvrit un placard à ses pieds. Puis un second. Il s'accroupit, fouilla des deux mains à l'intérieur et jura. Il finit par extraire un épais cahier aux coins cassés et couvert d'un papier marbré suranné. Il l'ouvrit à la page marquée par le ruban. Il souleva le volume, étudia la doublepage et hocha pensivement la tête à plusieurs reprises, comme s'il découvrait son contenu pour la première fois. Il prit un stylo sur le présentoir, demanda à Janatuinen son nom et sa commune de résidence, nota le tout en pattes de mouche dans une colonne dédiée. Janatuinen aperçut la note consacrée au client précédent, et sa date. Elle remontait à dix-sept ans.

L'aubergiste conduisit Janatuinen à l'étage, auquel on accédait derrière le bar. Ils pénétrèrent dans un corridor où s'ouvraient quelques portes. L'hôte en poussa une et fit signe à Janatuinen d'entrer. La chambre comprenait un lit simple, une table de chevet, un bureau, une petite poubelle et une chaise. Une fenêtre qui donnait sur l'arrière-cour. La literie exhalait un faible relent de moisi. Janatuinen décida qu'elle dormirait sur les draps.

Près du lit, il y avait une pelle et une balayette.

— Je vous ôte ça, dit l'aubergiste en les transférant dans le couloir.

Sur le mur qui faisait face au lit était accroché un petit miroir et un clou auquel pendait un bidule ressemblant à un battoir à tapis en plastique jaune.

— Qu'est-ce que c'est ? demanda Janatuinen en le prenant dans sa main.

— Une raquette électrique anti-insectes. Il y a un bouton sur le manche. Je ne sais pas s'il y a des piles.

Une mouche bourdonnait sans force, collée à la fenêtre. Janatuinen agita les rideaux verts brûlés par le soleil. La mouche s'envola. Janatuinen lui fila un coup de raquette, tout en appuyant sur le bouton. La mouche fut arrêtée net, grésilla, grilla.

— Pratique, dit Janatuinen.

— N'en fais point de trop, la prévint l'aubergiste.

La mouche s'embrasa.

— C'est ça, dit-il.

Janatuinen relâcha le bouton. Elle souffla sur la mouche pour l'éteindre. Petit tas fumant. Elle actionna la pédale de la poubelle et secoua les restes du diptère.

Elle sortit ses cigarettes de sa poche.

— On n'a pas le droit de fumer ici, dit l'aubergiste.

— Je pensais sortir.

— Là non plus, on n'a pas le droit.

— Je vous demande pardon ?

— C'est une nuit de gent redoutable. Ne sors pas dans la cour. Les toilettes sont dans le couloir. Et la douche aussi. Il y a des bouchons d'oreille dans la table de nuit. Offerts par la maison. Bonne nuit.

— Pourquoi aurais-je besoin de bouchons d'oreille ? demanda Janatuinen, mais l'aubergiste avait déjà tourné les talons.

Janatuinen ouvrit la fenêtre et s'y posta pour fumer, appuyée à l'encadrement. Elle décida d'aller se doucher. Elle chercha une serviette propre, mais il n'y en avait pas dans la chambre. Elle déposa sa valise sur le lit, l'ouvrit pour en sortir une petite serviette et un flacon de gel douche de voyage, puis se rendit à la salle de bains. Celle-ci disposait d'une cuvette, d'une pomme de douche fixée au plafond et d'un rideau de douche gris et crasseux. Janatuinen vérifia si elle pouvait fermer à clé. Non. Elle se déshabilla, jeta ses vêtements en boule sur l'abattant des toilettes et gagna le coin douche. Elle prit bien soin de ne pas entrer en contact avec le rideau. Elle tourna le robinet encastré dans le mur. L'eau qui en jaillit fut d'abord brune, puis rouge et enfin d'une couleur normale, grosso modo.

Cela fait, Janatuinen regagna sa chambre. Elle sortit un dossier de sa valise, le plaça sur le bureau et relut les informations relatives à l'affaire.

Eero Wik, soixante-quatre ans, s'était réveillé en pleine nuit en entendant des bruits de lutte de l'autre côté du mur. Des meubles renversés et du verre brisé. Wik avait aussi entendu des halètements et des cris étouffés. Le silence s'était ensuite fait pendant environ cinq minutes. Wik s'était rendu dans son salon. Il avait vu, par la fenêtre, la porte à l'arrière du logement voisin s'ouvrir. Ylijaako était sortie en tirant quelque chose derrière elle. Les terrains mitoyens étaient séparés par une barrière en bois basse, à claire-voie. À travers, Wik s'était aperçu que le fardeau était un corps. Il avait vu des mains qui glissaient par terre. Ylijaako avait traîné le cadavre jusqu'au coin le plus éloigné de son arrière-cour, limitrophe de la forêt. Selon Wik, elle avait l'habitude d'y brûler du rebut. Ylijaako était retournée à l'intérieur et ressortie avec une bouteille de liquide allume-feu à la main. Elle avait aspergé le corps d'essence et y avait mis le feu.

On avait demandé à Wik pourquoi il n'avait pas appelé la police. Celui-ci avait répondu qu'il était paralysé par la peur.

Selon Wik, Ylijaako avait entretenu le feu longtemps, au moins une heure, sans cesser de l'alimenter en bois. Wik avait regardé tout le long. Une fois le brasier éteint, Ylijaako avait ramassé les restes à la pelle pour les fourrer dans un sac en plastique noir qu'elle avait, selon toute vraisemblance, chargé dans son véhicule. Au bout d'une vingtaine de minutes environ, Ylijaako était montée en voiture et avait quitté la cour. Il était alors six heures du matin. Wik était en état de choc. Il avait téléphoné à sa sœur. Celle-ci lui avait conseillé d'appeler la police, mais il craignait de se mettre dans le pétrin. Selon ses dires, il n'avait pas bougé de son appartement, craignant qu'Ylijaako ne revienne, et se demandant que faire, jusqu'à ce qu'il finisse par appeler la police dans l'après-midi.

La patrouille était arrivée une demi-heure après l'appel de Wik. Les agents avaient sonné chez Ylijaako, mais personne n'étant venu ouvrir ils avaient défoncé la porte. Selon eux, tout indiquait un départ précipité. On trouvait des traces de lutte dans le salon. Dans la cour, quelque chose avait été brûlé et les résidus enlevés à la pelle, exactement comme l'avait indiqué Wik. Les experts en criminalistique avaient effectué des prélèvements dans l'appartement, l'arrière-cour et le foyer. On avait retrouvé un ongle humain dans les cendres. L'identité de la victime n'était pas connue.

Eero Wik était le voisin d'Ylijaako depuis quatre ans. Selon lui, celle-ci était discrète, un caractère plutôt solitaire. Elle répondait à ses salutations succinctement et froidement, voire avec animosité. Selon lui, Ylijaako paraissait être une personne dure.

Des photos de l'appartement et du foyer.

D'autres informations. Elina Ylijaako travaillait au Centre finlandais de l'environnement en tant qu'opératrice de prélèvements. Pas de parents en vie connus. Pas de casier. Pas de dangerosité particulière. Le dossier était lacunaire. Ce qui n'avait rien que d'habituel concernant les gens originaires de Laponie. Ses collègues du Centre finlandais de l'environnement ne savaient rien de sa vie privée. Pas d'activités extraprofessionnelles. Pas de réseaux de sociabilité. Son supérieur hiérarchique n'avait su indiquer qu'une seule chose : Ylijaako prenait ses congés toujours à la même époque, au début du mois de juin, et partait une semaine dans sa propriété en Laponie.

Janatuinen referma le dossier. Elle était assise au bureau et observait le ciel par la fenêtre. Les nuages gris, à basse altitude, formaient une couche régulière et impénétrable comme si quelqu'un avait placé une lourde plaque d'acier sur le monde. Comme pour le sceller.

13

Hibou écoutait le plan d'Elina, sa fourchette dans une main, son couteau dans l'autre.

Il avait préparé des perches fumées. Les poissons, bruns et gonflés, reposaient sur du papier cuisson au-dessus du congélateur. Hibou en avait déjà mangé un et entamait son second. Il planta sa fourchette dans le ventre de la perche, fit pression sur l'arête centrale avec les dents de l'ustensile et inséra la lame de son couteau pour écarter le filet. De la vapeur s'échappa. Hibou passa son couteau sous l'arête et la souleva, la saisit du bout des doigts et tira pour l'ôter entièrement. Il préleva une partie de la chair et porta la fourchette à sa bouche.

Ils étaient assis à table, selon la même disposition que la veille, aux mêmes places. Il y avait une perche devant Elina aussi, mais intacte.

Elina raconta que, selon les journaux de sa mère, les pattes-rayées hibernaient dans les anfractuosités des collines, comme les ours. Ils en ressortaient un peu avant la Saint-Jean et se mettaient en chasse. Ceux qui occupaient jadis la région de Vuopio passaient l'hiver sur l'esker de sable de Vaittaus. Elle et Hibou pourraient s'y rendre ensemble, pour passer l'endroit au peigne fin. Avec un peu de chance, ils en trouveraient un et sinon, ils iraient chercher plus loin. Ils auraient naturellement besoin d'un appât. Ils pourraient voler l'un des rennes d'Asko. Vu qu'il gardait son troupeau dans un enclos derrière chez lui. Mais s'ils se présentaient, chapeau bas, au beau milieu de la nuit, Asko leur poserait des questions. Le mieux était de s'emparer d'une bête, sans autre forme de procès, et de rembourser plus tard. Elina avait de l'argent. Ils mèneraient l'animal dans la forêt et une fois qu'ils auraient découvert une tanière de pattes-rayées, ils l'attacheraient à proximité et se mettraient en embuscade. Le pattes-rayées ne tarderait pas à se rendre sur les lieux, son instinct territorial étant au moins aussi développé que celui de l'autour des palombes, ainsi l'avait écrit sa mère, et il commencerait par tenter de soulever le renne afin de l'emporter en lieu sûr. Mais cela échouerait, parce qu'ils auraient solidement attaché la proie. Ils attendraient que le monstrueux moustique renonce et pique le renne, qu'il commence à lui pomper le sang jusqu'à la dernière goutte. C'est à ce moment-là qu'ils pourraient s'approcher et lui tirer un coup de fusil de chasse dans la tête. Inutile d'essayer à la carabine. La balle lui transpercerait la tête et il s'énerverait. Il fallait lui faire sauter le crâne tout entier. Ou alors ils pourraient le décapiter à la hache. Après cela, ils découperaient sa trompe et Elina pourrait l'apporter à ce gars qui lui avait promis de l'aider avec l'ondin.

Hibou avait fini le premier côté de sa perche. Il tourna son assiette à cent-quatre-vingt degrés et s'attaqua au second.

— Qu'est-ce que tu prends ? demanda-t-il.
— Comment ça, qu'est-ce que je prends ?
— Comme drogues.
— Rien.

Hibou plaça une bouchée devant ses yeux, retira une arête avec ses doigts, la déposa sur le bord de son assiette et porta la fourchette à sa bouche.

— Par quoi que je pourrais commencer...
— Je peux y aller toute seule, aussi.
— Primo, c'est une nuit de gent redoutable.
— Évidemment, c'est un gros point négatif.
— Deuxio, des pattes-rayées, il n'y en a plus.
— Ça se peut qu'il y en ait encore.
— Et cette partie de cartes avec l'ondin. Nom de Dieu. C'était vraiment une niaiserie à ne pas faire.
— Je sais.
— Si j'avais su.
— Ça m'est venu comme ça.
— Tu as eu une foutue chance. Une chance de pendu.
— Je sais. Mais maintenant on doit aller le chercher, ce pattes-rayées.
— Tertio, Asko et Efraim n'ont plus de rennes.
— Ah bon.
— Ils s'en sont débarrassés l'automne dernier.

— Ah ouais.

— Quarto, j'ai entendu dire au village qu'une flic a débarqué et pose des questions sur toi.

Elina se frotta les yeux. Manquait plus que ça.

— Une flic, dis donc.

— Ouais. Donc je te le demande : qu'est-ce que t'as fait ?

Elina contempla la cour. Il faisait plus sombre que d'habitude. Les moustiques cognaient aux vitres comme s'ils demandaient l'asile.

— Rien.

Hibou soupira.

— Bah. J'ai été prise dans une bagarre.

— Quelle bagarre ?

— Une bagarre, quoi.

— C'est pour ça que tu boites ?

— Oui.

— C'est grave ?

— Une broutille. Quand est-ce qu'elle est arrivée, la flic ?

— Je ne sais point. Visiblement, elle a eu quelques difficultés. Si tu t'es juste battue ou quoi, c'est pas un problème qu'elle t'interroge un peu. Ou bien ?

— Ouais.

— T'as point l'air de fichtrement te réjouir.

— C'est rien.

— Bon, écoute. Avec qui tu as cet accord pour le pattes-rayées ?

— Avec un type, là.

— Ah ouais.

Hibou avait fini son repas. Il empila la peau et les arêtes bien proprement sur le bord de son assiette, et l'écarta. Elina examinait sa perche, son œil rôti pareil à un bouton de culotte. Elle avait le ventre repris par une sensation bizarre.

Hibou fit un signe du menton en direction du poisson.

— Je te la prépare ?
— Pas besoin.

Elina empoigna sa fourchette et son couteau. Au bout d'une minute qu'elle était restée à fixer la perche, Hibou saisit son assiette, la tira de son côté et commença à dépiauter le poisson.

Hibou s'affairait, plongé dans les entrailles de la perche, et demanda :

— Avec Olli-Mangeclous ?

Elina restait silencieuse.

Hibou reposa ses couverts.

— Ah, par tous les diables !
— Je n'avais pas d'autre possibilité.
— Pas d'autre possibilité...

Hibou leva les yeux au ciel et sembla y chercher une réponse, mais il n'y en avait pas. Il rabaissa les yeux sur Elina. Prit une inspiration, se mit à parler.

— Tu cours dans tous les sens et tu passes des accords insensés avec des revenants. Dont personne ne sait rien.

— Ma mère fournit de bons conseils dans ses journaux.

— C'est des vieilles infos. Tout ça pour un brochet. Je sais bien que cette pêche n'a rien d'ordinaire. Que tu as une raison sérieuse. Mais est-elle aussi sérieuse que ça ? Tu vas te faire tuer. M'entends-tu ?

Elina étudiait la toile cirée agrafée à la table. Celle-ci était éraflée aux endroits où, enfant, Elina avait appris à couper les miches de pain.

— Mais si on trouvait ce pattes-rayées...

— Il n'y en a point !

Elina jeta un regard effarouché à Hibou. Il avait un air ombrageux.

— Il n'y en a point. Tu crois que je n'ai pas déjà ratissé tout Vaittaus, ce printemps ? Les alentours du lac Jurmusjärvi ? Leurs forêts ? Si, je l'ai fait. Mais il n'y en a point.

— Je vois.

— Il faut que tu me dises ce que tu fabriques.

— Je ne suis pas obligée de te dire quoi que ce soit.

— Je m'inquiète pour toi.

— Tout va s'arranger.

— Non.

Hibou incisa la perche avec une telle irritation qu'il déchira la peau. Il contempla le gâchis d'un air sombre.

— Quel que soit le diable qui t'horripile, il va causer ta fin. Tu entends. Même si tu réussissais à trouver un pattes-rayées, ce dont je doute fortement, d'une manière ou d'une autre il te foutra en l'air. Et moi, je ne peux point accepter une chose pareille. Comprends-tu ?

Hibou braqua ses yeux sur Elina.

— Je ne pourrai plus vivre avec moi-même si ça se passe comme ça. Donc je t'en supplie. Raconte-moi.

Elina tenait sa tête dans ses mains. Tout son corps la picotait.

— Peux-tu me lâcher un peu, maintenant ?

— Non, maintenant, tu me parles.

Elina attrapa le crayon sur la table et le balança dans le corridor. Hibou sursauta. Elina quitta la table d'un mouvement brusque, alla ramasser le crayon et l'agita sous le nez de Hibou.

— N'exige rien de moi !

Elle laissa tomber le crayon sur la table et prit son visage dans ses mains.

— Pardon.
— C'est si grave que ça ?
— Oui. Non. Pardon. Pardon, pardon, pardon.
— Calme-toi, va...

Elina écarta ses doigts. Hibou s'affairait à nouveau avec son poisson. Un instant plus tard, il poussa l'assiette devant Elina.

— Eh bien. Boulotte-moi ça.

Elina mangea. Elle attendit que Hibou dise quelque chose, mais celui-ci se contentait de la regarder.

— Une autre personne est concernée aussi, dit Elina.

Hibou hocha le chef.

— Veux-tu dire que si tu me parles de ton problème, tu vas devoir faire des révélations sur quelqu'un d'autre par la même occasion ?

— Ouais.

— Bon, ta santé mentale et ta vie sont-elles compromises par ce problème ?

— Ouais.

— Dans ce cas, tu peux en parler.

— Je ne veux pas causer de problèmes aux autres, marmonna Elina.

Hibou balaya l'air d'un revers de la main, comme s'il s'agissait du cadet de leurs soucis.

— Je n'en ai parlé à personne, reprit Elina.
— Écoute. Cette nuit, toutes les horreurs imaginables seront de sortie. Et même celles qu'on ne peut pas imaginer. Et je crois que ton histoire sera d'une très bonne compagnie.

Elina termina sa perche.
— Merci, dit-elle.
— De rien.

Dans la cour, les arbres, les buissons et les bâtiments se dissolvaient dans le crépuscule. Le plafonnier de la cuisine était encore allumé. Ils réalisèrent soudain combien ils étaient exposés à la vue de n'importe quel observateur, humain ou non humain. Hibou se leva pour éteindre. Il prit des allumettes, en enflamma une et alluma une bougie. Elina alla couper la lumière de l'entrée. Hibou annonça que l'ampoule de la chaufferie brûlait encore. Elina alla l'éteindre, elle aussi. Pour finir, toute la maison fut plongée dans le noir à l'exception de la chandelle, dont la clarté ne tarda pas non plus à sembler trop vive, et Hibou la déplaça sur l'évier.

L'œil commençait à discerner les détails du paysage. Les moustiques avaient disparu. Le vent était tombé.

— Si je nous faisais du thé, proposa Hibou.
— Du thé ?
— Oui. Et tu me raconteras. Tout ce qu'il y a à dire.

Elina chuchota quelque chose.
— Quoi ?
— D'accord.

Hibou se leva et mit l'eau à bouillir.

Les paroles d'Olli-Mangeclous revinrent à l'esprit d'Elina. Elle les prononça tout haut :

— Personne ne peut m'aider.

— Taratata. Ce n'est point vrai. On peut toujours faire quelque chose. Tu es condamnée par la maladie ? C'est ça ? Tu as un cancer incurable ?

— Pire.

— Qu'est-ce qui peut être pire ?

— C'est une histoire super longue...

— On a de quoi tenir, question thé. Et alcool aussi.

Elina ferma les yeux. L'eau chauffait dans la casserole et se mit à bouillir. Hibou sortit des tasses et y mit des sachets de thé. Prit la casserole, versa l'eau.

Elina commença à raconter.

*Ce que Jousia fit au caillou.
Ou comment la vie
d'Elina fut anéantie.*

Ils étaient censés accomplir leurs études en cinq ans. Tel était leur plan.

Au cours de la première année, Elina et Jousia n'eurent que peu affaire l'un avec l'autre. C'était l'idée de Jousia. Selon lui, ils devaient se focaliser sur la recherche de nouveaux amis.

Elina trouva un studio meublé à louer, peu cher, en périphérie de la ville. Elle passa sa première soirée assise dans son fauteuil, les genoux collés contre la poitrine. Elle avait l'impression d'habiter une commode dont quelqu'un menaçait d'ouvrir le tiroir à tout instant.

Elina décida de participer à tout. Elle se rendait aux débuts de soirée, aux fins de soirée, en boîte de nuit et aux pub-quiz. Tous ses camarades d'étude s'intéressaient à elle, car rencontrer une authentique habitante de Laponie constituait une rareté dans le Sud. On admirait sa beauté septentrionale et, d'un autre côté, on déplorait sa dangerosité. Comme Elina n'avait rien à répondre à ces commentaires, on la priait d'énumérer tous les mots dont elle disposait pour la neige.

— Bah, en tout cas *nuoska*, la neige fondante, *puuterilumi*, la poudreuse, et *hanki*, la neige tassée et croûtée. Y'en a pas tant que ça.

— Ah ouais, je croyais qu'il y en avait genre cent.

Elina demanda à son interlocuteur où il l'avait ouï dire, mais celui-ci s'était déjà tourné vers son camarade pour lui expliquer que, selon son oncle, on ne pouvait pas fermer l'œil en Laponie, sinon les locaux vous volaient jusqu'aux habits que vous aviez sur le dos.

Elina présenta même sa candidature au bureau de l'association des étudiants, bien qu'une activité fondée sur le travail en équipe lui déplût. Elle eut l'énergie d'être socialement active pendant deux mois. Début novembre, calée dans un coin au fond d'un bar cradingue lors d'une réunion où l'on passa plus d'une heure à ergoter pour savoir quel serait le thème de la fête de Noël de l'association, elle annonça qu'elle n'en pouvait plus.

Les autres se turent. Le ministre des divertissements de l'association, un alcoolique prometteur, tendit le cou au milieu de la bande et demanda si Elina faisait référence aux fêtes des petits Noëls en général. Elina répondit qu'elle faisait référence au bureau de l'association.

— J'ai une grave maladie, ajouta-t-elle et elle se leva.

Elle était installée tout au fond, et les autres s'empressèrent de lui faire place. Elle se fraya un passage presque de force, car soudain elle ne supportait plus ces gens, pas une seconde de plus.

Personne n'essaya de la retenir quand elle quitta le bar à grands pas.

La ville était noire, sans neige et humide. Les lettrages des panneaux publicitaires brillaient en rouge et en vert. Elina dépassa les illuminations, regrettant Vuopio où il n'y avait même pas de réverbères. Où le sol était déjà blanc.

Le lendemain matin à neuf heures, la sonnette de son appartement retentit. Elina entrouvrit la porte. Sur le palier, on apercevait un fragment du ministre des divertissements.

— Je t'ai apporté des biscuits de Noël aux épices.

Elina lui demanda où il avait eu son adresse. Son nom était Jari ou Lari, elle ne s'en souvenait jamais.

Jari ou Lari répondit que tous les membres du bureau avaient échangé leurs coordonnées, Elina ne s'en souvenait pas ?

Elina répliqua que sa maladie était contagieuse, raison pour laquelle elle ne pouvait voir personne en ce moment.

Jari ou Lari renifla et acquiesça.

— OK.

— OK, répondit Elina. Salut.

— Salut, dit Jari ou Lari.

Le visiteur ne bougeait pas de sa place. Elina soupira et ouvrit en grand, Jari ou Lari entra.

Ils mangèrent les biscuits dans la cuisine. Le ministre des divertissements s'avéra être Jari. Ils n'avaient rien à se dire.

Jari annonça qu'il avait la gueule de bois. Il avait gardé son manteau. Au moment d'attaquer son troisième biscuit, il sortit de sa poche une bouteille de Jaloviina, du cognac coupé, à moitié descendue, dévissa adroitement le bouchon de la main qui tenait la bouteille, et but. Il était sur le point de la ranger, quand il se rappela les bonnes manières et en proposa à Elina.

— Non merci.

Jari renfonça la bouteille dans sa poche.

Elina se demandait s'il s'agissait d'une de ces aventures dont Jousia avait parlé.

Jari lui demanda s'ils pouvaient regarder la télé. Elina lui dit qu'elle ne l'avait pas.

Jari fit des hochements de tête.

— Un beau principe.

Au bout d'un moment, Jari demanda s'il pouvait dormir un peu. Elina eut à peine le temps de répondre que celui-ci se levait, gagnait le canapé et s'y installait avec son manteau sur le dos. En trois secondes, il fut endormi.

Jari se réveilla au bout d'une heure et tâtonna pour attraper sa bouteille. Elina lui annonça qu'en fait elle avait du boulot. Jari dit qu'il comprenait le truc. Il gagna la porte et lança :

— On se voit en cours lundi.

— Adieu, dit Elina.

Elle ferma la porte et s'assura, par la fenêtre, que le ministre des divertissements partait, clampinant lentement mais sûrement.

Elle avait envie de téléphoner à Jousia, mais se retint, comme elle le faisait chaque jour et, au lieu de cela, alla s'allonger sur son lit pour attendre que ces abominables vingt-quatre heures filent au loin.

Elina repassa chez elle pour Noël. Elle convint d'un rendez-vous avec Jousia à la Saint-Étienne.

Elina était tendue. Elle songeait qu'elle avait échoué à honorer leur contrat, dès le départ. Elle ne savait pas jouir de la vie. Elle craignait que Jousia, pour sa part, ait trop bien réussi et étale toutes ses conquêtes devant elle. Tandis qu'elle n'aurait rien à offrir d'autre que ce petit-déjeuner bizarre et désagréable avec Jari.

Elina prit sa voiture pour Kuikkaniemi et ils partirent se promener. Au soulagement d'Elina, Jousia parla presque exclusivement de son école d'art. De quel endroit génial c'était. Il évoqua une personne qui peignait uniquement des lignes droites, auxquelles elle avait voué sa vie. Il cita un artiste conceptuel qui, le soir venu, revêtait le costume de léopard des neiges qu'il avait fait de ses mains et tentait par ce biais de sensibiliser les gens aux animaux en voie de disparition. Jousia racontait que tous les étudiants étaient intrépides et représentaient toutes les tendances esthétiques possibles. Ils voulaient changer le monde et méprisaient tout ce qui était vieux et dépassé, comme les profs.

L'énergie de Jousia et sa conviction donnaient une agréable impression de familiarité.

Je vais lui parler de notre accord, songea Elina.

— Et toi, comment ça se passe ?
Elina tressaillit.
— Super bien.

Elle raconta qu'elle faisait partie du bureau de l'association des étudiants. Elle allait dans des fêtes et traînait avec un certain Jari.

Elle espérait que ces informations fassent de l'effet à Jousia, mais celui-ci se contenta de « bien ».

Elle ne réussit pas à l'interroger sur leur accord.

Au semestre de printemps, ils eurent deux conversations téléphoniques et à chaque fois Jousia sembla occupé. Elina était dépitée qu'il semble n'avoir aucun mal à lui souhaiter bonne continuation et à raccrocher.

Elle aurait pu écouter sa voix pendant des heures.

— Parle-moi encore de ce type au léopard, le priait-elle, mais Jousia répliquait qu'il devait y aller, il y avait un vernissage ce soir-là.

Elina s'assombrit et se concentra sur ses études. Son prof préféré était un maître de conférences chauve, à l'air sévère, qui avait entamé son cours d'initiation aux théories de l'évolution en leur expliquant que les études de biologie comportaient deux phases.

— Phase un, vous tombez amoureux. Vous apprenez à comprendre quels animaux magnifiques sont les gloutons, les pics et les papillons. Et les lépismes. Vous entendez, vous allez tomber amoureux des lépismes. Je vous le garantis. Vous les détestez peut-être maintenant, mais dans trois ans vous en serez carrément à prier pour qu'ils se multiplient dans votre salle de bains. Juste pour que vous puissiez les observer. Ils font partie des zygentomes, qui sont sur la planète depuis plus de trois-cents millions d'années. Réfléchissez à cette adéquation vitale réglée à la perfection. Si vous ne tombez pas en amour avec les lépismes dans les trois ans, c'est que vous n'êtes pas dans la bonne filière.

— Embranchement, classe, ordre, famille, énuméra le maître de conférences. Sous-familles. Genre. À chaque étage de la taxinomie, la stupéfiante diversité de la vie carbonée s'ouvrira à vous. Vous découvrirez soudain tout autour de vous une inventivité incroyable. De la végétation qui fracture la pierre. Les oiseaux, il n'y a qu'à observer les oiseaux ! Rien que les oiseaux possèdent des capacités adaptatives qui dépassent notre compréhension.

— Phase deux. Cette connaissance, ce troisième œil qui vous a poussé au milieu du front, se transforme en source de douleur chronique. Cela arrivera lorsque vous comprendrez que l'être humain, votre congénère, accomplit chaque jour un infatigable travail de sape pour détruire le monde vivant. L'être humain tue des animaux jusqu'à l'extinction aussi facilement qu'il va faire ses courses. C'est la vérité. Vous voyez ce qu'est l'extinction ?

Le maître de conférences fit une petite boule de papier avec ses notes et la lança dans la corbeille.

— Cela signifie qu'une espèce disparaît du monde de manière définitive. Mais qu'il en reste le souvenir. Une blessure douloureuse. Vous savez de quoi je parle. Des squelettes. Des images.

— En phase deux, vous ne pouvez plus vous rendre dans les muséums d'histoire naturelle. Les musées, qui constituaient dans votre enfance des endroits excitants, se transforment sous vos yeux en mausolées. Les expositions changent, mais le titre reste le même. Perte. Chagrin. Destruction. Comme il est pénible de regarder le squelette d'une rhytine de Steller ! Quelle torture de voir des photos d'un loup marsupial !

— Vous apprendrez à aimer quelque chose de beau, dit-il. Et on vous l'arrachera aussitôt. C'est cela, la vérité.

En mars, Jari annonça qu'il avait cessé de boire et invita Elina au cinéma. Celle-ci n'eut pas la force de refuser. Ils restèrent assis côte à côte sans rien dire pendant deux heures d'action échevelée.

De manière surprenante, c'était assez agréable.

Après le film, ils allèrent se promener. Jari parla de son père, qui les avait abandonnés, lui et sa mère, des années auparavant. Elina écoutait d'une oreille. Elle se concentrait sur les traits séduisants de Jari, son rythme de parole reposant et sa démarche chaloupée. Elle l'invita chez elle. Ils firent à manger et allèrent au lit.

Leur liaison dura trois semaines. La diète de Jari s'avéra être la conséquence d'un ulcère gastrique, à cause duquel le médecin lui avait interdit l'alcool. Une fois guéri, Jari fêta la fin de son abstinence en louant un chalet avec ses copains pour la fin de semaine. Le chalet brûla. Jari revint de son excursion bourré comme un coing, les vêtements puant la fumée. Elina ne le laissa pas entrer. Il refusa de bouger de derrière la porte et criait par la fente de la boîte aux lettres qu'il avait besoin d'argent. Elle lui demanda de partir. Il répondit qu'il avait besoin de sous pour payer les dommages. Elle sortit tous ses billets de son portefeuille et les fit passer par la boîte aux lettres. Jari quitta aussitôt les lieux. Le lendemain soir, il revint et cogna à la porte, beugla des déclarations d'amour et demanda plus d'argent. Elina menaça d'appeler la police. Il partit.

À l'automne de la deuxième année, en visite chez elle, Elina aperçut par hasard Jousia dans la cour de la station-service du bourg. Elle lui raconta qu'elle avait eu une brève liaison avec un camarade d'études. Jousia hocha la tête et alluma une cigarette. C'était nouveau, qu'il fume. Il lui apprit qu'il avait eu plusieurs liaisons. Qui ne comptaient évidemment pas, il s'agissait de s'amuser et de trouver l'inspiration. Elina ressentit une peine et une jalousie intolérables, s'étonnant de quelle source, de quelles réserves ces sentiments pouvaient bien jaillir.

Au printemps, Elina tenta derechef de s'intéresser aux gens. Elle essaya d'abord les hommes puis les femmes. Mais, bien qu'elle se fît quelques amis, elle n'éprouvait d'attirance pour personne. Elle se sentait glisser dans le même mutisme qu'au lycée et elle détestait cela, sa tendance à se couper du monde et le fait qu'elle n'avait jamais appris à être avec autrui. Elle se demanda d'où lui venaient sa mélancolie, son absence de joie et son aspiration à la solitude. La réponse était évidente. De sa mère. Elle n'aimait les gens qu'en compagnie de Jousia, et elle pleurait parce que celui-ci glissait toujours plus loin d'elle.

Elle commença à faire de longues promenades dans la forêt jouxtant la ville. Celle-ci était différente de celles de Laponie. Les arbres étaient hauts, les rivières, petites, et il y avait partout des espèces de plantes et d'oiseaux qu'elle n'avait jamais vues. Des vieux hêtres vénérables, des loriots d'Europe jaune vif.

Elina s'était documentée dans un ouvrage d'ornithologie sur le merle noir et son chant. Elle s'était attendue à en voir dans le Sud, mais n'en avait pas trouvé un seul. Elle s'en inquiéta auprès de son professeur chauve qui lui répondit qu'on en croisait encore une dizaine d'années plus tôt.

— L'espèce a disparu de toute la Finlande méridionale. Pourquoi ? Nul ne le sait. Les chercheurs ne reçoivent plus de crédits de recherche.

Selon le maître de conférences, la faune s'était transformée en feux de circulation cassés dont les couleurs changeaient n'importe comment sans que personne ne puisse rien y faire. Les gens se contentaient de prier pour que le machin ne s'éteigne pas définitivement.

Elina rapporta de chez elle une canne à lancer, s'acheta un permis et prit l'habitude d'aller pêcher dans les rapides d'un cours d'eau proche. Plus elle angoissait, plus souvent elle écumait la berge, canne à la main. Elle attrapait des truites communes et arc-en-ciel, des seaux entiers d'ombres communs. Elle les apportait à ses camarades, reconnaissants et déconcertés, et lorsqu'ils lui annoncèrent qu'ils en avaient assez, elle en fit don à ses profs. Ceux-ci les acceptèrent mais s'assurèrent qu'Elina comprenait que cela n'aurait aucune influence sur ses notes.

Peu à peu, la peine d'Elina s'atténua en douleur lancinante et redevint mélancolie. Cette dernière lui était familière, elle ne tarda pas à convenablement s'en accommoder.

En troisième année, Elina ne vit pas une seule fois Jousia, mais apprit, par l'intermédiaire d'une connaissance commune originaire de Vuopio, qu'il s'était mis à faire furieusement la fête et, possiblement, à prendre des drogues. Elle s'étonna que l'information ne la bouleversât pas plus que cela.

Elle fut embauchée à titre temporaire comme opératrice de prélèvements par le Centre finlandais de l'environnement. C'était un travail plaisant. Elle randonnait à travers bois et collectait des échantillons d'eau de rivières et d'étangs, dont le laboratoire mesurait la teneur en fer et en azote et analysait les souches bactériennes. Les saisons se suivirent, à peu près supportables, jusqu'à la fin du mois d'octobre. Elle reçut alors un message de son père lui annonçant que sa mère était mal en point. Affolée, elle téléphona à Jousia. La tonalité sonna longtemps dans le vide, jusqu'à ce qu'un colocataire décroche. Il lui fit savoir que Jousia était parti faire la fête l'avant-veille et qu'il ne l'avait pas revu depuis.

Elina obtint un congé et se rendit chez elle, où son père lui apprit que sa mère avait un cancer du poumon.

Et ce n'était pas tout. Selon les médecins, l'organisme de sa mère indiquait que celle-ci avait déjà eu plusieurs cancers auparavant. Au foie, au côlon, même au pancréas. Des tumeurs agressives qui tuaient neuf fois sur dix. Sa mère avait survécu à toutes ces atteintes, mais la dernière avait fini par briser la résistance de son corps.

Elina et son père étaient assis, sans dire mot, dans le salon. Son père passait une main tremblante dans ses cheveux.

Elina savait qu'ils pensaient à la même chose. Ils avaient toujours cru que son père mourrait le premier. Son père imprudent, enclin aux accidents, qui conduisait trop vite, qui partait, ivre, remonter ses filets et ne mangeait pas assez de légumes.

Ce qu'ils ignoraient, c'est ce que pensait sa mère. Le fait était douloureux. Ils n'étaient pas parvenus à bien la connaître.

Son père n'avait jamais compris sa mère. Elina l'avait entendu le dire tout haut à de multiples reprises.

— Je ne te comprends pas, pas du tout, répétait-il.

Et pourtant, son père et sa mère étaient inséparables. Sa mère tel un piquet solidement fiché dans le sol et son père tel un chien fou, réagissant à tous les stimuli, attaché à ce piquet et galopant en rond autant que la corde le lui permettait, mais se couchant chaque nuit au pied de son amarre, content de la sûreté et de la stabilité qui lui étaient garanties.

Quand Elina avait annoncé son entrée à l'université, c'étaient les yeux de son père qui s'étaient embués de larmes. L'expression de sa mère était impossible à interpréter. Elle avait aidé Elina à trouver un appartement et lui avait souhaité bon voyage, ajoutant toutefois qu'elle n'était pas obligée de revenir à la maison si elle n'en éprouvait pas le besoin.

— Bien sûr que je viendrai, avait répliqué Elina.

— Tu viendras si tu as le temps, l'énergie ou l'envie.

Les démonstrations d'affection étaient étrangères à sa mère. Les interactions sociales lui étaient désagréables. Son unique amie était Heta, qui tenait le magasin de la coopérative. Sa mère, qui ne supportait pas les jacasseries, écoutait les bavardages de Heta, concentrée, une cigarette entre les doigts. Elina avait fait de nombreuses remarques à sa mère sur le fait de fumer, de même que son père. Celle-ci se contentait de toussoter, de porter sa cigarette à ses lèvres et d'aspirer une bouffée.

Elina rendit visite à sa mère à l'hôpital et lui dit qu'elle s'en sortirait.

— Montre à ton père comment fonctionne le lave-vaisselle, lui avait-elle répondu.

Les traitements avaient commencé sans attendre. Elina retourna dans le Sud, sans parvenir à se concentrer sur ses études. Au bout d'un mois, son père la rappela.

— Quoi encore, s'emporta Elina alors que son père ne parvenait pas à sortir un mot.

Et puis il annonça que sa mère n'en avait plus que pour quelques semaines. Ou quelques jours.

Elina partit aussitôt. Les trois semaines suivantes, elle les passa à l'hôpital où sa mère gisait, étiolée et jaunâtre, presque fantomatique, respirant avec difficulté. Elles ne discutaient guère. La plupart du temps, sa mère dormait. Quand ce n'était pas le cas, elle contemplait le plafond, avec des yeux clairs et durs. Elina veillait au bord de son lit, tout aussi silencieuse qu'elle. Son père passait voir sa mère chaque jour, mais brièvement. Il parlait tout le temps, que celle-ci dorme ou veille, il se lassait de son silence et repartait en marmonnant pour lui-même. Il se contentait parfois de venir jusqu'à la porte. Il arrivait souvent qu'Elina relève le nez du manuel qu'elle était en train de lire, aperçoive l'entrée de la chambre et découvre son père sur le seuil, le regard posé sur sa femme qui mourait. Il la regardait et repartait.

Un matin, Elina lut dans le journal, à l'hôpital, que Jousia avait remporté le premier prix de la Biennale nationale des jeunes artistes. Elle fixait ses genoux, au milieu d'un énorme nuage de pensées désordonnées. Elle revint à elle et jeta un coup d'œil à sa mère, dont les yeux étaient ouverts. La bouche ouverte. Elina l'appela. Sa mère ne répondit pas. Elle était morte.

*
* *

— Attends voir, dit Hibou.
— Quoi ?
— Regarde.

Ils étaient assis dans la cuisine obscure. La chandelle s'était éteinte depuis belle lurette. Hibou scrutait l'extérieur. Les yeux écarquillés.

Retenant sa respiration. Elina suivit son regard. À l'extrémité de l'étable, du côté du marais, se tenait une forme sombre dont la tête atteignait la hauteur du faîte du vieux sauna. C'était un grabuge. Il examinait la cour, leur bâtiment. Il posa une main sur la rambarde du porche du vieux sauna comme un maître de maison prenant la mesure de son domaine. Il avait abattu un élan, l'avait dépecé et s'était enveloppé dans sa peau sanguinolente. Les sabots de l'animal mort pendaient à ses épaules. Personne ne savait où s'était perdue la culture des grabuges. Jadis, ils avaient des troupeaux, plantaient des arbres et coupaient du bois, modelant le monde selon leur bon plaisir. Mais quelque chose était allé de travers.

Le grabuge poussa un long soupir plaintif. Il regarda derrière lui, comme si quelqu'un l'appelait. Il se retourna et descendit le long de la berge escarpée. Hibou et Elina se levèrent et gagnèrent discrètement la fenêtre du salon qui donnait sur la tourbière. Ils observèrent le grabuge avançant à grands pas au milieu des mottes qui s'enfonçaient, sautant par-dessus le fossé et pénétrant dans la saulaie qui lui montait aux aisselles. Le grabuge crapahutait dans les broussailles, tenant ses mains en l'air de chaque côté.

Après la saulaie commençait un bois d'épicéas dense. Le grabuge plia les arbres pour se frayer un chemin et entra dans la forêt. Seul le balancement des cimes signalait sa progression. Et puis les arbres aussi cessèrent de bouger. La bête n'était plus là.

Hibou et Elina s'installèrent sur le canapé du salon.
— Voilà bien quelque chose, dit Hibou.
Il se tourna vers Elina.
— Continue.

*
* *

Elina ne s'était pas attendue à ce que Jousia se montre à l'enterrement. Elle fut surprise par son aspect décati, quand il entra dans la chapelle et s'assit au dernier rang. Il avait maigri. Il avait le regard assoupi et trouble. Lors de la cérémonie commémorative, il ne tint pas une seconde en place. Il se traînait dehors pour aller fumer et se cognait dans les invités, fit tomber une partie de son sandwich, marcha sur le bout par terre, leva le pied et éclata d'un étrange rire sans joie.

Les autres invités l'évitaient. Il y avait beaucoup de monde, car sa mère avait été une figure suscitant les interrogations et la crainte, dont le décès intéressait jusqu'aux gens du bourg. Efraim aussi était là. Il tenta de saluer Jousia, mais celui-ci le dépassa sans un mot. Elina finit par attirer Jousia dans son ancienne chambre et lui dit de se ressaisir ou de partir. Il répliqua qu'il ne causait de tort à personne.

— Si. Les gens t'évitent de loin déjà, parce qu'ils ont peur que tu les fasses tomber.

Jousia marmonna quelque chose qu'Elina ne comprit pas.

— Remonte-moi ce col aussi.

Elina s'approcha de lui et redressa le col de sa veste.

— Tu as toujours pris soin de moi, bredouilla Jousia.

— Dis pas de bêtises.

— Tu m'as même ramassé des plumes.

Elina le regarda dans les yeux et lui demanda :

— Est-ce que le contrat est encore valable ?

Il parut étonné. Comme s'il ne comprenait pas ce qu'elle voulait dire.

— Bien sûr, absolument.

Il écarta les bras et tenta une accolade maladroite. Son affectation la dégoûtait. Sa confusion. Son odeur. Il lui rappelait Jari, ce gamin qui vagabondait, ne s'attachait à rien et fuyait les responsabilités. Elle le repoussa.

— C'est rien, dit-il. Pas de problème.

— Comprends-tu même de quoi on parle ?

Il laissa son regard divaguer sur les murs.

— Reste ici un moment, dit Elina. Et si tu ne peux pas te comporter correctement avec les autres, va-t'en.

Elina regagna le salon. Elle s'assit à côté de son père. Il était resté prostré au même endroit, dans un coin du canapé, pendant toute la réception, les yeux fixés sur les interstices du plancher.

Son père, qui avait toujours cru que les choses allaient s'arranger. À la mort de sa mère, les zones optimistes de son père avaient noirci et s'étaient fanées comme les feuilles du dahlia brûlé par le froid. Il se consacra à la boisson et ne quitta plus Ylijaako.

Deux ans après le décès de sa mère, son père fut frappé d'hémiplégie et mourut. Le choc ne fut pas considérable pour Elina. D'une certaine manière, elle avait perdu ses deux parents au même moment.

Elina convint avec Hibou que celui-ci s'occuperait de la ferme d'Ylijaako pendant sa dernière année d'études. Ou jusqu'à ce qu'elle détermine ce qu'elle ferait de sa vie.

À l'automne de sa cinquième et dernière année, un mois après les funérailles de son père, Elina venait de quitter une leçon assommante sur la planification de la valorisation forestière, quand un garçon en sweat à capuche gris l'avait arrêtée dans le hall. Il se présenta sous le nom de Tuomas et lui dit qu'il était nouveau. Son tuteur universitaire lui avait promis de lui faire faire le tour des lieux, mais cela faisait déjà une demi-heure qu'il l'attendait. Il lui donna le nom de son tuteur. Est-ce qu'elle le connaissait ? Elina s'excusa et dit qu'elle ne connaissait personne en dehors des étudiants de son année.

Tuomas sourit et la remercia. Quelque chose dans la façon qu'il eut de dire cette simple chose, « d'accord et merci de ton aide », fit douter Elina. Elle songea qu'elle s'apprêtait à rentrer, une fois de plus, toute seule chez elle, où elle n'avait rien à faire.

Elle lui proposa de lui montrer le département. Si ça lui convenait.

— C'est point de refus, dit-il.

Elle s'esclaffa.

— C'est une expression courante chez nous. En Laponie.

— Ah OK. Moi, je viens de la côte ouest, ceci dit.

Ils effectuèrent une visite exhaustive de l'université avant d'aller prendre un café. Elina était habituée, en Laponie, à ce que, lors d'une conversation, on regarde ailleurs ou à ses pieds. Le mur, le ciel ou la cour. Mais en parlant avec Tuomas, elle ne cessa de scruter son visage. Comme une vitrine en verre cristallin. Elle avait l'impression de traverser la transparence, de voir en lui son intériorité même, et son propre reflet. Une image qui n'était pas uniquement déplaisante.

Elle évoqua la mort de ses parents, Jousia et le contrat absurde qu'ils avaient passé. Tuomas, sans pour autant émettre de condamnation, dit que cela paraissait terrible.

— Oui, répondit Elina. C'est vraiment terrible.

Elle tapotait avec l'ongle sa tasse vide.

— Ouais-ais.

Elle se mit à rire.

— Quoi ? demanda-t-il.

Elle ne parvenait plus à s'arrêter. Il lui tendit une serviette en papier. Elle s'essuya les yeux. Elle dit qu'elle se sentait horriblement mal et seule, d'où son hilarité. Qu'en réalité elle n'aimait rien faire d'autre que lire pour ses cours, se promener et aller à la pêche.

— Tu vois le genre, mortellement ennuyeuse.

— Moi aussi j'aime pêcher, répliqua-t-il.

Ils prirent acte de cette heureuse coïncidence et décidèrent de se rendre aux rapides le lendemain.

Ils n'attrapèrent pas le moindre fretin, mais à son retour chez elle, Elina se rendit compte qu'elle était de bonne humeur, pour la première fois depuis longtemps.

Ils se voyaient plusieurs fois par semaine. Elina se disait qu'elle aussi pouvait passer de bons moments, au moins un temps. Peut-être qu'un petit lot de bonheur lui était réservé, à elle aussi.

Au changement d'année, Elina vit Jousia et lui parla de Tuomas. Elle n'attendait aucune réaction précise de sa part, mais il sembla se réjouir. À l'en croire, il n'était que temps qu'elle commence à se débaucher. C'est l'expression qu'il employa, se débaucher, qui troubla Elina, incapable d'accoler le terme à Tuomas.

Jousia semblait aller mieux que depuis bien longtemps. Il annonça qu'il avait arrêté la boisson, les drogues et les histoires d'un soir et s'était remis à son art.

— Je devais juste expérimenter, dit-il. Je devais tout expérimenter jusqu'au bout. Maintenant, plus besoin d'y revenir.

Ils étaient au café de la station-service du bourg. À la table derrière eux, Pertti dodelinait de la tête, une chope vide devant lui. Portant le même bonnet et la même doudoune qu'il arborait hiver comme été, pour autant qu'Elina s'en souvienne.

— C'est ça que ça fait, alors, dit Jousia.
— Quoi ?
— Ça me semble horrible, que tu aies quelqu'un.
— Oui. C'est ça.

Quand Elina redescendit dans le Sud, Tuomas l'attendait à la gare et lui demanda « on s'installe ensemble ? ». Elina ne trouva aucune raison de répondre non.

Trois mois avant la fin de leurs études, Jousia téléphona à Elina et lui dit qu'il avait des nouvelles sensationnelles. « Bah quoi ? » demanda-t-elle en jetant des coups d'œil à la cuisine où Tuomas préparait une salade. Jousia annonça qu'il était parvenu à la conclusion que son travail de candidature réalisé cinq ans auparavant avec Elina était la meilleure chose qu'il eût jamais faite. Il n'avait fait que régresser à l'école d'art.

— Et tes travaux à la biennale ? demanda Elina. Ils t'ont fait gagner le prix. C'était quoi déjà ? Des modèles réduits de salon faits en sable.

— Des ateliers. Des ateliers d'artistes en modèle réduit. C'était un truc calculé. Les jurys adorent.

Jousia avait le sentiment que ses revers artistiques étaient précisément dus à ses études.

— Un véritable artiste ne fait que désapprendre.

Selon lui, l'environnement urbain ne lui faisait pas de bien. Les tentations étaient trop nombreuses. Il avait donc décidé de reprendre là où il en était arrivé avec son travail de candidature.

— Tu vois ce que je veux dire ? demanda-t-il.
— Bah, dis-moi.

Jousia annonça qu'il se proposait de créer toute une série d'oiseaux imaginaires. Il avait déjà réalisé des esquisses.

— Et maintenant, le meilleur !

Il dit qu'il avait pris contact avec sa municipalité d'origine, où on lui avait répondu que celle-ci était prête à financer le projet. C'était un gamin du coin, primé et tout. La municipalité projetait de placer les sculptures en vue.

— Ils veulent sans doute se hausser du col face aux gens de Savukoski, gloussa Jousia.

Même s'il ne le montrait pas, Elina savait que cette reconnaissance le flattait.

— Félicitations, dit-elle.

— Je rentre au bercail cet été. Viens aussi. Tu pourras finaliser ton travail de fin d'études. Ou quelque chose. Ouais, je me rappelle que tu t'es installée avec ce Tuomas, mais tu peux le quitter.

— Tu dis quoi ?

— Je te dis que tu peux le quitter, maintenant.

Elina bégaya qu'elle effectuait son travail final sur les écosystèmes des ruisseaux. Ceux qu'elle étudiait étaient ici, pas en Laponie.

— Je vois. Ça va te prendre combien de temps, du coup ?

— Je sais pas. Sûrement dans les trois mois.

— Bah viens après. Moi, il faut que j'y aille tout de suite, à cause de la subvention.

— OK.

— Je t'aime.

— Quoi ?

— Je t'aime. La ligne est mauvaise, ou quoi ?

— OK, répondit Elina. Salut.

— C'était qui ? demanda Tuomas.

— Hibou.

Jousia obtint de la commune un financement pour deux ans. Il s'installa dans une ferme abandonnée sur la berge de Kuikkaniemi, à un kilomètre de sa maison d'enfance, dans laquelle ses parents vivaient encore. Il téléphonait à Elina à intervalles de quelques semaines et l'interrogeait sur l'état de ses recherches. Elle répondait en louvoyant. Il lui rappelait qu'elle devrait quitter Tuomas dès que son travail serait achevé. Laisser traîner les choses ne ferait que les envenimer. Il en avait fait personnellement l'expérience, tant dans le rôle de celui qui quitte que de celui qui est quitté.

— Tu lui dis, tu pars et tu ne réponds ni au téléphone ni aux lettres ni à rien, la conseilla-t-il.

— Ouais, ouais...

À l'automne, Elina n'eut plus de prétextes à fournir. Elle retarda la remise de la partie écrite aussi longtemps que possible, mais quand le Centre finlandais de l'environnement, qui finançait son étude, insista pour recevoir les résultats, Elina fut obligée d'envoyer son rapport.

Sept mois après le retour en Laponie de Jousia, Elina alla lui rendre visite dans sa nouvelle ferme.

Il avait fait transformer la vieille étable en atelier. Il lui présenta les trois premières créations de sa série animalière. Un cygne-aigle, un pic noir-grue et une tortue ailée. Elles étaient impressionnantes, Elina fut obligée de le reconnaître. Les villageois rapportaient à Jousia plus de plumes qu'il n'en pouvait utiliser. La vieille grange à foin en était pleine.

— C'est pas croyable, s'exclama-t-il. Dans un bled qui déteste autant l'art.

Il était à nouveau lui-même, fin et vif. Rempli de passion et de la certitude que le monde se modèlerait sur sa volonté.

L'impression était si familière que le corps d'Elina la brûlait.

— Eh bien, dit-il lorsqu'ils furent installés plus tard pour prendre le café dans la pièce à vivre. Ça en est où, toi et Tuomas ?

Elina s'y attendait. Elle baissa les yeux sur la table. Presque pareille à celle qu'elle avait fixée des années plus tôt dans la maison d'enfance de Jousia. Elle se sentit redevenir aussi timide et maladroite, incapable de trouver ses mots.

Il répéta sa question. Elle répondit :

— Je ne lui ai pas parlé.

Jousia se projeta d'un mouvement brusque à distance de la table. Il fit le tour de la pièce et se rassit. Il jeta un coup d'œil à Elina, poussa un gémissement, se remit debout et refit un tour. Cette fois-ci, il soufflait et marmonnait. Il se rassit une nouvelle fois, pêcha du regard les yeux d'Elina comme des poissons craintifs et lui demanda si elle croyait qu'il l'attendrait éternellement.

— Tu n'as pas besoin de m'attendre.
— Mais je le veux.
— Pas besoin.
— Le truc, c'est que tu ne m'aimes plus, c'est ça ?

Elina le regardait fixement.

— C'est ça ? insista-t-il.
— Non.

— C'est quoi, alors ?
Elle l'ignorait. Cela faisait trop de questions.
— Tu peux dire un truc, là, s'impatienta-t-il.
— Donne-moi un peu de temps pour réfléchir.
— Réfléchir et encore réfléchir !
Jousia se releva. Fit des allées et venues.
Elina étudiait sa posture. Coléreuse, si familière.
Bien sûr que je t'aime, songea-t-elle.
— Bah, c'est pas rien quand même.
— Quoi ?
— Une responsabilité pareille.
— Ah, c'est une question de responsabilité ?
— Oui.
— Envers qui ?
— Bah. Tuomas.
— Oh, nom de Dieu de nom de Dieu !
— Tout va s'arranger, t'inquiète.
— Putain de bordel de tous les diables.
— J'ai juste besoin de temps.
Elina hochait la tête. Sa voix se fit plus assurée.
— Je dois juste m'organiser un peu.
Jousia avait les poings sur les hanches et fixait la fenêtre.
— Ça ne me plaît pas.
— Je vais m'occuper de tout.
— Ça ne me plaît pas du tout.
— Ouais. Ça s'est juste présenté comme ça. Un peu abruptement.
Il eut un éclat de rire sinistre.
Elle quitta la table.

— Donne-moi le temps de résoudre ça. Je dois y aller, maintenant.

Il ne lui adressa pas un regard.

— Disons deux mois, suggéra-t-elle.

Deux ans passèrent. Elina obtint son diplôme et un poste d'opératrice de prélèvement au Centre finlandais de l'environnement. Tuomas entama un programme de master. La subvention allouée à Jousia toucha à son terme, mais il obtint directement une bourse d'État de trois ans. La commune érigea une série de sept oiseaux non loin du centre commercial, mais les déplaça six mois plus tard, deux œuvres ayant été mises à terre et une troisième visée par une tentative d'incendie. Les oiseaux furent transférés dans la forêt le long du sentier pédestre.

Jousia et Elina discutaient de temps à autre au téléphone. Elina avait redouté qu'il continue de lui mettre la pression, mais, à son étonnement, il ne revint aucunement sur le sujet de la séparation.

Elle savait qu'il lui fallait prendre une décision. Elle avait parfois un regain d'énergie, plaçait Tuomas et Jousia sur les plateaux de la balance, partait faire une longue promenade et rentrait chez elle, toujours aussi désemparée qu'à son départ.

Elle était angoissée du matin au soir. Elle reprit ses pêches en solitaire et expliqua à Tuomas qu'elle avait besoin d'avoir son espace à elle.

Jousia l'appela et lui raconta qu'il avait commencé à fréquenter Janna Keippana. Celle-là, demanda Elina, cette Janna qui jetait mon bonnet dans les buissons ? Précisément. OK. Quoi OK ? Bah juste que. Vas-y. Non mais c'est rien. Sûrement.

Elle raccrocha, de mauvaise humeur. Était-ce une nouvelle manière, perverse, de la faire chanter ?

Ce soir-là, elle se disputa violemment avec Tuomas. Cela faisait un moment que les choses n'allaient plus entre eux. Ils se chicanaient pour des riens. Le remplissage du lave-vaisselle, la bonne manière de plier les draps.

La transparence, qu'Elina avait autrefois adorée chez Tuomas, s'était transformée en un fardeau. Tuomas ne supportait pas les états d'angoisse, ni ceux d'Elina ni les siens, plus d'une minute et tentait de résoudre les désaccords sur-le-champ. Il se fâchait quand il n'y parvenait pas.

Elle avait l'impression de vivre dans une maison aux fenêtres de laquelle il était impossible de tirer les rideaux.

Elle avait en outre réalisé qu'elle n'appréciait tout simplement pas de cohabiter avec autrui. Elle n'avait pas la force de faire attention, de négocier, de se mettre d'accord.

Ce qui mit le feu aux poudres fut une phrase prononcée par Tuomas. Il déclara qu'il avait envie de se marier et d'avoir des enfants.

— Ferme-la ! répliqua Elina.

Ils étaient en train de dîner. Tuomas, choqué, dévisageait Elina par-dessus son gratin de macaronis.

— Qu'est-ce que tu as dit ?

Elle sortit de table et gagna l'entrée, commença à enfiler ses baskets. Il la suivit.

— Où est-ce que tu vas ?
— N'exige rien de moi, dit-elle.
— Si, je le fais.

Elle noua les lacets de sa première chaussure.

— Tu as encore l'intention de filer, dit-il. Tu ne veux pas être avec moi, c'est comme cela que je l'interprète. Tu veux qu'on se sépare ?

Elle rit. Se marier, se séparer. Comme si on effeuillait la marguerite.

— Qu'est-ce qui te fait rire ?

Elle fut incapable de répondre. Elle se tenait le ventre et riait, un seul pied chaussé.

Ils ne s'étaient pas séparés ce soir-là, mais au bout d'une semaine. Tuomas proposa de quitter leur appartement commun. Elina rétorqua qu'il n'en était pas question. Elle prendrait un congé et irait en Laponie. Elle se trouverait un nouvel appartement plus tard. Tout était de sa faute, après tout.

Tuomas ne protesta pas.

Une fois dans le train, Elina s'apitoya sur elle-même et réalisa qu'elle avait tout fait pour se séparer de l'unique personne avec qui elle avait partagé une vie plus ou moins supportable.

Le soulagement vint au matin, tandis qu'elle attendait le bus pour Vuopio.

Il n'y avait plus à décider.

À Ylijaako, Elina appela Jousia et lui demanda s'ils pouvaient se voir. Il répondit qu'il n'avait pas le temps. Peut-être plus tard.

Elle jeta un œil dehors. Temps à moitié couvert, fin de matinée. Elle mangea un morceau et sortit dans la cour. Alla chercher une canne à pêche et se dit qu'elle allait vérifier, ce qu'elle n'avait pas fait depuis un bon moment, si le brochet était dans l'étang.

Elle avait déjà dépassé l'étable pour emprunter le chemin de cultures, quand elle entendit une voiture s'approcher sur la route. Elle traversa le bâtiment pour regagner la cour. Jousia descendait de voiture.

— Salut, dit-il.
— Salut.
— Je suis venu quand même.
— On dirait.
— Tu fais quoi ?
— À ton avis ?
— Tu vas à l'étang ?
— Ouais.
— Je vois.

Jousia examina les alentours. Puis Elina.

— Je peux t'accompagner ?
— Bien sûr.

Ils empruntèrent les bottes de Hibou pour Jousia, dans la chaufferie, et se mirent en chemin. Ils parlèrent du temps. De celui qu'il faisait dans le Sud et de celui qu'il faisait dans le Nord. Elina avait souvenir que Jousia proclamait que les conversations sur le temps qu'il fait menaient le monde à sa perte, et le voilà pourtant qui se remémorait que, deux semaines plus tôt, il avait gelé pendant la nuit. Et quand elle lui fit savoir que, dans le Sud, les arbres étaient déjà en feuilles, il hocha gravement la tête, comme si elle lui avait révélé un secret personnel douloureux.

Ils progressaient côte à côte dans la tourbière et l'un derrière l'autre dans la saulaie. Cela faisait du bien à Elina d'entendre d'autres sons à proximité, d'entendre son compagnon de voyage. Ils parvinrent à l'étang. Celui-ci ressemblait à une fontaine à vœux laissée à l'abandon. Les nuages blancs tanguaient sur place au-dessus de ses eaux comme des navires mis à l'ancre, prêts au départ.

Les nuées approuvaient les projets d'Elina.

Elle annonça qu'elle avait de bonnes nouvelles. Jousia lui adressa un regard interrogateur.

— J'ai quitté Tuomas.
— Ah ouais.

Elle décela dans sa réponse un manque d'enthousiasme inutile. Elle laissa la canne pendre dans sa main. Elle attendait la suite.

Comme celle-ci tardait à venir, elle s'exclama :

— Tu n'as rien à dire ?
— Non.
— Ah bon.
— Ou plutôt, ouais, j'ai un truc à dire.
— Ben quoi ?
— Janna est enceinte.
— De qui ?
— De moi, bêtasse.

La canne lui paraissait bien lourde, tout à coup. Sa respiration, bien difficile. Elina enfonça le bout de sa botte dans le marais. Un croquemitaine des tourbières tenta de s'en emparer. Elle tira d'un coup sec pour détacher sa chaussure et donna un coup de pied. Elle n'était pas encore réduite à l'état de cadavre.

Le marais gargouillait. Il fallait sûrement dire quelque chose.

— Bah. Félicitations.

— Merci.

Ils se tenaient côte à côte. Jousia semblait angoissé.

— Elle en est à combien ? demanda Elina.

— Au troisième mois.

— Eh ben. Bonne continuation, alors.

— Merci.

— C'est chouette.

Un nouveau silence.

Jousia pointa le marais du doigt.

— T'essaies pas ? Pour voir s'il y a du brochet ?

Elle poussa un gémissement. Il toussota et dit :

— Non mais, bordel de merde !

— Quoi ?

— Tu ne trouves pas ça affreux ?

— Si.

— Pourquoi tu dis que c'est chouette, alors ?

— Je ne vois pas ce que je pourrais dire d'autre.

— Qu'est-ce que tu veux vraiment ?

— Qu'est-ce que ça peut faire maintenant ?

— Tu crois que je voulais que ça se passe comme ça ?

— Et moi ?

— Pardon, tu dis quoi ?

— Rien.

— C'est toi qui as tout foutu en l'air.

— C'est moi, dis-tu ?

— C'est toi. Pourquoi tu n'as pas respecté le contrat ?

Voilà qui était dit. Elle ne répondit pas.

— Pourquoi tu n'as pas pu jeter cette tête de con tout de suite ? demanda-t-il.

— Tumppi n'est pas une tête de con. Pourquoi, toi, tu n'as pas pu jeter ta fiancée du pays avant de la foutre en cloque ?

Il pencha la tête et la regarda en souriant.

— Eh eh, mais c'est qu'elle a appris à envoyer chier !

— Va te faire voir.

— Va te faire foutre. À cause de toi, tout est fichu, bordel !

Elle fixait l'étang. Les nuages levèrent l'ancre et mirent les voiles.

— À l'aide ! s'exclama Jousia. J'arrive plus à respirer.

Il s'était plié en deux. Elina lâcha sa canne. Elle appuya une main contre le dos de Jousia, l'autre sur son torse, et le déplia lentement. Elle tenait Jousia entre ses mains comme si le haut de son corps menaçait de tomber en miettes.

Il respirait. Inspiration. Expiration. Il se calma.

— Elle connaît ce truc, Janna ? demanda Elina.

— Évidemment.

Elle retira ses mains. Ils étaient à nouveau désemparés.

— Comment les choses ont pu tourner comme ça ? demanda-t-il.

— Je sais pas.

— Je devais me tirer d'ici.

— Oui, et c'est ce que tu as fait.

— Mais après, je suis revenu. Quel fou agit ainsi ? Qui retourne dans le piège dont il est une fois sorti ? Et puis, il y a cet enfant.

Il donna un coup de botte dans une touffe.

— J'aurais voulu être ici avec toi.

Elle ne répondit pas.

— Maintenant, tout est différent. Maintenant, je suis coincé avec cette Janna Keippana et son mioche et une merde d'artiste.

Il paraissait au bord des larmes. Elle ne l'avait jamais vu aussi désespéré.

— Là, ça va aller, dit-elle. Ce n'est rien. Je viendrai te voir.

Il secoua la tête.

— Ne viens pas.

— Bien sûr que je viendrai. C'est juste que c'est arrivé comme ça.

Jousia leva les yeux sur Elina.

— Je suis sérieux. Ne viens pas.

— Dis pas des choses comme ça.

— Les choses n'arrivent pas juste comme ça. Elles dépendent de ta volonté. Pourquoi tu ne m'as pas dit que ce contrat n'avait jamais compté pour toi ?

Elina ferma les paupières, bien serré.

— Je croyais que toi, tu t'en fichais.

— Quand est-ce que j'ai dit ça ? Pour moi, le sens du truc a toujours été limpide. Tout le temps. J'ai été aussi conséquent que possible. Pourquoi tu ne m'as pas cru ? Tu avais si peu confiance ? L'idée c'était de voir le monde. Je l'ai vu. C'était d'emmagasiner des expériences.

Je l'ai fait. Moi, j'étais prêt il y a deux ans. Et toi, qu'est-ce que tu as fait ?

— Ce que j'ai fait, moi ?

— Toi, tu as attendu et attendu. Et au moment où on aurait pu enfin être ensemble, tu t'es mise à jouer à la ménagère.

— C'est toi-même qui m'as laissé entendre qu'il n'y avait plus de contrat entre nous.

— Comment ça, laissé entendre ?

— Bah, à l'enterrement.

— Et quoi ?

Elina écarta les bras.

— Bah. T'étais complètement à l'ouest.

— Exagère pas. J'étais en plein sevrage, atroce. Mais désolé, si ça a été un peu dur pour toi.

— Je t'ai demandé si le contrat tenait toujours et tu savais même pas de quoi on parlait.

— Si, je me souviens bien, j'ai dit que oui.

— Ah ouais ?

— Si j'ai l'intention de briser un contrat, je le dis. Je préviens dans les temps. Avant que l'autre ne foute ma vie en l'air.

— Je n'ai jamais voulu foutre en l'air la vie de qui que ce soit.

— Mais tu l'as fait pour la mienne. Qu'est-ce que tu as à dire ?

Elle ne dit rien.

– Tu. As. Foutu. Ma. Vie. En. L'air. Voilà. Je pourrais être n'importe où. Vois-tu, je vais te raconter un truc. On m'a proposé une bourse d'un an à New York après cette biennale. Une année, bordel. Et j'ai dit non. Direct. Dans mon esprit, ce qu'on allait faire était très clair. On allait s'installer ici et...

Il lui tourna le dos et ajouta d'une voix étouffée :

— ... fonder une famille.

— Je ne savais pas.

— Pourquoi tu n'as pas pu me dire que ça ne t'intéressait pas ? Je serais parti tout de suite. Maintenant, je suis coincé sur ce maudit marais !

Il avait hurlé le dernier mot. Il regarda autour de lui, ombrageux. Il cherchait quelque chose à jeter. Il n'y avait rien en vue. Il ramassa une poignée de mousse et la balança.

— Bordel !

Il s'effondra à genoux et pleura.

— Je ne le savais pas, répéta Elina.

Une certitude effrayante la gagnait. Elle avait trahi Jousia.

Elle ôta sa casquette et se frotta les cheveux.

— C'est pas possible, marmonna-t-elle. C'est pas possible.

Toutes ces années.

— Les gens changent, dit-elle. Tu ne peux pas supposer que j'allais t'attendre jusqu'à la fin du monde.

Il se sécha les yeux.

— Mais c'est ce qu'on avait décidé.

— Non non non, répétait-elle en frottant sa casquette sur sa tête.

Il devait y avoir une issue.

— Et on ne peut pas penser que, autrement, tu serais à New York, dit-elle. Ou même que tu aurais une carrière.

273

— Comment ça, on ne peut pas ?

— On ne peut pas, rétorqua-t-elle en accompagnant ses paroles d'un hochement de tête. C'est moi qui ai récolté ces plumes pour toi. Sans moi, tu ne serais pas entré à l'école d'art. Vois-tu. Sans moi, tu ne serais même pas artiste.

Le visage de Jousia se pétrifia.

— OK, pardon, dit Elina.

Il ne répondit pas. Il était livide et la fixait de ses yeux noirs, que tout sentiment avait désertés.

Elle monta ses mains à ses joues. Elle frotta les os durs qui se sentaient sous la peau.

Pourquoi tout allait toujours de travers ?

— Je t'ai déjà dit pardon. Tu me fais peur.

Il mit une main dans sa poche et en sortit quelque chose.

— Tu te souviens de ça ?

Jousia tenait un petit caillou sur sa paume. Elina le reconnut aussitôt.

— Évidemment.

— Tu n'as plus besoin de faire quoi que ce soit pour moi.

Il leva sa main qui tenait le caillou haut dans les airs et dit :

— Je maudis ce caillou.

— Qu'est-ce que tu fais ?

— J'annule notre amour.

— Non !

— Il n'a jamais été.

— Tu ne sais pas ce que tu fais !

Jousia récita :

Dans les entrailles du brochet
Dans la troisième entortillée
Je maudis ce caillou jeté

Jousia lança le caillou.

Le caillou s'éleva, commença à retomber. Un brochet donna un coup de queue dans l'étang. Il sauta entièrement au-dessus de l'eau, attrapa le caillou dans sa gueule, resta à l'horizontale au point culminant, replongea la tête la première et s'enfonça dans un éclaboussement, effrayant les patineurs d'eau qui patrouillaient aux abords des joncs. Ils s'écartèrent d'un mètre, en groupe, vibrionnèrent un moment, remirent de l'ordre dans les rangs et regagnèrent leur point de départ.

Une onde se propagea dans l'eau trouble. Puis l'étang fut à nouveau lisse.

14

Quand Elina eut fini, il était onze heures et demie du soir.

— Y a point à dire, dit Hibou.

Il quitta le canapé et ferma les stores. Il tira aussi les rideaux devant les fenêtres. Dans la maison, le noir fut presque complet. On ne distinguait plus que les contours de Hibou. Il passa, silhouette sombre, d'une fenêtre à l'autre. Il annonça qu'il allait verrouiller les portes.

Elina remonta les pans du plaid posé sur le canapé et s'en enveloppa. Elle tendait l'oreille pour écouter les déplacements de Hibou. Le grattement d'une allumette se fit entendre dans la cuisine. Un faible halo de lumière apparut dans le corridor. L'éclat se renforça, Hibou fit son apparition et regagna le salon, portant une chandelle dans un petit plat. Il la déposa avec mille précautions sur la table basse, comme si elle participait de quelque rituel, et demanda :

— Il s'est passé quoi ensuite ?

— Tout était en ordre ? l'interrogea Elina.

Hibou s'assit.

— Ouais. Il s'est passé quoi ensuite ?
— Je lui ai dit qu'il ne savait pas ce qu'il avait fait. Qu'il nous avait condamnés tous les deux.
— Donc, reprit Hibou, Jousia t'a maudite.
— Ouais.
— Et il s'est maudit lui-même ? Vous étiez tous les deux impliqués dans ce caillou.
— Ouais.
— Comment connaissait-il les bonnes incantations ?
— Il les avait vues dans le journal de ma mère. Je lui ai montré une fois. Il s'en est souvenu, d'une manière ou d'une autre.

Hibou, assis, réfléchissait. Expira longuement. Elina vit à quoi il songeait. Ne panique pas.

— Ça veut dire qu'il est aussi mal en point que toi ? demanda-t-il.

Elina triturait un coin du plaid.

— Sans doute.

Hibou se passa la main dans les cheveux.

— Tout juste, ouais.

Hibou demanda ensuite en quoi le Seiväslampi était lié à toute l'histoire. Elina répondit qu'il avait déjà servi par le passé. « De quelle manière ? » demanda Hibou. Elina lui raconta que les journaux de sa mère contenaient une annotation indiquant que celle-ci y avait réalisé la même malédiction, bien longtemps avant. Le brochet n'était pas dans l'étang chaque printemps par hasard. Il s'y trouvait précisément en raison du sortilège. Qui ou ce qui avait ainsi organisé les choses, sa mère l'ignorait, mais elle soutenait que l'étang était un ancien autel ayant servi à des sorciers, voir à des grabuges sorciers, depuis des siècles. L'étang était sans fond. Sa faible hauteur d'eau n'était qu'une apparence. Sa mère l'avait sondé avec un pieu qu'elle avait enfoncé à travers la couche d'humus. Elle avait constaté que la perche plongeait aussi loin qu'elle parvenait à la pousser. Sa mère supposait qu'il y avait au fond de l'étang un trou descendant dans les profondeurs de la planète, par où s'ouvrait une brèche vers une autre réalité. C'est entre ces deux mondes que le brochet, le messager, circulait.

— Et cet autre monde est certainement le lieu des morts, dit Hibou.

— Entre autres, oui.

Selon sa mère, le sortilège ne pouvait être mis en œuvre qu'au printemps, quand l'inondation avait transporté le brochet dans l'étang. La malédiction elle-même se déroulait en deux phases. Lors du premier printemps, il fallait donner à manger au brochet quelque chose de personnel. Cheveux, ongles ou, en l'occurrence, un caillou chargé d'un sortilège. Ainsi l'objet de la malédiction était-il marqué. Ce brochet-là n'était pas pêché, mais on le laissait plonger et emporter l'identité de la personne maudite. Pour l'heure, le maudit n'avait aucun souci à se faire.

Au printemps suivant, un brochet noir occupait l'étang. Il conservait l'âme du maudit et si le poisson n'était pas sorti de l'étang avant qu'une année se soit écoulée depuis la récitation de l'incantation, il emportait l'âme avec lui dans le monde des morts.

Si vous attrapiez et tuiez le brochet, l'âme retenue prisonnière était libérée pour une année. Même topo au printemps suivant. Et au suivant.

— Qu'est-ce que cela veut dire ? demanda Hibou d'une voix enrouée. Qu'il emporte l'âme avec lui dans le monde des morts ?

— Qu'on meurt.

— Toi et Jousia.

— Oui.

— Quand est-ce, votre heure ? Elle est sans doute déjà proche ?

— Demain à vingt et une heures.

— Enfer et damnation, ça urge !

— Ouais.

— As-tu demandé à quelqu'un de t'aider ?

— Bah, c't-à-dire.

— Point la peine de me parler à nouveau d'Olli-Mangeclous. Écoute. Es-tu vraiment sûre que cette malédiction est active, même ?

— Oui, dit Elina et elle vomit par terre.

Hibou bondit sur ses pieds. Elina vomit de nouveau. Hibou alla chercher une serpillère et un seau. Il tendit le seau à Elina et lui demanda si ça allait. Elina hocha le chef, agrippée au récipient.

— Pardon.

— Dis point de sottises.

Hibou l'accompagna jusqu'à son lit. Il alla nettoyer et revint auprès d'elle.

— J'ai froid, dit-elle.

Hibou l'aida à se glisser sous sa couverture. Elle tremblait. Il alla chercher un plaid supplémentaire dans le salon.

Hibou s'installa au pied du lit.

— Masse-moi les pieds, dit Elina.
— Quoi ?
— Masse-moi les pieds.
Hibou s'exécuta.
— Ça va mieux ? demanda-t-il.
— Non.
Ils s'assirent.
— Il faut qu'on aille chercher ce pattes-rayées, dit Elina. Je me repose juste un peu.
— On ne va partir nulle part cette nuit. D'où ça t'est venu, cette idée d'Olli-Mangeclous ?
— Des journaux de ma mère.
Hibou se frotta les yeux.
— Si j'avais su ce qu'elle y avait mis, je ne sais pas si je te les aurais donnés.
— Si, tu l'aurais fait.
— Oui, je l'aurais fait. Je l'avais promis à ta mère.
— Tu as des idées ?
— Si j'allais lui parler ?
— À Olli-Mangeclous ?
— Oui.
— Alors ça, ce plan est aussi niais que le mien.
— Il pourrait comprendre.
— Ou bien, plus probablement, il t'arrachera la tête.
— Peut-être.
Ils réfléchissaient.
— Attends voir, dit Hibou. Je sais où trouver une trompe de pattes-rayées.
— Où ça ?
— Le bonhomme d'Ala-Kaltio en a une sur sa commode.
— Elle a au moins cent ans.

— Plutôt dans les cinquante, je dirais.
— Il faut qu'elle soit fraîche. De cet été.
— Et un teignon, ça lui irait tu crois ?
— C'est une bestiole trop ordinaire.
Hibou se gratta la nuque.
— Je vois bien pourquoi il veut une trompe de pattes-rayées. Il devrait plus en exister, même. Et d'ailleurs, il n'y en a plus. Oh par l'Enfer de l'Enfer, quel contrat que t'es allée passer avec lui...
— On ne peut plus le défaire.
— Asko saura peut-être ce qu'on devrait faire.
Elina ne répondit pas.
— M'as-tu entendu ?
— Je ne crois pas qu'il nous aiderait.
— Bien sûr que si, puisque c'est vraiment la cata.
— Je me sens mal.
— Je veux bien le croire. C'est lequel, ton pied sain ?
— Celui-ci.
Hibou renferma les orteils d'Elina entre ses mains et serra.
— Aah.
— Ça fait mal ?
— Non.
— C'est ce que faisait mon père quand j'étais petit.
— Encore.
Hibou obéit. Puis il dit :
— Dors, maintenant. On verra demain matin ce qu'on fera.

Hibou écoutait Elina respirer. Il faisait noir dans la chambre. Un son étrange monta de la cour, que Hibou fut incapable de rapprocher d'aucun autre qu'il eût déjà entendu. Il avait peur et froid. Il attendit. Une fois le souffle d'Elina devenu profond et régulier, Hibou compta encore jusqu'à soixante. Ce n'est qu'alors qu'il se leva, quitta la pièce et traversa la maison à pas feutrés pour gagner son lit.

*
* *

Le teignon arriva à l'auberge peu avant minuit. Il avait toujours le grattoir avec lui. Il essaya la porte d'entrée, qui ne s'ouvrit pas. Il grimpa le long de la gouttière jusqu'au toit, renifla les alentours, explora la cheminée. Il se tenait sur le faîte de la maison et scrutait la rivière, sur laquelle le brouillard s'étendait en une nappe de moisissure. Le teignon redescendit par le même chemin, gagna l'arrière-cour, souleva le couvercle d'une benne, grimpa dedans et referma. À minuit, toutes les portes et fenêtres du bourg étaient closes à double tour, les stores baissés, les lumières éteintes. Les chiens, qui dormaient habituellement dans leur niche à l'extérieur, avaient été rentrés. Ils geignaient et tentaient de se glisser sous les lits et derrière les canapés. C'était, pour leurs maîtres, le signal qu'ils devaient se hâter de gagner leur lit et de remonter leur couverture jusqu'aux oreilles. Si les nuits précédentes avaient été étouffantes de chaleur, celle-ci était fraîche. Une seule personne était encore dehors. C'était Simo-Merdo, couché sur un bout de carton dans le fossé devant la pharmacie, un Bonho-Merdo posé sur le cœur, en train de ronfler. Un lièvre solitaire surgit de la forêt et détala à travers le village au péril de sa vie. Que fuyait-il ? Du couvert sortirent des *kukkuluuraaja*, farfadets narquois, des *sinipiika*, servantes des sous-bois, et des *kuippana*, de la forêt les rois. Des *keijukainen*, flocons d'esprits défunts, des *hyyhäröinen*, fils de l'hiver sans fin, et des *hittolainen*, démons des bois profonds. Des créatures sans nom et presque sans figure. Elles vacillonnaient tantôt en vue et tantôt hors de vue, confondues dans la nuit. Elles escaladèrent le toit de l'auberge et s'alignèrent sur les faîtières comme des corneilles. Il y en eut bientôt sur tous les bâtiments. Guettant la nuit. Il y avait tant de domovoï juchés sur la mairie que, lorsque l'un grimpait à un bout, un autre tombait à l'autre extrémité. Ils étaient immobiles, grotesques et patients comme des gargouilles. Ils scrutaient le nord. La route. Les épidémies firent leur entrée dans le bourg. Elles arrivaient seules ou par paire, la peste et la rougeole à leur tête, enveloppées dans des fourrures et des suaires sales. Elles se dispersèrent et commencèrent à faire la tournée des maisons, à frapper aux huis, à appeler les habitants d'une voix suave. Simo-Merdo fut réveillé par leurs mélopées. Il comprit aussitôt de quoi il s'agissait, ôta son pantalon et l'enfila sur sa tête. La tuberculose se pencha sur le fossé et étudia la silhouette de Simo-Merdo. Elle ne reconnut pas dans le clochard ainsi grimé une personne humaine, elle se retira et reprit son chemin. Simo-Merdo entrevit par la braguette la tuberculose s'éloigner, et remercia par trois fois le Bonho-Merdo, car, depuis des années, celle-ci cherchait à faire de lui sa proie. La prochaine à entrer dans son champ de vision fut la lèpre qui exposa sa face hideuse de son côté. Simo-Merdo ferma les yeux et fit une prière. Sur les toits, l'armée d'occupation de ces êtres difformes leva le regard. Des silhouettes formidables tremblaient contre le ciel. Des géants appelés *daidarabotchi* au Japon et des colosses plus étranges encore, n'entrant dans aucune catégorie, qui avaient obtenu de traverser ce pays. Ils ressemblaient à des baleines dressées à la verticale, dotées de jambes, et leurs têtes pareilles à des coquillages se hissaient toutes droites en direction des cieux, et leurs petits yeux sagaces s'ouvraient sur les côtés de ce bloc de chair dure, comme des fenêtres donnant sur les entrailles de quelque navire. Les épidémies reprirent leur chemin jusqu'au village suivant. Les routes se remplirent de fantômes humains. Ils se pressaient sur les voies principales en une masse translucide. Les monstres perchés épiaient les revenants qui cherchaient leur ancien domicile. Et loin sur la rivière, au milieu d'un épais brouillard, au niveau des rapides, un ondin assis sur une pierre jouait de l'accordéon et chantait une déchirante mélodie sans âge. Les eaux autour de lui s'étaient transformées en un flot de cadavres. Il n'y avait plus une goutte, seulement des corps qui remontaient le courant sur un tapis roulant invisible, le masque privé de toute expression, morts. Seuls les sorciers au sang le plus fort résistaient au spectacle du carnaval d'une nuit de gent redoutable, mais dans ce village-ci, il n'y avait plus de sorciers au sang fort. Même la Mère Riipi connaissait ses limites et s'était couchée au fond de son lit, dans sa maisonnette en bordure du bourg, au centre d'une sapinière touffue, un bandeau noir posé sur les yeux, et écoutait, craintive, le grattement des griffes sur son toit en tôle et le frottement des corps écailleux, plumeux et chitineux contre son mur. Elina aussi était éveillée, dans son lit, à Vuopio, son seau à vomi posé près d'elle en cas de besoin. Elle avait ouvert les rideaux de sa chambre. Elle observait la lumière argentée de cette nuit de gent redoutable imprégner peu à peu les murs et souhaita la bienvenue à l'effroi qui affluait dans la pièce avec la lueur, car la peur offrait une alternative opportune au malaise. Elle n'eut pas besoin de gagner la fenêtre pour savoir que de l'autre côté se tenaient ses parents en train de contempler l'intérieur de leur ancienne maison.

TROISIÈME JOUR

15

Janatuinen était allongée sur son lit et réfléchissait.

Elle essayait de décider si ce qu'elle avait vécu pendant la nuit était un cauchemar et un délire dus à l'ivresse, qu'il valait mieux oublier, ou une chose à laquelle accorder plus de poids. Elle avait été réveillée par une sonnerie de trompettes. Elle était allée à la fenêtre pour examiner l'arrière-cour. Un cortège la traversait. En tête venait un ours portant sur son dos une femme nue à tête de lionne. Celle-ci tenait une vipère dans une main et les rênes de sa monture dans l'autre. Derrière elle s'avançaient, portées par des pattes d'araignées trapues, les têtes d'un chat, d'un homme couronné et d'une grenouille réunies dans une composition rappelant une pomme de brocoli. Suivait une chevêche d'Athéna juchée sur de longues pattes de grue et, pour finir, un humanoïde au visage d'enfant chevauchant un dromadaire.

Janatuinen était restée à son poste jusqu'à ce que la tête de chat pivote vers elle comme la tourelle d'un char. Le chat l'avait regardée et avait miaulé. Janatuinen avait alors battu en retraite, bu un peu d'eau dans le verre posé sur sa table de chevet, enfoncé ses bouchons d'oreille et était retournée se coucher.

Il n'y avait plus rien à voir dans la cour, maintenant, et le sol ne portait pas de traces de la procession.

Janatuinen descendit au rez-de-chaussée. Le patron était derrière son comptoir et lui cria bonjour. Il lui demanda si elle voulait du café. Le registre était ouvert devant lui comme s'il avait passé la matinée à l'étudier. Janatuinen opina du chef. L'aubergiste lui servit une tasse et demanda si son hôte avait réussi à dormir. Vu que, par une nuit de gent redoutable, on peut manquer de tranquillité. Janatuinen répondit qu'elle s'était réveillée une fois. Elle ouvrit la bouche pour en dire davantage. Elle referma la bouche.

Janatuinen demanda si l'auberge offrait autre chose pour le petit-déjeuner. L'aubergiste la dévisagea avec frayeur, comme si sa question venait seulement de lui faire comprendre qu'un tel service était possible.

Il s'excusa en termes copieux qu'il n'y ait rien d'autre.

— Ce n'est pas grave, dit Janatuinen.

Elle paya sa nuit et dit au revoir.

— Où c'est donc que va encore notre hôte ? lui demanda-t-il.

— Arrêter une gredine.

Janatuinen s'aperçut de loin déjà que la portière côté conducteur avait une bosse de la taille d'un poing. Le village paraissait normal. Désert. Elle observa l'auberge en se demandant si elle allait interroger le patron à ce sujet, mais elle se contenta d'ouvrir, de monter en voiture et de partir. Elle s'arrêta au carrefour et mit le clignotant à gauche. Elle jeta un coup d'œil dans le rétroviseur central et poussa un cri en apercevant un croquemitaine poilu courir en direction de son véhicule en agitant les bras au-dessus de sa tête. C'était le teignon. Il parvint à la voiture et se mit à secouer la portière arrière comme si sa vie en dépendait. Janatuinen s'étira pour déverrouiller avant que la créature n'arrache la poignée. Le teignon ouvrit d'un grand coup et grimpa à l'intérieur. Il sentait la mettwurst et la sauce. Il avait toujours son grattoir à la main.

Le teignon regardait par la fenêtre comme il l'avait fait la veille et, à ce qu'il semblait, se fiait au jugement de la conductrice quant au choix de la destination.

— On va d'abord aller au magasin d'alimentation, annonça Janatuinen.

La boutique était fermée, bien que les horaires agrafés sur la porte aient prétendu le contraire. Janatuinen, debout sur le perron, se demandait où elle pourrait se procurer à manger. De l'autre côté de la route, dans la cour de la station-service, une vieille femme était plantée, les bras écartés, comme droguée. Janatuinen se demanda pourquoi on ne voyait jamais plus que quelques personnes à la fois en Laponie. Comme si chacun devait attendre son tour pour sortir.

Janatuinen revint à sa voiture et tira une barre chocolatée de la boîte à gants. Celle-ci venait du

Sud, comme elle, elle s'était ramollie et avait perdu sa consistance originelle, comme elle. Elle déchira l'emballage, croqua la moitié et jeta l'autre vers la banquette arrière. Le teignon l'attrapa au vol.

*
* *

Elina se retourna sur le côté. Ça ne servait à rien. Respirer était douloureux. Elle avait mal à la tête. Mal au doigt de pied. Elle s'assit sur son lit et attendit que le vertige passe. Elle examina son orteil. C'était un parasite noir collé à sa chair qui pompait la vie hors d'elle et, en guise de service en retour, l'élançait avec la précision d'un émetteur radio.

Elle se donna pour objectif d'enfiler une chemise et un pantalon. Ce fut un succès.

— Allez, on va à la cuisine, s'enjoignit-elle.

Elle se sentait pareille à une misérable épave coulée au fond de la mer qu'on aurait remontée et obligée à naviguer. Hibou était assis, grave, lorsqu'Elina se traîna jusqu'à la table et s'appuya des deux mains pour descendre, avec mille précautions, jusqu'à sa chaise.

— Bonjour, dit Hibou.
— Bonjour.
— Comment vas-tu ?
Elina décrivit son état.
— Veux-tu que je regarde ton orteil ?
— Pas besoin.
Hibou hocha la tête.
— Je vais le scotcher.

Dans la cour, tout semblait comme avant. Absolument pas comme si des êtres issus de tous les cauchemars possibles et impossibles l'avaient traversée. Hibou raconta que les pneus de la voiture d'Elina s'étaient dégonflés pendant la nuit. Ce n'était pas inhabituel de la part de la gent redoutable. Hibou avait l'intention de les changer. Pendant ce temps, Elina pourrait manger et boire quelque chose. Ensuite ils partiraient, si l'état d'Elina le permettait.

— Où ça ?
— Interroger Ala-Kaltio sur cette trompe de pattes-rayées.
— Ça ne marchera pas.
— On n'a point d'autre choix.

Elina ne répondit pas.

Hibou tambourinait des doigts sur la table.

— Je peux y aller toute seule.
— Je viens avec toi.
— Je m'en doutais.

Hibou sortit. Elina versa du café dans sa tasse. Quelque chose attira son attention. Quelque chose qu'elle entendit. Les oiseaux ? Non. Le réfrigérateur ?

Et puis elle comprit. Quelqu'un approchait de la maison en voiture.

À en juger par le bruit, le véhicule était arrivé à l'entrée de la portion droite menant à Ylijaako. Il venait de prendre le virage et réaccélérait. Elina déposa sa tasse dans l'évier et gagna sa chambre, d'où elle pouvait voir la route. Une vieille Toyota rouge fit une apparition fugitive entre les pins. Une voiture inconnue. Elina retourna dans la cuisine. Elle ne voyait pas jusqu'à l'embranchement, mais elle entendit le véhicule décélérer. Le silence, quand le conducteur rétrograda en seconde et tourna. Nouvelle accélération. Trois secondes, quatre au plus, avant que la voiture ne soit dans la cour.

Elina attendait.

La voiture n'entra pas dans la cour. Elina saisit la poignée de la fenêtre d'aération et entrouvrit. Dehors, une portière fut ouverte. Le conducteur s'était garé à l'extrémité de l'étable. Impossible à voir, le Côté Vieux obstruait la vue.

Elina s'écarta de la fenêtre. Elle surveilla la cour. Une femme apparut entre l'étable et le Côté Vieux, une femme d'apparence ordinaire, en jeans et tee-shirt gris, un petit sac à dos pendu à l'épaule.

Ce doit être cette policière dont Hibou a parlé, pensa Elina.

La policière examinait les alentours. Elle parut noter la présence de la voiture d'Elina, qui se trouvait devant l'étable. Une pile de pneus neufs posée à côté.

Hibou n'était nulle part en vue.

La policière scruta la maison et ses fenêtres. Elina se replia dans l'obscurité du corridor. La policière s'avança vers la véranda et l'entrée principale, que Hibou et Elina n'utilisaient jamais.

La véranda était située à l'extrémité ouest de la maison. Elina partit dans l'autre sens, en direction du corridor côté cuisine.

Elle traversa celle-ci pliée en deux, car on avait vue directe dans la pièce depuis l'extérieur. Elle entendit les pas de la policière résonner sur les planches du porche.

Elina parvint dans le corridor. Elle enfila ses baskets. Elle ramassa son sac, qu'elle avait préparé la veille, et le hissa sur son épaule. Dieu qu'il était lourd. Cette extrémité-ci comportait deux portes de sortie. Celle du corridor et une seconde à laquelle on accédait par la chaufferie. La porte métallique rouge qui conduisait à cette dernière se trouvait à droite d'Elina, qui l'ouvrit.

Elle n'entra pas. Elle se souvint de ce qu'elle avait oublié.

Les journaux de sa mère.

Ils étaient dans sa chambre, sur sa table de chevet.

— T'y vas et tu regardes pas derrière toi, dit-elle.

Elina déposa son sac devant la porte de la chaufferie, enleva ses chaussures et repartit aussitôt en sens inverse.

Elle ignorait si la porte de la véranda était encore verrouillée. Hibou l'avait fermée la nuit dernière, pour cause de nuit de gent redoutable. D'un autre côté, elle l'aurait entendu, si la policière était entrée : le battant était lourd et bruyant. Elina se courba à nouveau pour passer la cuisine.

La policière avait-elle déjà essayé la poignée ?

Elina respirait fort, par la bouche. Marcher dans cette position lui faisait mal aux cuisses. La véranda était silencieuse. Peut-être que la policière essayait de voir à l'intérieur par les fenêtres.

Un son aigu, clair. *Dingggg. Dongggg.* La policière sonnait.

La chambre d'Elina était dans le corridor, en face de la véranda. Elle y entra à pas de loup, prit les journaux et fit demi-tour. Au seuil de la pièce, la douleur la plia en deux. Elle tomba à genoux, lâcha les carnets devant elle et tenta de reprendre son souffle en inspirant et expirant à fond. Elle fixait la porte de la véranda. La poignée s'abaissa.

— Sois fermée, pria Elina.

On tira sur la porte. Qui ne s'ouvrit pas. Elina tendit la jambe droite et poussa. La douleur lui lacéra les entrailles. Elle parvint à se remettre debout.

Au niveau de la cuisine, elle fut obligée de marcher à quatre pattes. Elle pressait les journaux d'une main contre sa poitrine. Le son creux de deux coups de talon dans la véranda, le second plus étouffé. Un frottement doux quand les chaussures touchèrent l'herbe. La policière quitta le porche et s'avança le long de la maison en direction de l'extrémité est. Vers le corridor de la cuisine. Elle allait immédiatement voir la porte quand elle tournerait au coin. Elina accéléra.

Elle faisait la course à quatre pattes contre la policière qui marchait.

Elina arriva la première. Elle se releva en haletant dans le corridor, coinça les journaux sous son bras et prit son sac. Elle entendit la policière gravir les marches en béton. La porte était à un mètre cinquante et, certainement, déverrouillée. Elina gagna la porte de la chaufferie et l'ouvrit. Celle-ci était absolument silencieuse, n'étant pas munie d'une poignée mais d'un simple bouton en bois fixe. Elina fit un arrêt de l'autre côté du seuil, maintenant le lourd battant entrebâillé avec son talon. Elle écouta. La poignée de la porte du corridor fut saisie. Actionnée. Un grincement. La porte commença à s'ouvrir. Elina retira son pied et laissa le battant se refermer. Elle dépassa la chaudière, tourna à gauche et passa devant le diable à bûches. Elle s'arrêta pour écouter à la porte extérieure, histoire de faire bonne mesure. Pas un bruit ne venait de l'extérieur. Elle appuya sur la poignée et ouvrit aussi doucement que possible. Elle passa la tête dans l'air brûlant de l'été, comme si elle entrait dans une serre, et jeta un coup d'œil à la porte du corridor. Celle-ci était fermée. La policière était donc à l'intérieur. Elina ouvrit en grand et se dit qu'il lui fallait, avant toute chose, atteindre l'étable et trouver Hibou. Elle se tourna pour refermer, et c'est alors qu'elle découvrit la policière de l'autre côté, près des marches, à un mètre et demi, pointant son pistolet sur elle.

— Posez vos livres par terre, intima la policière.

Elle s'exprimait lentement et calmement. Comme si elle berçait un enfant.

Elina s'accroupit pour poser les carnets.

— Et votre sac à dos.

Elina fit glisser son sac de ses épaules. Elle le déposa près des cahiers.

— Levez les mains en l'air et descendez les marches.

Elina fit un pas pour descendre. La policière recula d'un pas. Elle tenait son arme à deux mains.

La sueur coulait dans les yeux d'Elina. Elle redoutait de faire un geste brusque.

Elle ne va pas te tirer dessus, pensa-t-elle. C'est une policière.

— Êtes-vous Elina Ylijaako ?
— Ouais.

Le canon de l'arme se releva légèrement.

— Eh, dites, lança Elina.
— Je suis le brigadier Janatuinen, de la police judiciaire. Je vous arrête pour suspicion de meurtre.
— Une seconde, là.
— Qu'avez-vous dans ce sac ?
— Deux-trois vêtements.
— C'est quoi, ces livres ?
— Le journal de ma mère.
— D'accord, dit la policière.

Elle lâcha son arme d'une main et prit les menottes dans la poche arrière de son jeans.

— Tournez-vous.
— Je crois savoir pourquoi tu es là.
— Je vous ai dit de vous tourner.
— Tu peux pas attendre un peu ?

Vingt mètres derrière la policière se trouvait la cave extérieure. La butte sur laquelle poussaient des framboisiers et des épilobes. Hibou apparut. Elina le vit s'arrêter et examiner la scène. Il ramassa un lourd étai en bois puis s'avança, à pas feutrés, en direction de Janatuinen, qui avait toujours son arme pointée sur Elina.

Elina fixa son regard sur la policière. Celle-ci plissa les yeux. Elle avait noté le changement de sa physionomie.

— Y a-t-il d'autres gens dans la maison ? demanda-t-elle.

— Non. Je peux m'asseoir ?

Elina n'attendit pas son autorisation, et s'assit sur les marches. Elle pressa les mains sur la pierre pâle. C'est à ce même endroit qu'elle avait coutume d'écouter les bruits du printemps à l'époque où les moustiques n'étaient pas encore de sortie et les hirondelles tout juste arrivées.

Elle ferma les yeux et baissa la tête entre ses genoux. Elle avait le tournis. Pour la première fois, elle eut la sensation qu'elle pourrait abandonner.

— Vous ne vous sentez pas bien ?

— Non.

Le pire du malaise était passé. Elina releva la tête. Hibou se trouvait maintenant à dix mètres et se rapprochait.

Il avait l'air ridicule. Il agrippait son gourdin en donnant l'impression de ne pas savoir s'il s'en servirait pour intimider ou pour frapper. Il semblait changer d'avis à chaque pas. Hibou jetait des regards à Elina comme s'il lui demandait conseil, mais elle ne pouvait rien faire.

— Êtes-vous blessée ? demanda la policière.

Le champ de vision d'Elina cherchait à se tourner sur la droite. Hibou était à quatre mètres. Derrière la cave, une nouvelle silhouette fit son apparition. Une boule noire poilue pareille à un énorme chien ou un bœuf se rua en direction de Hibou.

— Attention ! s'écria Elina en sautant sur ses pieds.

La policière et Hibou se retournèrent exactement à la même seconde, comme dans une pièce de théâtre. Hibou lâcha son bâton. Le monstre fondit sur lui et le souleva bras tendus tel un haltérophile. C'était la faute d'Elina, tout était de sa faute, et, forte de cette vérité, elle chuta à travers les strates de son esprit jusque dans la mélasse incompréhensible qui l'attendait au fond.

16

Le teignon maintenait Hibou en l'air, décrivant un cercle parfait comme s'il avait voulu montrer sa prise au monde entier.

Janatuinen pointa son pistolet sur la créature et lui ordonna de reposer l'homme par terre. Celui-ci hurlait. Le teignon le fit d'abord retomber dans son giron, tendrement, comme un parent qui fait sauter son enfant dans ses bras, et le fit glisser prudemment à ses pieds.

L'homme se tenait la poitrine de la main droite. Ses fins cheveux blancs étaient dressés sur sa tête. Il posa la main gauche sur l'épaule du teignon.

— Tu m'as fichu la frousse, dit l'homme.

Le teignon se donna une claque sur la joue et se dandina.

— Qu'est-ce qu'il se passe ici ? demanda Janatuinen.

Elle visa l'homme.

— Qui êtes-vous ?
— Hibou.
— Qui ?

— Hibou.
— Quel est votre véritable nom ?
— Jeannot Lapin Perlimpinpin.
— Quoi ?
— C'est pas si mal, Hibou, non ?
— Connaissez-vous ce teignon ?
— Ouais. Il s'appelle Musti, Noiraud.

Le teignon donna un coup d'index sur l'épaule de Hibou.

— Arrête, dit Hibou.

Janatuinen ne baissait pas son arme.

— Qu'aviez-vous l'intention de faire avec ce bâton ?

Hibou jeta un coup d'œil à l'étai qu'il avait lâché.

— Eh ben... J'ai eu peur, là, que tu pointais ton flingot sur Elina.

Hibou aperçut alors Elina couchée sur le côté près des marches.

Il accourut près d'elle et s'agenouilla. Lui parla. Pas de réponse. Hibou lui prit le pouls et posa l'oreille sur sa poitrine.

— On est mal, dit Hibou.

Janatuinen passa son arme à sa taille.

— Savez-vous ce qu'elle a ?
— Une malédiction qui va la tuer. Aide-moi un peu. On va la transporter à l'intérieur.

Janatuinen claqua la langue.

— Je devrais la conduire au commissariat.
— Vois-tu pas qu'elle tient pas sur ses jambes ? Aide-moi, là.

Hibou ouvrit la porte en grand et repoussa le sac et les journaux dans le corridor.

— Ces livres sont des preuves, déclara Janatuinen.

Hibou ne répondit pas. Il revint à Elina, passa les bras sous ses aisselles et regarda Janatuinen.

— On se grouille !

Le teignon s'approcha et saisit Elina par les chevilles. Il lui leva les jambes comme s'il voulait l'aider à effectuer un mouvement de gymnastique.

— Laisse donc, dit Hibou.

Janatuinen tapota le teignon sur l'épaule. La créature lâcha les pieds et Janatuinen les saisit. Ils soulevèrent Elina et la portèrent à l'intérieur.

— Où va-t-on ? demanda Janatuinen dans le corridor.

Elle marchait en tête à reculons.

— Tout droit, dit Hibou.

Ils parvinrent à la cuisine.

— Tout droit, dit Hibou.

Ils déposèrent Elina sur le canapé du salon. L'installèrent sur le côté. Hibou s'assit près d'elle.

— Tu dois absolument aller chercher de l'aide, dit-il à Janatuinen.

— Un médecin ?

— Rien de ce genre. Asko. Notre voisin. Je t'indique le chemin.

— Je connais l'endroit.

— C'est encore mieux. Vas-y.

Janatuinen semblait réfléchir.

Hibou soupira.

— Si tu crois qu'on va s'enfuir, t'as qu'à voir son état. Je suis un vieil homme. Je n'aurai point la force de la porter jusqu'à la voiture. En plus, la seule qu'on a, elle a les pneus crevés.

— D'accord, répondit Janatuinen en partant.

— Et emmène-moi celui-là dehors, dit Hibou en désignant le teignon debout dans la pièce.

Celui-ci étudiait la bibliothèque. Il tenait la photo de mariage des parents d'Elina dans sa main.

— On y va, dit Janatuinen au teignon qui se retourna, la photo toujours à la main.

Janatuinen lui dit qu'il n'avait pas le droit de l'emporter. Le teignon la déposa par terre comme un jouet trop coûteux.

Le teignon refusa de rester dans la cour, Janatuinen l'emmena donc avec elle. Elle lui jeta un coup d'œil dans le rétroviseur et lui dit :

— Alors toi, c'est Musti ?

Les pinceaux auriculaires de la créature frémirent.

Une fois arrivée, Janatuinen se gara à son ancienne place près du tracteur. Elle se retourna vers le teignon assis à l'arrière et dressa l'index devant lui.

— Pas bouger !

Le teignon observait les gestes et les expressions de Janatuinen avec intérêt. Janatuinen gravit les marches de l'entrée. Un balai de paille était posé contre la porte. Elle s'arrêta devant. Elle songeait à Asko, se demandant s'il était du genre à laisser des pièges.

Elle ne toucha pas au balai. Elle redescendit les marches et regarda aux fenêtres. La maison était déserte et sombre. Elle vérifia les autres bâtiments, le sauna, l'étable et le bûcher. S'approcha des chambranles. Écouta. Elle jeta un œil à sa voiture. Le teignon se devinait à l'arrière, forme noire impénétrable, tel un vengeur patient attendant le retour du conducteur. Janatuinen passa dans l'arrière-cour du bâtiment principal. Il n'y avait rien d'autre que le coteau conduisant à la rivière et une barque sur la plage. Elle scruta les eaux. Elle se retourna. Asko lui faisait face.

— Nom de Dieu ! s'exclama Janatuinen en portant la main à sa poitrine.

— Elle cherche quoi, notre policière ?

Janatuinen ne saisissait pas d'où le bonhomme avait pu apparaître aussi vite et silencieusement dans son dos.

Elle reprit son souffle et dit :

— Elina Ylijaako est malade. Cet homme, je veux dire Hibou, dit que tu sauras l'aider. Il s'agit manifestement d'une sorte de malédiction.

— Bien sûr que c'est une malédiction, dit Asko et il prit le chemin de sa maison.

— Eh, intervint Janatuinen en lui courant après, où vas-tu ?

Asko s'arrêta et se retourna. Janatuinen aussi s'immobilisa.

— Chercher des affaires, répondit Asko.

— Je vois. D'accord.

Asko repartit. Il passa par-devant et monta les marches, saisit le balai et le posa sur la rampe. Il annonça qu'il en avait pour quelques petites minutes. Il ouvrit et entra.

Janatuinen attendait au bas des marches et fumait. Au bout de sept minutes, Asko ressortit. Il portait une sacoche en cuir brun. Il s'arrêta au sommet des marches et réfléchit. Déposa son sac et retourna à l'intérieur. Janatuinen alluma une deuxième cigarette. Asko passa deux minutes dedans et ressortit, reposa le balai contre la porte, ramassa son sac et marcha jusqu'à la voiture. Janatuinen écrasa son mégot dans un pot de fleurs et courut le rattraper.

— Il fallait que j'écrive un mot pour Efraim, dit Asko.

Janatuinen lui ouvrit la portière passager avant, referma, passa côté conducteur, s'installa et démarra. Ils quittèrent la cour.

— Sais-tu que tu as un teignon à l'arrière ?
— Oui.
— C'est rien, alors.

*
* *

Hibou caressait les cheveux d'Elina. Elle se tordait, fiévreuse, sur le canapé. Elle demandait pardon à sa mère, à son père, à Hibou et à Jousia. Dans cet ordre, encore et encore. À la fin de chaque litanie, Hibou répondait « tu n'as rien fait de mal ». Qu'il n'y avait pas de quoi s'en faire, car du secours était en route.

Hibou consulta la pendule. Janatuinen s'était absentée depuis vingt minutes.

— Plus vite ! dit Hibou.

Elina murmura quelque chose à propos de Hibou, d'un monstre et d'un avertissement. Puis demanda pardon.

— C'était juste un teignon, dit Hibou, ce bon vieux Musti. Tu le connais, Musti.

Une demi-heure après le départ de Janatuinen, une voiture entra dans la cour. La porte d'entrée s'ouvrit. Hibou entendit les pas lents d'Asko et la voix d'Asko quand celui-ci annonça fièrement n'être jamais entré dans cette maison. L'injonction sèche de Janatuinen quand elle ordonna au teignon de rester dehors. Puis Asko et Janatuinen apparurent dans le salon. Asko pressait son sac contre sa poitrine et scrutait les murs, le plafond et le miroir du corridor comme s'il voyait au-delà d'eux et comprenait la véritable nature, bouleversante, de la maison.

— Elle respire encore, annonça Hibou.

Janatuinen hocha la tête.

— La patiente est sur le canapé, dit-elle à Asko.

— Hibou ! Bonjour, dit Asko.

Il regarda Elina couchée sur le canapé.

— Qui que c'est ?

— Elina, nigaud. Aide-la.

— Apporte-moi un banc.

Hibou prit un tabouret dans un coin et le plaça près du canapé. Il resta debout. Asko s'assit. Il posa le bout de ses doigts sur le torse d'Elina et les y maintint, les faisant bouger. Asko marmonnait et fronçait les sourcils. Il leva la main.

— Le cœur ne va pas tenir longtemps.

— C'est une malédiction, dit Hibou, un truc d'entrailles de brochet.

— Ouais. J'avais remarqué.

— Peux-tu y faire quelque chose ? demanda Hibou.

Il avait les yeux pleins de larmes.

— Dis-moi que tu le peux.

Hibou était voisin d'Asko depuis plus de vingt ans. Il l'avait vu remettre en place les membres d'un faon de renne heurté par une voiture, l'animal se redresser sur ses pattes et repartir en courant. Il avait vu Kauko Ylijaako vaciller, blême, dans la cour de chez Asko, le pouce sectionné par la tronçonneuse-fendeuse, serrant son bout de doigt dans son poing valide, et Asko raccrocher le pouce à sa place en deux mots. Asko oubliait une fois par semaine qui était Hibou et s'arrêtait parfois au milieu de ce qu'il faisait, le regard vide, essayant de se remémorer peut-être qui il était lui-même, mais c'était le sorcier le plus puissant que Hibou ait rencontré, si on ne comptait pas Marke, et ç'avait été juste un vilain tour du destin que ces deux-là se soient pris en grippe dès l'enfance.

Hibou cherchait de l'espoir dans les yeux d'Asko. Ils étaient d'un vide terrifiant.

— Écoutez-moi attentivement, dit Asko.

Janatuinen et Hibou se penchèrent vers lui.

— J'ai besoin d'un verre d'eau très froide.

Hibou jeta un coup d'œil à Janatuinen qui soupira, alla à la cuisine et revint avec la commande. Asko prit le verre, but une gorgée et le posa par terre près de son siège.

— Ensuite, dit Asko en s'adressant à Hibou, as-tu du lait entier ?

— Oui.

— Et de la crème liquide ?

— Non.

— Ce n'est pas grave. As-tu des bâtons de cannelle, des gousses de vanille, de la muscade et des œufs ?

— Je dois, oui.
— Tu n'as point de rhum ?
— Si.
— Bien.

Asko ouvrit les fermoirs de sa sacoche. Il fouilla à l'intérieur. Sortit un petit flacon en verre muni d'une capsule à vis. Il était rempli de paillettes rouges.

— Dis voir, policière.
— Oui.
— Tu dois encore faire un truc.
— Vas-y.
— Verse dans une casserole trois décilitres de lait entier et un bâton de cannelle. Prends une gousse de vanille, fends-la en deux et gratte les grains avec la pointe d'un couteau. Fiche la gousse à la poubelle et les grains dans le lait. Saupoudre une demi-cuillère à café de muscade sur le lait. Ajoute une cuillère à café de ces flocons dans le lait. Fais chauffer jusqu'à ce que ça bouille presque. Sans cesser de mélanger. Que le fond n'attache pas. Quand le lait est chaud, retire la casserole du feu. Verse une goutte de rhum dans le mélange. Verse une deuxième goutte. Prends trois œufs. Sépare les blancs des jaunes dans deux bols. Ajoute deux cuillères à soupe de sucre dans les jaunes et fouette jusqu'à ce que ça mousse. Verse la mousse dans le lait. Sans cesser de mélanger. Retire le bâton de cannelle. Bats les blancs en neige et incorpore-les au mélange. Verse le tout dans une grande tasse et apporte-la moi.

— D'accord, dit Janatuinen en partant à la cuisine.

Hibou la regarda s'éloigner.

— Tu l'as envoyée te faire un lait de poule ?

— Ouais.

— Il y avait quoi dans cette bouteille ?

— De la framboise séchée. Ça donne une jolie teinte. J'aime bien.

Asko sortit une deuxième fiole de sa sacoche. Elle contenait un liquide jaune foncé. Il la tenait à une distance d'une coudée comme une grenade et tira sur le bouchon prudemment comme sur une goupille. Une odeur atroce, âcre, se répandit dans la pièce.

— Oh bon sang, qu'est-ce que c'est ?

— De la pisse de grabuge. Il faut qu'on la fasse boire à la jeunette. Elle va rouspéter. Mais sinon, elle va mourir.

— D'accord, c'est clair.

Asko vida son verre d'eau, y versa deux doigts de liquide, referma hermétiquement le bouchon et rangea la bouteille dans son sac. Il regarda Hibou.

— Es-tu prêt ?

— Ouais.

Hibou redressa le haut du corps d'Elina. Elle battit des paupières. Elle appela sa mère et son père. Jousia. Hibou souleva sa tête plus haut, Asko positionna le verre sur ses lèvres et l'inclina. Elina tourna la tête sur le côté. Asko écarta le verre. Il enjoignit à Hibou de la tenir plus fermement. Hibou s'assit sur le canapé et prit la tête d'Elina sur ses genoux. Il lui remonta le haut du corps et lui coinça la tête entre son aisselle et son bras. Asko rapprocha le verre, ordonna à Elina d'ouvrir la bouche. Elle tenta de dire quelque chose. Asko versa la boisson. Elina reçut du liquide dans la bouche, se mit à tousser et le recracha sur sa chemise.

— Encore, dit Asko en versant à nouveau.

Elina cracha. Hibou demanda s'il ne valait pas mieux délayer le liquide.

— Non. Encore.

Hibou parla à Elina. Il lui dit qu'elle allait s'en sortir, mais qu'il fallait boire. Les vapeurs acides faisaient couler les yeux d'Asko et de Hibou. Elina se déroba une fois encore, mais après cela, elle déglutit.

Hibou lui caressa les cheveux et la félicita. Asko inclina le verre. Hibou protesta, pas si vite, mais Asko se contenta de lui dire « tiens-lui la tête ». Ils recommencèrent la même opération à quatre reprises. Le verre était vide.

— Voilà, dit Asko.

Il reposa le verre par terre. La respiration d'Elina devint plus régulière. Asko se leva et ouvrit la fenêtre d'aération.

— Je dirais qu'elle a gagné dix heures.

— Comment que tu le sais ?

— Auvo, il a tenu dix heures.

Hibou le regarda fixement.

Asko hocha la tête.

— On se bat contre la même merde, ici.

— Nom d'un chien ! Enfer et damnation !

— Ouais. Mais cette maison donnera peut-être davantage.

— Cette maison-ci ?

— Il y a de la puissance dans ces murs, dit Asko.

Il posa la main contre le mur et sourit.

— Satanée Marke.

Janatuinen entra dans la pièce avec une tasse.

— C'est prêt. Qu'est-ce qui pue comme ça ?

— La bonne chance, dit Asko.

Il prit la tasse et goûta.

— Excellent. Viens, Hibou. Allons boire ce lait de poule à la cuisine.

*
* *

Elina entra dans la pièce. Hibou, Asko et Janatuinen étaient assis autour de la table.

— J'ai un goût de merde dans la bouche, annonça Elina.

Hibou posa un banc à côté du sien.

— Assieds-toi.

Il fit glisser une tasse devant Elina.

— Et bois un coup.

Asko et Janatuinen étaient assis en face. Tous avaient une boisson fumante devant eux.

Elina éprouvait une soif terrible. Elle toucha la tasse de son doigt.

— Pourquoi c'est chaud ?

— Envoie-le-toi dans le gosier.

Janatuinen prit une gorgée. Elle fixait Elina sans ciller.

— C'est fichtrement bon, dit Asko, ça va te donner des forces après ce... disons... médicament.

Elina but une gorgée. Puis une autre. Elle consulta sa montre. Celle-ci indiquait onze heures quarante-cinq.

— T'inquiète donc point, dit Hibou, tu as été hors-jeu un quart d'heure peut-être.

— Il faut qu'on se bouge pour Ala-Kaltio, dit Elina.

Janatuinen toussota. Hibou se gratta les ailes du nez.

— Ouais, il le faut, dit Hibou, mais nous avons d'autres soucis qui se sont rajoutés ici. Écoute. Cette policière dit qu'elle est venue t'arrêter. Elle croit que tu as tué quelqu'un.

Silence. Elina buvait.

— As-tu tué quelqu'un ?

— Non.

Hibou fracassa sa main sur la table.

— Je vous l'avais dit !

— Nous avons un témoin, dit Janatuinen.

Elina buvait.

Janatuinen croisa sa jambe gauche sur la droite. Sans quitter Elina des yeux, elle ajouta que, selon ce témoin, Elina avait tué une personne et brûlé son corps dans l'arrière-cour de sa maison mitoyenne soixante-douze heures plus tôt.

Hibou regardait Janatuinen fixement.

— Ça, c'est des trucs que t'as inventés.

Puis il s'adressa à Elina.

— Dis-lui qu'elle invente des trucs.

Silence.

— Alors ?

— C'était une para, dit Elina.

Janatuinen ferma les yeux. Elle demanda d'une voix très lasse :

— Qu'est-ce qu'une para ?

Hibou exposa le principe de fonctionnement des rapporteuses. Puis il s'étonna : quel fou avait encore le toupet d'en fabriquer aujourd'hui ?

Il se tourna vers Elina et lui demanda à quoi la para ressemblait.

— Un genre de grue avec des mains.

Elina raconta que celle-ci avait essayé de partir avec sa télévision. Elina s'était battue avec elle et avait réussi à la plaquer au sol. Elle lui avait ôté le cœur, un bout de pain de seigle. Elle l'avait ensuite traînée dans l'arrière-cour et l'avait brûlée, c'était sans doute ces événements que le témoin avait décrits à la police.

Janatuinen fit une moue accompagnée de hochements de tête. Comme si elle s'était attendue à entendre un truc de ce style.

— On a retrouvé des restes d'oiseaux, certes, dans les cendres de l'arrière-cour, dit-elle, mais les plumes étaient toutes noires. Les grues ne sont pas noires.

Elina marmonna quelque chose que personne n'entendit.

— Parle plus fort, dit Hibou.

— Elle avait été faite pour ressembler à un pic noir.

Hibou fronça les sourcils.

— Minute. Mais c'est une sculpture de Jousia ! Celle qu'a été volée au cimetière il y a deux semaines. Pourquoi que tu ne l'as pas dit tout de suite ? Ça veut dire que la para a été fabriquée ici.

— Qui sait encore faire des paras, ici ? demanda Hibou à Asko.

Celui-ci ne répondit pas.

— Sais-tu à qui elle était ? demanda Hibou à Elina.

Celle-ci ne répondit pas.

— Mais dites quelque chose !

Hibou les dévisagea l'un après l'autre. Il comprit et braqua les yeux sur le coupable.

— Nom de Dieu, Asko...

Asko leur décocha un regard mauvais.

— Elle devait voler quelque chose à Marke.

— Marke est morte, imbécile !

— Elle a une dette envers moi.

Hibou plongea son visage dans ses mains.

— S'il te plaît... À cause de ce chien ?

— C'était un bon chien.

— Grand Dieu, encore ce cirque !

— Je voulais une compensation et ces paras devaient me rapporter quelque chose.

— Comment ça, ces paras ? Il y en a plus qu'une ?

— Trois, intervint Elina.

— Et tu n'as rien dit !

Elina ne répondit pas.

Hibou fit des signes de la main en direction d'Asko et Elina.

— Madame la policière, arrêtez-les tous les deux, je vous en prie ! Ils sont tous les deux dérangés.

Elina gratta de l'ongle le passement de la corbeille à pain.

— Je ne voulais pas causer de difficultés à Asko.

— Des difficultés ? dit Hibou.

— Ces paras, elles n'étaient pas bien gênantes.

— Elles t'ont fait accuser de meurtre...

— Je n'en avais aucune idée.

— Écoute-moi, maintenant, dit Hibou à Asko, cette jeunette a passé je ne sais combien de soirées à ta table quand elle était gamine. Elle sait que tu vas l'oublier dès que tu auras franchi la porte. Et que tu détestes sa mère. Et pour couronner le tout, tu as envoyé des paras l'attaquer. Et pourtant, elle n'a rien dit ! Elle aurait pu te dénoncer à l'association du village. Dieu sait que je l'aurais fait, moi ! Tu sais à quelles amendes expose la fabrication de rapporteuses. Bon sang, Asko ! Toi et Efraim, vous auriez perdu votre maison !

Sur la table était posé un petit bougeoir en verre rond qu'Asko faisait tourner dans le sens contraire des aiguilles d'une montre. Comme s'il avait voulu inverser le cours du temps. Il changea de sens. Il lâcha le bougeoir, posa ses mains à plat sur la table et les contempla comme s'il venait juste de comprendre ce qu'il avait fait avec elles. De le comprendre ou de se le rappeler.

Il dit :

— Je voulais point.

— C'est pas suffisant, ça, dit Hibou.

— Pardon.

— Ce n'est rien, dit Elina, calmez-vous, tout le monde. Ce n'est rien. J'aurais dû en parler avant. C'était de ma faute.

— Peux-tu arrêter de t'accuser toi-même ? Toi, par contre, dit Hibou en se tournant vers Asko, tu ne dois point vraiment te rendre compte qu'Elina est la dernière Ylijaako. Il n'y a plus personne d'autre. Et toi, tu as délibérément dit à la para de rapporter quelque chose d'Ylijaako.

Et c'est comme ça qu'elle est partie à la poursuite d'Elina.

— Pardon.

— Et quand une rapporteuse est mise en pièces, ça brise aussi son concepteur. Est-ce que l'un de vous a songé à cela ? Parce que moi, ça me fait penser que c'est à cause de ça qu'Asko est encore plus pourri de la tête qu'avant : il a construit des paras et Elina les a détruites au fur et à mesure.

— J'ai conservé leurs cœurs, dit Elina. Dans ce cas, il n'arrive rien à celui qui les a faites.

Asko leva les yeux sur Elina comme un condamné à perpétuité qui vient d'être gracié.

— En tout cas rien de trop grave.

Hibou leur jeta un regard noir.

— Je vois. On n'a qu'à danser, puisque tout va si bien.

Elina ouvrit la bouche pour parler, mais Janatuinen l'interrompit d'un geste de la main. Soudain rappel des bonnes grâces de qui tout dépendait.

Janatuinen disposa ses mots avec soin :

— J'ai lu dans le journal que quelqu'un avait déterré un corps au cimetière.

Elle se tourna vers Asko.

— C'était toi ?

Asko était toujours attablé, les mains à plat. Il examinait leur dos, affligé et pensif.

Il répondit :

— Oui.

— Ah bah d'accord, dit Janatuinen en se levant, je vais fumer.

Janatuinen sortit. Elle apparut dans la cour de l'autre côté de la fenêtre et jeta un œil aux occupants de la cuisine comme si elle avait voulu s'assurer que personne ne s'était enfui. Elle alluma une cigarette. Un taon solitaire en provenance des lilas voleta vers elle en se balançant, comme par sens du devoir, et se mit à lui valser autour. Janatuinen lança un coup de main, sans l'atteindre, et ce fut comme un tour de magie, car il y eut soudain trois taons autour d'elle.

— Alors, comme ça tu as déterré Kalevi Räsänen, dit Hibou.

Asko changea de position sur son siège.

— Toi non plus t'en avais rien à faire.

— Bah non. Mais c'est point une raison pour se mettre à farfouiller dans la tombe de qui que ce soit.

— J'avais besoin de mains pour la para.

— Oui, ça ne fait point de doute...

Le teignon rejoignit Janatuinen à pas lourds et se laissa tomber assis à son côté, comme s'il attendait un ordre. Elle ne lui accorda pas un regard. Elle fixait le marais et fumait. Le teignon se retourna lui aussi et se mit à contempler la tourbière.

Hibou dit :

— Écoute. Si tu pouvais te souvenir à partir de maintenant que Marke est morte.

— Que tu dis !

Hibou était déjà en train de dresser l'index, quand Elina déclara qu'ils devraient sérieusement se mettre en route pour Ala-Kaltio, car la mi-journée était déjà passée. Asko demanda pourquoi donc il fallait s'y rendre. Elina lui parla du contrat et d'Olli-Mangeclous. À cette mention, les yeux d'Asko s'arrondirent. Il se pencha en avant et se mit à glousser.

— As-tu passé un contrat avec Olli-Mangeclous ?
— Ouais.
— L'as-tu rencontré ?
— Ouais.

Asko entama une longue péroraison. Il raconta comment, à l'école, Marke s'était vantée d'avoir un nouveau camarade qui habitait à Manolaissaari. Hibou fit remarquer qu'elle ne s'était sûrement pas vantée. Asko admit qu'il avait en fait appris la chose par Esko. Quoi qu'il en soit, dit Asko en balayant l'air de sa main, il avait tout de suite deviné que son camarade était un fantôme, qui d'autre habiterait à Manolaissaari, et il avait pris sa barque et cherché le revenant, parce que lui aussi voulait faire connaissance avec le peuple des morts. Dans l'au-delà, on déclinait les lois de la nature de manières dont on ne pouvait que rêver parmi les vivants. Asko aurait voulu apprendre, lui aussi. Il avait étudié les tombes sur l'île et récité toutes les formules magiques qu'il connaissait, mais n'avait pas croisé l'ombre d'un hurluberlu. Il était reparti, déçu, en barque. À mi-chemin, il avait aperçu une grande silhouette marcher sur le rivage de l'île. Il l'avait hélée et avait fait faire demi-tour à sa barque illico, mais une fois arrivé, l'île était à nouveau déserte. Asko était reparti à la rame, doublement amer, et voilà que derechef la silhouette était apparue sur le rivage, et une fois encore il avait fait demi-tour et fouillé toute l'île, et ensuite il était reparti les yeux fermés, car il ne voulait plus s'exposer à une seule tentation inutile. Il avait plus tard entendu d'autres villageois rapporter qu'ils avaient vu la créature. La Mère Riipi fut capable de lui donner le nom d'Olli-Mangeclous et de lui conter son histoire. Et Asko ajouta que tout le monde savait que les connaissances de Marke lui avaient été enseignées par Olli-Mangeclous, tandis que lui-même s'était procuré ses pouvoirs en écoutant de vieilles sorcières et sorciers au dos cassé, qu'il les avait acquis par l'étude et non par filouterie, et à ce stade Hibou enjoignit à Asko d'en venir enfin au fait, celui-ci déclara alors que la trompe de pattes-rayées ne fonctionnerait pas.

— Comment ça ?

— Elle n'aura plus aucune puissance. Tu pourrais aussi bien lui refourguer n'importe quel machin.

— Je te l'avais dit, s'énerva Elina.

— Et une floche, ça irait ?

La voix provenait de dehors. Janatuinen était debout de l'autre côté des carreaux. Elle parlait à travers la fenêtre d'aération.

— Une floche, dit Asko en se pourléchant du mot, ça pourrait faire l'affaire. C'est une bestiole tout ce qu'il y a de plus surnaturel.

— Bien, dit Janatuinen.

Elle tira les dernières bouffées de sa cigarette et la montra à Elina.

— Je mets le mégot où ?

Une minute plus tard, Janatuinen les avait rejoints autour de la table et rapportait ce qu'elle avait entendu dire aux hommes de l'auberge. Hibou se tenait la tête comme s'il avait la migraine.

— Est-ce qu'on saura capturer un truc comme ça ? C'est une bestiole terrible.

— Ma mère m'en a montré une, un jour, dans la forêt, et elle a réussi à la faire fuir, dit Elina.

Asko fit un geste de la main.

— C'est à la portée d'un enfant, de chasser une floche. Mais point d'inquiétude. Nous avons tout ce qu'il nous faut.

Asko fit une pause. Les autres attendaient.

— D'abord, nous avons l'astuce, dit Asko en levant le pouce avant de s'en frapper la poitrine.

— Ensuite nous avons la dure à cuire, ajouta-t-il en opinant en direction de Janatuinen.

— Et puis, nous avons l'appât.

Elina mit un certain temps à réaliser pourquoi tout le monde la regardait.

17

Lors de la dernière nuit du mois de mars de l'année 1561, Giacomo de' Medici, disciple de Paracelse et petit-cousin du grand-duc de Florence Côme Ier, tenta de changer le mercure en or au cours d'une opération alchimique réalisée dans les faubourgs de Bologne, durant laquelle il se fit exploser et fut dispersé aux quatre vents, lui et son laboratoire. La première à pénétrer au milieu des ruines fut Sofia Alfano, l'amère gouvernante de Giacomo, qui examina minutieusement les restes du bâtiment et mit de côté tout ce qui paraissait avoir de la valeur. Elle découvrit un ballon de chimie intact au fond duquel tournoyait un petit reste fumant de l'âme de Giacomo. Sofia Alfano la maudit par trois fois et flanqua le récipient dans son sac. Elle vendit le contenu du sac, le jour même, au concurrent de Giacomo de' Medici, l'inventeur universel Alfons Lumicelli. Celui-ci s'intéressait aux recherches menées par Giacomo sur le mouvement perpétuel et se dit qu'il pourrait, par distillation, isoler la connaissance qui restait dans le fragment d'âme. Lumicelli plongea le ballon dans l'eau bouillante. Le fragment d'âme absorba l'énergie de ce bain brûlant et se changea en diable de possession du genre *hattara*, c'est-à-dire en floche, et s'empara du corps de Lumicelli. Celui-ci se pendit au lustre de son plafond. La floche s'enfuit par la fenêtre et vagabonda dans les rues de Bologne, percutant gens et paniers de fruits, outrée par son inexistence, jusqu'à ce que le prêtre Gaspare Bombieri dépêché sur place parvienne à la coincer dans une cassette en ébène résistante aux diableries. Bombieri la livra au Vatican, où elle fut enfermée dans la chambre forte du département des créatures dangereuses. La floche y passa cent ans. Le cardinal Daniello Coscia, criblé de dettes de jeu, la vendit ensuite au marchand flamand Jan Hooft. Coscia fut incapable de lui expliquer ce que contenait la cassette, mais l'instruisit de ne pas l'ouvrir. Hooft inscrivit dans son catalogue que le coffret contenait une matière occulte, délicate et potentiellement nocive et, muni de cette description, le monnaya auprès d'un hôtel des ventes britannique spécialisé en objets ésotériques, qui en fit à son tour commerce auprès du mystique russe Moshe Botvinnik. Celui-ci avait collectionné des articles de sciences occultes toute sa vie. Il fut en mesure d'interpréter les gravures ornant les côtés de la cassette et devina ce que celle-ci contenait. Botvinnik l'ouvrit chez lui, à Moscou. À l'aide d'une formule primitive pour la garde des esprits, il parvint à diriger la floche dans son rat apprivoisé préféré, ce qui le réjouit tant qu'il battit des mains. Le charme fut brisé et la floche bondit du rat au mystique. Botvinnik se pendit à une poutre de son salon. La floche se réincrusta dans le rat, s'enfuit dans la cour, laissa un chat de gouttière la chasser, passa dans le félin et courut hors de la ville. La floche s'incrusta dans un renard, un renne, un sanglier, un loup, une taupe. Elle parcourut les étendues sauvages. Elle regrettait son corps originaire de Medici et souffrait aussi du fait qu'elle n'était pas entièrement esprit, mais bien plutôt le souvenir d'un esprit et qu'elle n'avait pas d'autre moyen d'atténuer sa souffrance que de manger. Elle dévorait à en faire éclater ses véhicules corporels animaux ou les faisait courir jusqu'à la mort et, par moments, elle se déplaçait pendant des semaines sans hôte, fantôme glacial roulant sur la terre. Elle remontait toujours plus au nord, attirée par le pôle magnétique. Elle dériva, avec d'autres de ses semblables, sur les hautes eaux gelées et les glaces amoncelées, pendant les deux siècles suivants.

*
* *

— Et moi ? demanda Hibou.
— Toi, tu es la paire de bras en plus, répondit Asko, on en a toujours besoin à chaque opération.

Ils s'étaient tassés dans la voiture de Janatuinen. Celle-ci conduisait, Asko était assis à l'avant, Hibou et Elina à l'arrière. Le teignon, debout dans la cour, les regarda s'éloigner. Il laissait pendre dans sa main l'atlas routier que lui avait donné Janatuinen.

Une fois qu'ils eurent pris la direction du bourg après le pont, Hibou toussota, cherchant ses mots.

— Eh bien, euh, madame la policière. Tu n'as sans doute plus l'intention d'arrêter qui que ce soit ?

Janatuinen prit la nationale, accéléra et passa la quatrième. Elle posa le coude sur la baguette de la vitre et sa tête sur son poing.

— Si je vous disais que, la nuit dernière, j'ai vu un homme nu sortir d'une poubelle, qui avait une tête de licorne et des ailes, et qu'il a déployé ses ailes et s'est envolé comme une pie, est-ce que vous me considéreriez comme complètement folle ?

Le silence se fit dans la voiture. Puis Hibou dit :

— Il y a plus étrange en ce bas monde.

— Eh bien. C'est ce que je me disais. Donc, allons voir à quoi ressemble votre floche, si ça vous va.

*
* *

Une tempête arctique passée sur le pôle Nord emporta la floche avec elle. Au milieu des vents, celle-ci rencontra un pouillot verdâtre, le posséda et tournoya, en tant que tel, par-dessus la frontière jusqu'en Finlande. La floche se cramponna au sorbier d'une mairie de Laponie orientale. Elle s'incrusta dans le chien du maire et dans le maire lui-même, que les villageois enfermèrent dans la chambre forte de la banque. Ils posèrent un panonceau à l'entrée : *Ne pas ouvrir, floche à l'intérieur.*

Au matin, la première personne arrivée au travail fut le négociateur des prêts. C'était son anniversaire. Quand il vit le panonceau, il crut qu'il s'agissait d'une farce préparée en l'honneur de sa fête et se dit que la chambre forte renfermait une surprise ou une augmentation. Il ouvrit, la floche le repoussa, et le piétina presque, car elle en avait assez de tous ces pièges. Elle voulait manger. Elle courut dehors et aperçut le magasin d'alimentation.

Timo Leppänen avait ouvert plus tard que d'ordinaire en raison de la nuit de gent redoutable. Il n'était là que depuis une demi-heure quand le maire fit son entrée. Leppänen constata que sa journée était pliée et s'enfuit à toutes jambes.

Il traversa la route jusqu'à la station-service et annonça que la floche était libre.

La floche se précipita pour dépasser les fruits et légumes. Elle ne tourna pas la tête vers eux. Elle s'arrêta au rayon des viandes. Il y en avait en tranches, en rouleaux et en morceaux. Pourquoi donc ? se demanda la floche. Elle décrocha un paquet de mettwurst russe et demanda conseil à ses doigts. Ceux-ci trouvèrent le coin en plastique à soulever. La floche retira la pellicule, un parfum puissant s'échappa du paquet. La floche saisit entre ses doigts la collection poisseuse de tranches collées les unes aux autres, qui faisaient comme une tour, et enfourna une extrémité dans sa bouche. La floche mordit. C'était fort et bon. La floche en mangea plus et hurla de bonheur. Elle laissa tomber le reste par terre et s'empara ensuite de jambon cuit, suivi de jambon fumé. Elle continua jusqu'à ce qu'elle se soit mis sous la dent tous les animaux d'élevage, de la dinde marinée au miel jusqu'au porc nourri à la navette fourragère. Le ventre plein, elle se rendit au rayon des produits laitiers. Elle tira sur la porte du réfrigérateur. Un vent frais lui souffla au visage, ce qui lui rappela ses années sans fin, solitaires, en Sibérie. Elle secoua la tête et referma la porte. Elle la rouvrit. Elle prit un paquet de margarine et y plongea le doigt pour goûter. Elle se resservit dans le réfrigérateur et pilla le fromage. De l'edam, du gouda et un kilo de crémeux Oltermanni. Elle sortit ce dernier de son emballage jaune, tint la motte à deux mains, en grignota un morceau et pleura d'émotion. Dans la toundra, elle rongeait des graines gelées. Elle vomit par terre, s'essuya la bouche sur sa manche et avança plus loin. Le maire avait maintenant le ventre si rempli que marcher était douloureux. La floche parvint aux congélateurs, fit coulisser un couvercle et sortit des glaces. Elle tâta un pot ovale de parfum mangue, trouva la languette et tira. L'opercule claqua. La floche essaya de puiser de la glace avec le doigt, mais la masse était trop dure. La floche souleva le pot et se mit à lécher directement. Elle décalotta aussi d'autres parfums, vanille au coulis de framboise et myrtille, chocolat, caramel salé, caramel et canneberge, tranche napolitaine, réglisse. Elle jeta tout par terre, avança et trouva les chips, déchira les sachets. Ceux-ci explosaient comme d'ingénieuses bombes et répandaient leur contenu sur le sol. La floche, assise dans l'allée au milieu des chips, se gavait. Chips à l'ancienne, chips à l'américaine, chips au vinaigre. Elle lécha le sel et la graisse sur ses doigts, s'essuya les mains sur sa chemise et son pantalon et se remit péniblement debout. Elle testa les boissons. Elle déboucha les limonades et les eaux gazeuses, se contentant de sentir ces dernières sans y toucher. Elle dévissa un litre et demi de Coca-Cola, se le renversa dans le gosier et s'en aspergea. Elle s'ébroua comme un chien, en riant. La floche tira ses cheveux en arrière, ce qui devait être un geste propre au maire. Elle se rendit au rayon bonbons. Elle boulotta des barres chocolatées. Elle éventra des paquets de friandises, plongea la main dedans et réduisit les confiseries en une pâte collante à l'intérieur de son poing, enfonça la boule dans sa bouche. Celle-ci resta coincée dans son œsophage. La floche toussa. Elle tomba à genoux et se racla la gorge. Son visage vira au rouge, puis au bleu. Elle poussa de nouveau. Les veines épaisses de son cou et de son front gonflèrent. Elle râlait, à quatre pattes, la bouche ouverte, comme en proie aux douleurs de l'accouchement. Le grumeau gluant glissa d'un coup dehors. La floche recracha de la glaire devant elle et gémit. Elle vomit. Elle s'essuya la bouche du revers de la main, puis vomit encore. Elle tâtonna pour rattraper le bonbon agglutiné et le remit dans sa bouche. Comme la sucrerie menaçait de glisser à nouveau dans sa gorge, elle le laissa tomber par terre. Un long filament de bave reliait sa bouche au bonbon comme le fil de pêche relie la proie à l'appât. La floche cracha une bulle de salive. Qui éclata. La floche se remit debout et le filament s'allongea, cassa et retomba en petites rosettes sur sa boutonnière. Elle passa au rayon poisson. Elle posa les mains sur la vitrine en plexiglas et contempla les saumons et les sandres.

La floche était précisément sur le point de s'emparer d'une portion de saumon gratiné au fromage bleu, quand elle entendit la porte du magasin s'ouvrir et se refermer. Elle lâcha son poisson. Elle renversa la tête comme si elle essayait de humer l'arrivant. Les arrivants. Ils étaient plusieurs. Elle tendit l'oreille. Deux d'entre eux s'arrêtèrent à la porte, le troisième progressa plus avant dans la boutique. En direction de la floche. Elle contourna le comptoir, car elle voulait voir l'arrivant, s'approcher de lui. Elle se mit à courir. Elle tourna à un coin et vit un humain. Au même moment, le monde bascula à quatre-vingt-dix degrés. L'allée du magasin était un gouffre vertical au fond duquel se trouvait l'humain. La floche tombait sans pouvoir se retenir, elle s'extirpa du corps nauséeux du maire, lourd comme un peignoir mouillé, et chuta comme une pierre en direction de la femme qui tendait les bras devant elle.

*
* *

Elina s'écrasa contre le rayon derrière elle et glissa par terre sur le dos. Les sachets d'un kilo de farine d'orge et de blé tanguèrent un moment sur l'étagère supérieure tels des suicidaires pris d'un doute. Puis ils firent la culbute, un par un et deux par deux, sur elle. Elina se protégea le visage avec ses bras. *Pouf, pouf*. La farine empoussiérait.

Hibou et Asko, qui avaient attendu près des caisses, se dépêchèrent auprès d'Elina.

— L'est allée s'accrocher comme le cochon au pain, s'écria Asko.

Hibou aida Elina à se remettre sur ses pieds et épousseta la farine de la main.

— Vas-tu bien ? demanda-t-il.

Elina acquiesça. Elle tendit à Asko le coffret en loupe sculptée, de la taille d'une grosse boîte d'allumettes.

— Voilà.

Asko tourna et retourna l'objet en gloussant.

— Elle y est et elle y restera. L'as-tu tenu comme il faut ?

— Comme ça, répondit dit Elina en portant son poing à sa poitrine. Exactement comme tu avais dit. Dès que j'ai senti qu'elle entrait, j'ai rabattu le couvercle.

— Fichtrement bien.

Hibou scrutait le coffret, sur ses gardes.

— Es-tu sûr de chez sûr qu'elle ne va pas s'enfuir ?

— Mon arrière-arrière-grand-père est resté cent-cinquante ans là-dedans.

— Et qu'est-ce qu'il s'est passé ?

— Efraim a ouvert le coffret. On a nettoyé les traces pendant une semaine, pour sûr.

Hibou voulut savoir pourquoi Asko était tellement certain que la floche essaierait de posséder

Elina. Asko répondit que la magie active attire à elle les esprits comme la lumière les papillons de nuit. La malédiction d'Elina était, qui plus est, exceptionnellement puissante. Elle irradiait à des kilomètres à la ronde.

— Dans le temps, les sorciers maudissaient leur dernier-né pour le simple plaisir d'attirer des *hattara*, floches, des *rahko*, noircisseurs de lune, et des *varjosielu*, ombres d'âmes, et ils les attrapaient dans des pots.

— Qu'est-ce qu'ils en faisaient ?
— Ils les libéraient sur leurs voisins.
— Pour quoi faire ?
— Pour les embêter.

Une plainte monta de l'allée. Le maire essayait de se remettre debout. Ils s'approchèrent. Asko lui dit que, s'il en avait la moindre envie, il valait la peine d'essayer de bouger.

— Suis-je mort ? demanda le maire.
— Non.
— J'ai l'impression d'être mort.
— Tu t'es empiffré à t'en faire quasiment éclater l'estomac, c'est ça qui te gêne.

Ils aidèrent le maire à se relever et l'accompagnèrent dehors. Janatuinen était sur le perron, face à une foule énorme, les bras écartés comme le Christ.

*
* *

Quand Asko, Hibou et Elina étaient entrés, Janatuinen s'était assise sur la marche la plus basse du perron. Elle fumait et examinait les curieux plantés dans la cour de la station-service de l'autre côté de la route. Il en était venu davantage, petit à petit. Les premiers étaient arrivés dès le moment où Janatuinen s'était garée devant la banque. Le groupe avait grossi pendant que Hibou, Elina et Asko interrogeaient le négociateur de prêts, exalté. Celui-ci avait fait un geste de la main dans la direction du magasin d'alimentation. Ils avaient pris la voiture pour s'y rendre. Entretemps, le public avait doublé.

Quand Janatuinen eut fini sa cigarette, les gens avaient traversé la route. Ils arrivaient affublés de leurs hideuses casquettes publicitaires, de leurs vestes et pantalons de survêt. Hommes, femmes, enfants, jeunes. Il y avait même un vieux, poussé en fauteuil roulant. Le groupe s'avançait, bravache, assuré de son nombre et du bien-fondé de son affaire. Ce spectacle n'avait rien d'insolite pour Janatuinen. Elle se posta en haut des marches et attendit. Les gens se rassemblèrent en arc-de-cercle devant elle. Ceux qui ne portaient pas la casquette s'abritaient les yeux avec la main. Janatuinen les observait, leurs expressions aigries, et se sentait comme le shérif d'un western, qui accueille les villageois exigeant le lynchage de son prisonnier. Les gens murmuraient et lui décochaient des regards mauvais. Elle n'en esquiva aucun. Elle attendit que Simo-Merdo s'installe au dernier rang. Puis elle annonça qu'il n'y avait rien à voir dans la boutique, ni à tenter, et surtout rien à commérer et qu'ils pouvaient tous rentrer chez eux.

On répliqua depuis la foule qu'ici on n'avait pas d'ordres à recevoir de la police. Janatuinen rétorqua qu'elle ne donnait d'ordre à personne, mais s'occupait de la sécurité des villageois. On s'esclaffa. On déclara que cette commune s'occupait de sa propre sécurité depuis des siècles. Janatuinen répliqua que cette façon de faire méritait peut-être qu'on revienne dessus. Personne ne t'aime, ici, cria quelqu'un. Moi non plus, je ne vous aime pas, rétorqua Janatuinen. Où est ton pistolet ? Dans ma voiture. Serais-tu un peu niaise ? Probablement à peu près autant que toi.

— Ah, si Pasma était encore notre officier de justice, déplora une voix.

La foule s'anima. Les gens faisaient place à quelqu'un. Quelques-uns. Une petite vieille et un encore plus petit et plus vieil homme, sec, se frayaient un passage vers le premier rang. La femme portait un jogging vert fluo et des baskets de course à pied. L'homme était vêtu d'une chemise blanche à petits carreaux, comme un ingénieur, et d'un pantalon trop grand, maintenu par une ceinture en cuir noir usée. Sur son visage, une expression qu'on ne voit que chez quelqu'un n'ayant aucune idée d'où il se trouve. La femme épiait Janatuinen et paraissait attendre que celle-ci parle la première. Janatuinen gardait le silence. La femme demanda :

— Sais-tu qui je suis ?
— Non.
— C'est la Mère Riipi, cria un membre de la foule.

La femme lança un regard furieux dans la direction du crieur.

— Je m'appelle Helmi Riipi, je suis la sorcière habilitée de ce village.

— Félicitations.

Riipi fit un signe de tête vers l'homme à son côté.

— Voici Taavetti-Ficelle. Un collègue venu de Savukoski. C'est un chasseur d'esprits sacrément fameux.

Le dénommé Taavetti-Ficelle cligna les yeux, craintif, comme effrayé par son propre titre.

— Nous pourrions aller régler son compte à cette floche.

— Merci de proposer, mais nous avons déjà un expert qui s'en occupe.

— Ah ouais, Asko ? Nous, on l'a vu entrer. Si j'étais toi, je ne me fierais point à lui. Lui et la floche, c'est une mauvaise combinaison. Très mauvaise. Il y a aussi notre maire, là-dedans. Nous sommes inquiets pour sa santé.

Un murmure approbateur parcourut la foule.

— Donc, si tu nous laissais quand même entrer.

— Hors de question.

— Écoute, dit Riipi, si tu ne nous laisses point entrer, nous deux, nous n'aurons d'autre possibilité que de te transformer en crapaud.

La foule poussa des hourras.

Janatuinen posa ses mains sur ses hanches.

— Vas-y.

La foule bruissa. Tous regardaient Riipi.

— Quoi ? demanda Riipi.

— Vas-y.

Riipi jeta un coup d'œil à l'homme de Savukoski. Celui-ci avait fermé les yeux comme s'il voulait échapper à une situation embarrassante. Riipi leva les mains. Elle agita un doigt en direction de Janatuinen et marmonna. Janatuinen l'observait. Riipi baissa les bras.

— N'as-tu donc point peur ?
— Je n'ai pas le temps. Je travaille.

On se disputait en bordure de la foule. Les deux hommes avec qui Janatuinen avait discuté la veille au soir à l'auberge menaient un vif échange avec les personnes qui les entouraient. Ils disaient qu'ils connaissaient Janatuinen et que les villageois auraient intérêt à l'écouter. On se scandalisa. Les cris s'intensifièrent, Janatuinen leva les bras et demanda à tout le monde de se calmer.

La porte du magasin s'ouvrit et Asko sortit. Derrière lui venaient Hibou et Elina qui soutenaient le maire avançant à pas hésitants. La foule recula de deux mètres. Asko annonça que la floche avait été expulsée. Le maire esquissa un sourire prudent et leva un bras. La foule poussa des hourras. Janatuinen descendit les marches, bras écartés, et se mit à déblayer le passage. Asko, Elina, Hibou et le maire suivaient dans son sillage.

Riipi les contemplait, incrédule.

— Où est la floche ?
— En lieu sûr, répondit Asko. Tiens, Taavetti, bonjour ! On a droit à des permissions maintenant dans les institutions ?

L'homme de Savukoski regardait Asko en fronçant les sourcils.

— Il faut la détruire, cette floche, dit Riipi.
— Chaque chose en son temps.

Ils remirent le maire aux bons soins de sa famille et attirèrent la Mère Riipi et Taavetti-Ficelle à part. Hibou leur conta à gros traits de quoi il retournait.

Ils demandèrent un service à la sorcière.

Asko sortit une fiole de sa sacoche et la donna à la Mère Riipi. Il dit que Jousia Mäkitalo était torturé par une malédiction qui exigeait un traitement immédiat. Le patient devait boire au moins un demi-décilitre du liquide.

La Mère Riipi examina la fiole à la lumière du soleil.

— C'est-y ce que je pense ?
— Cela même.

*
* *

La Mère Riipi et Taavetti-Ficelle furent emmenés à Kuikkaniemi par le facteur. Elina, Hibou, Asko et Janatuinen prirent la route d'Ylijaako. Dans la voiture, l'état d'Elina empira. Janatuinen s'arrêta sur le bas-côté. Les autres restèrent à l'intérieur et attendirent qu'Elina s'accroupisse par terre, puis elle tomba à genoux. Elle garda les yeux fermés pendant toute la fin du trajet, elle avait la respiration lente. Asko dit que son état s'améliorerait pour autant qu'on atteigne la maison. Pas énormément, mais quand même.

Un kilomètre avant Vuopio, Asko poussa un cri, se mit à tirer sa ceinture de sécurité et exigea de descendre de voiture. Hibou posa la main sur son épaule et lui fit savoir calmement où ils étaient et pourquoi.

Asko opina du chef.

— Ah voui, dit-il.

Dans la cour d'Ylijaako les attendait une surprise, une Ford Escort blanche. Hibou reconnut la voiture de Keijo. Quand ils se garèrent à côté, Keijo et Heta qui patientaient sur la véranda s'avancèrent à leur rencontre.

Le teignon apparut derrière le sauna. Il battit des mains de manière retentissante.

— Bonjour, dit Keijo quand Janatuinen, Asko, Elina et Hibou descendirent de voiture.

Hibou hocha la tête.

— Bonjour.

— Vous êtes bien nombreux, dit Keijo.

Il fit un signe de tête à Janatuinen.

— Mademoiselle la policière.

— Bonjour, dit Janatuinen.

Elle gratouilla le teignon derrière l'oreille, qui ronronna, heureux.

— Vous voilà devenus de vrais amis de cœur.

Janatuinen ne répondit pas. Ils restèrent un moment tous là, à se jauger. Heta finit par dire :

— Que se passe-t-il ici ?

— Comment cela ? demanda Hibou.

— Celle-là, dit Heta en montrant Elina du doigt, elle trafique quelque chose à l'étang, même si elle n'a rien à y faire.

Elina ouvrit la bouche, mais Asko la prit de vitesse.

— Son âme est prise aux entrailles du brochet.

Heta se frappa le front.

— Je m'en doutais !

Une taupe traversa la cour en courant. Elle sortit de sous les lilas et se dirigea vers l'escarpement, bâtonnet brun d'un empan de long. Le teignon se rua à sa poursuite.

— Je n'ai pas le temps pour ce genre de trucs, dit Elina. Olli-Mangeclous m'attend.

— Olli-Mangeclous, soupira Heta.

Keijo aida Heta, choquée, à s'asseoir sur les marches du vieux sauna.

Asko sortit le coffret de sa poche.

— Pensais-tu y aller seule ? demanda-t-il à Elina.

— Non, avec Hibou.

— Je pourrais vous accompagner.

— La barque est étroite. Mieux vaut ne pas s'y serrer à trois.

Asko fit la moue.

— J'ai juste pensé à un truc. Puisque tu as promis à Olli-Mangeclous de lui rapporter une trompe de pattes-rayées.

— Voui ?

— Bah, tu as une floche pour lui. C'est un bon paiement, ce n'est point le problème, mais avec les esprits, tu ne peux pas modifier un contrat comme ça. Donc si je venais quand même à la place de Hibou ? Pour négocier ?

Asko tournait et retournait le coffret, nerveusement.

— Je veux le voir ! s'exclama-t-il.

Elina lui retira le coffret des mains.

— Ne t'inquiète pas. Tu le verras.

*
* *

Hibou ramait. Elina était assise sur le banc arrière, elle se tenait le ventre. Le coffret était posé devant elle au fond de la barque.

Asko avait enduit l'orteil d'Elina d'un onguent à la sauge, qui atténuait la souffrance, mais ses douleurs abdominales étaient reparties de plus belle depuis qu'ils avaient quitté la maison.

— Si tu te sens comme ça maintenant, comment que tu vas faire pour grimper la colline de Manolainen ? demanda Hibou.

— Ça ira.

— Ce serait peut-être mieux que tu restes dans la barque et que j'apporte la floche. Qu'en dis-tu ?

Deux moustiques étaient posés sur le dos de la main gauche de Hibou. Ils étaient plus rapides, plus forts et plus intelligents que le nuage de milliers de leurs congénères qui avaient suivi Elina et Hibou sur la barque jusqu'au milieu d'Iso-Uopaja, ouvert à tous les vents. Ces guerriers suprêmes s'apprêtèrent à ramasser leur butin. Ils piquèrent.

Hibou les fit voler d'un souffle.

Elina ne répondit pas. Hibou ramait. Ils arrivèrent à mi-chemin du rivage et de l'île.

— C'est ici qu'on avait attrapé ce gros brochet, t'en souviens-tu ? demanda Hibou. Ou presque. Il s'était piqué à ton Rapala fluorescent.

— C'était un Hi-Lo orange, dit Elina.

— Ah oui ?

— Ouais. Et toi, tu avais dit que tu mangerais un chapeau rempli de merde si j'attrapais quelque chose avec.

— J'ai dit ça, moi ?
— Ouais.
— Ah ouais. Bah. Ce brochet faisait au moins dix kilos.
— Plutôt cinq, non ? Et la ligne a cassé.
— Ou c'est le nœud qui s'est défait ?
— Mes nœuds ne se défont pas.
— Bah en tout cas j'ai point eu à le manger, ce chapeau de merde.
— Et puis j'en ai attrapé plus tard, des brochets.
— Ah oui ?
— Ouais.
— Ah ouais. Écoute.
— Quoi encore ?
— Ce brochet-ci, il ne va point nous échapper.
— Tu es sérieux ?
— Je suis pas sérieux, je t'en fais la promesse. J'irai te le chercher au fond moi-même s'il le faut.
— Hibou...
— Tu me crois point ?
— Hibou !
— Mais si, j'en suis encore capable.
— Regarde là-bas.

Elina pointait l'île. Hibou releva les rames et tourna la tête. Sur la plage de Manolaissaari se tenait un gros tas de branchages posé sur deux jambes.

— Ouh là, dit Hibou.

Ils tirèrent la barque à sec à quelque distance d'Olli-Mangeclous. Celui-ci était toujours immobile.

Elina signifia de la main à Hibou de rester près de l'esquif. Elle s'approcha d'Olli-Mangeclous, le coffret contenant la floche bien en vue.

Quand Elina fut à deux mètres, Olli-Mangeclous tourna la tête. Il souleva ses pieds l'un après l'autre, avec lenteur, comme s'il attendait depuis si longtemps que ses articulations avaient eu le temps de se rouiller.

Il se retourna vers Elina. Même voûté, il s'élevait à plus de deux mètres cinquante.

Elina entendit Hibou prendre appui sur la barque derrière elle. Une rame cogna.

Reste où tu es, songea-t-elle.

— Elina Ylijaako, dit Olli-Mangeclous.

— Tu as l'air mieux, dit Elina, plus grand.

— J'ai mangé des écureuils.

Olli-Mangeclous leva un bras.

— Je commence à avoir des feuilles.

Sur son coude noueux on voyait de graciles bourgeons verts.

— Tant mieux. Écoute. Je n'ai pas de trompe de pattes-rayées pour toi.

Olli-Mangeclous ne dit rien pendant un instant. Il fit ensuite :

— Aïe aïe.

— Mais j'ai une floche.

Elina tendit le coffret.

— Une floche, dit Olli-Mangeclous et il fit rouler le mot comme un bonbon acidulé dans sa bouche arborée.

— Nous avions convenu d'une trompe de pattes-rayées.

— Ça, c'est mieux encore, dit Elina.

Elle entendit les pas de Hibou se rapprocher dans son dos. Olli-Mangeclous ne prit pas le coffret.

Hibou se posta à côté d'Elina et demanda s'il y avait un problème.

— Bah, dit Olli-Mangeclous, je l'ai déjà revendue.

— Quoi donc ? demanda Elina.

— La trompe.

Elina et Hibou se regardèrent.

— À qui ?

— À quelqu'un.

— Pourquoi ?

— C'est une bonne chose que tu m'aies convoqué ici, dit Olli-Mangeclous. Très bonne. J'ai pu me cacher. Reprendre des forces. Mais je suis encore en dette. Envers divers créanciers.

Elina secoua le coffret.

— Ton copain ne pourrait pas accepter ça, malgré tout ?

— Ce n'est pas mon copain.

— Bah, ton acheteur.

— C'est pas bon, dit Olli-Mangeclous en s'asseyant par terre, vraiment pas bon.

Il ouvrit la bouche, grande comme un baquet. La referma.

Ensuite, plus rien.

— Et quoi, maintenant ? chuchota Hibou.

— Il se demande s'il va nous manger.

— Ah ouais.

Hibou jeta un coup d'œil en arrière, vers la barque.

— Ne bouge pas, enjoignit Elina.

Ils attendaient. Un scarabée grimpa sur le genou d'Olli-Mangeclous, ouvrit ses élytres et s'envola.

Un froissement se fit entendre au moment où Olli-Mangeclous bougea. Hibou agrippa le bras d'Elina.

Olli-Mangeclous se remit debout.

— Bon, dit-il, j'ai obtenu un délai. J'accepte le nouveau contrat. Je prends la floche et je chasse l'ondin.

Hibou poussa une longue expiration.

Olli-Mangeclous tendit la main. Elina lui donna le coffret.

— On devrait point... commença Hibou.

Olli-Mangeclous ouvrit le coffret.

— ... être un peu plus prudents, en l'occurrence ?

La floche sauta hors de la boîte sous la forme d'un arc de lumière hurlant. Elina et Hibou se bouchèrent les oreilles. La main d'Olli-Mangeclous fusa tout droit.

Un nuage d'étincelles, telle une flamme vivante, se débattait dans son poing. Olli-Mangeclous porta sa main à sa bouche.

La tête d'Olli-Mangeclous prit feu.

L'embrasement fut si intense qu'Elina et Hibou protégèrent instinctivement leurs yeux. La tête du monstre brûlait en une torche aveuglante, blanche. Les contours tremblotants de ses orbites vides et de sa bouche creusaient des trous rugueux dans le brasier. Au bout de quelques secondes, les flammes s'amenuisèrent et se concentrèrent en un petit disque incandescent. Olli-Mangeclous déglutit. La boule de lumière glissa dans les profondeurs de la créature et s'éteignit.

— C'est bon, dit Olli-Mangeclous.

Les branches souples dont étaient faits ses membres se mirent à se tordre comme des serpents. Elles se glissaient les unes sous les autres, gagnaient en robustesse, s'enroulaient en tresses toujours plus serrées et s'allongeaient. Les bourgeons qu'il portait à ses mains et à ses pieds se transformèrent en une éclosion de feuilles de sorbier. Sa tête, bille de bois charbonneuse, changea de couleur, passant d'abord à l'orangé du bois frais, puis au vert du liber et du cambium. Sur cette sorte de souche se déposa une épaisse écorce de pin, d'un gris tirant sur le rouge, où la bouche et les orbites s'ouvrirent ainsi que des nids creusés par des mésanges. Le trèfle blanc, la marguerite et la campanule tapissèrent le haut de son crâne, en pleine floraison, et au milieu s'érigea une pousse d'épicéa couverte d'aiguilles d'un vert vif, comme une couronne.

Olli-Mangeclous se tenait devant eux, haut de trois mètres et demi. Il examina ses paumes, aussi grandes que des panneaux routiers, et serra les poings.

— Ah, ça ravigote ! dit-il. On se voit à l'étang.

Olli-Mangeclous entra dans l'eau. Il pataugea sur quelques mètres, s'enfonça dans la fosse d'Iso-Uopaja et disparut.

Hibou se gratta la tête.

— Eh ben, merde alors.
— On y va, dit Elina.

Pendant le trajet en barque, ils scrutèrent les eaux autour d'eux, mais nulle trace d'Olli-Mangeclous.

Sur la plage, Elina consulta l'heure. Il était dix-neuf heures. Elle avait deux heures.

18

Elina quitta le chemin d'accès aux cultures pour entrer dans la tourbière la première. À sa suite venaient Hibou, Asko, Janatuinen et, en dernier, le teignon. Aucun pot-de-vin n'était parvenu à le faire rester dans la cour. Il avançait, concentré, comme s'il comprenait que cette expédition allait tout résoudre.

Un coucou chantait dans l'îlot boisé, comme au premier matin. Les mottes herbeuses se balançaient sous leurs pieds, prêtes à se dérober à tout moment.

L'horizon était limpide et nu. Le marais était brun, loqueteux et humide.

Partout, des quantités monstrueuses de moustiques.

Avant le départ, Elina avait annoncé qu'il s'agissait d'une véritable mission suicide. Nul n'avait l'obligation de l'accompagner.

— C'est cela, oui, avait répliqué Hibou en revenant de la chaufferie, une paire de bottes de caoutchouc à la main.

Il les avait tendues à Janatuinen. Asko s'était tartiné le cou de répulsif antimoustique. Heta et Keijo aussi s'apprêtaient à se joindre à la troupe, mais Elina les avait convaincus de rester sur place au cas où un appel téléphonique viendrait de chez Mäkitalo.

Elina portait sa canne à pêche. Asko sa sacoche médicale. Janatuinen avait coincé son pistolet dans son dos, bien qu'Elina l'ait prévenue que l'arme serait inefficace contre l'ondin.

Ils avalèrent la première portion de marais et parvinrent au niveau du Perälampi. Janatuinen, qui était déjà tombée quatre fois, demanda avec espoir si c'était là l'étang. Elina répondit par la négative. L'inspectrice proféra une longue série de jurons. Ils crapahutèrent dans les saules broussailleux qui cernaient le Perälampi. Une partie des branchages étaient secs, gris et particulièrement rétifs. Les tiges se tendaient vers le bleu aveuglant du ciel, comme les pauvres gens, sans recevoir la grâce ou l'éclair qui les embraserait. Une fois que la troupe se fut extirpée des fourrés et eut repris son souffle en bordure du marais, Janatuinen pointa le doigt sur le bois d'épicéas situé à cent-cinquante mètres sur leur droite. Elle demanda pourquoi ils ne pouvaient pas passer par là. Elina répondit qu'il s'agissait seulement d'une île flottant sur la tourbière d'aapa, d'un diamètre de deux-cents mètres peut-être, et que derrière se trouvaient des kilomètres de mare ombrotrophe, de tourbière alcaline et de marais nu. Leur chemin était le plus court, l'assura Elina, et Janatuinen répliqua que c'était en tout cas le plus énorme tas de fumier sur lequel elle s'était jamais retrouvée.

Janatuinen, à Ylijaako, avait commencé par refuser la casquette et le répulsif antimoustique. Quand les autres avaient déclaré que, sans cela, elle n'irait nulle part, elle s'était, vite fait mal fait, tapoté les joues et les mains avec l'huile et avait laissé Hibou lui enfoncer sur la tête une casquette publicitaire du garage « Pulju ». Mais il restait des zones de peau dépourvues de protection sur ses tempes, à la naissance des cheveux et derrière ses oreilles. Les moustiques s'y bousculaient comme les clients à l'ouverture des soldes. Janatuinen poussait des cris et se grattait la tête. Hibou en eut assez de l'entendre. Il lui enjoignit de fermer les yeux et de retenir sa respiration, sortit un aérosol de sa poche, le secoua et vaporisa un nuage gris autour de la tête de Janatuinen.

— Tu peux les rouvrir, dit-il.

Janatuinen clignait les yeux dans une odeur âcre et suffocante. Elle regardait un peu à côté, par rapport à Hibou, et demanda : « Qu'est-ce que c'est que ça ? » Tous se retournèrent. À environ trois-cents mètres sur leur gauche, ils aperçurent Olli-Mangeclous. Celui-ci franchissait lentement le marais sur ses longues jambes, très droit et hérissé de branchages, tel un oiseau, un combattant varié, qui aurait atteint des proportions monstrueuses. Des feuilles de sorbier claires bruissaient sur ses épaules robustes.

Lorsqu'Elina expliqua ce qu'était cette apparition, Janatuinen se contenta de hocher la tête. Asko plissa les yeux pour mieux voir, enthousiaste.

— Enfin, enfin ! marmonna-t-il avec exaltation.

Le teignon tourna le dos, maussade, comme s'il venait de se découvrir un rival.

Ils se remirent en mouvement, gardant à l'œil Olli-Mangeclous qui obliquait en direction de leur trace et se rapprochait pas à pas. Un peu avant le Seiväslampi, leurs trajectoires s'alignèrent.

Les guerriers guidés par Elina progressaient en colonne, aussi sombres que les derniers survivants de la planète. Parallèlement à l'expédition s'avançait, comme téléguidée, leur unique arme, une créature formidable faite de débris forestiers de toutes sortes, dont le pouvoir d'attaque était inconnu.

Le Seiväslampi se dessinait devant eux. Il se signalait nettement sur le fond du paysage du simple fait que l'ondin avait construit une tour sur le côté opposé.

La senne n'était plus là. À sa place étaient érigés, appuyés l'un sur l'autre, une vieille barque noire et un Buster en aluminium de quatre mètres orné de poissons bleus. La construction ressemblait à un bûcher de feux de la Saint-Jean. Au sommet, à l'endroit où se rejoignaient les proues, une plateforme avait été bricolée à l'aide d'une palette dont le bois avait viré au gris. Elle était surmontée par le siège conducteur déglingué arraché au Buster, sur lequel l'ondin était installé pour observer leur arrivée.

Quels instruments et quelles forces avaient permis à l'ondin de transporter les embarcations aussi loin dans la tourbière, c'était une énigme. On ne voyait ni trace indiquant qu'elles eussent été traînées ni engin qui eût servi à les convoyer. L'ondin laissait pendre un de ses bras derrière le dossier, tel un capitaine insouciant. Lorsqu'ils se furent rapprochés, il se leva et mit les mains à ses hanches. Il arborait un large sourire. Sa posture indiquait une suprématie indiscutable et Elina réalisa qu'avoir emmené les autres était une terrible erreur.

*
* *

— Bienvenue dans mon royaume, voyageurs, proclama l'ondin.

Il étendit les bras dans un geste cordial. Il diffusait un éclat argenté sous la lumière comme s'il s'était enduit le corps de peinture chromée, tel le gourou dingo d'un culte des étendues sauvages.

— Posez vos fesses, bien sûr ! Malheureusement, les paillasses sont assez détrempées.

— Vous devez partir, enjoignit Elina à Hibou. Tout de suite !

— Dis point de sottises.

L'ondin gloussa de rire et sautilla sur place, faisant tressauter sa tour.

— Magnifique, dit-il. Magnifique, magnifique, magnifique !

Elina avait la respiration oppressée. La marche jusqu'à l'étang lui avait ôté presque toutes ses forces.

L'ondin s'avança au bord de sa plateforme. Il se mit sur la pointe des pieds, se balança en avant et en arrière et examina chaque arrivant tour à tour. Il s'attarda sur Olli-Mangeclous. Comme sur une vieille connaissance dont le nom ne vous revient pas.

L'ondin bascula sur les talons.

— Olli Yliniemi, dit-il. Là, je dois dire que le temps ne t'a pas traité avec égard, vieille branche.

Olli-Mangeclous se taisait.

— Que fais-tu ici ? demanda l'ondin.

Silence.

L'ondin sourit.

— J'ai dû toucher un point sensible.

Hibou se pencha vers Elina et fit un signe du menton vers Olli-Mangeclous.

— Pourquoi ne fait-il rien ?
— Je sais pas.
— Tu devrais pas lui dire un truc ?
— À Olli-Mangeclous ?
— Non, à l'autre, là-bas.

D'un signe de tête, Hibou indiqua l'ondin.

Elina jeta un coup d'œil à ses compagnons. Asko tanguait sur place, les yeux mi-clos. Le teignon se tenait dos courbé, bras écartés et fourrure hérissée. Il semblait n'attendre que l'autorisation de se lancer à l'attaque de la tour et de la renverser dans le marais, avec ondin et tout le tintouin. Janatuinen était à son côté, sale et trempée. Il était difficile de dire si elle examinait l'ondin aveuglée par l'admiration ou dominée par la panique.

— Est-ce que tout va bien ? demanda Hibou.
— Oui, ça se passe bien.
— Mes invités ne font que des messes basses, dit l'ondin. Voilà qui est fort impoli.

Hibou donna un coup de coude à Elina. Celle-ci toussota.

— Euh, bien.

Les grises paupières de requin de l'ondin obturèrent ses yeux une demi-seconde. Il dirigea son regard bleu électrique sur Elina.

— Oui ?

Elina toussota à nouveau. Elle tenta de prendre une contenance droite.

— Je suis venue chercher ce brochet.

L'ondin sourit.

— Je t'ai dit ce qui se passerait si tu revenais ici. J'étais très très chagriné après ta dernière visite. Que tu aies cherché à me gruger ainsi. J'espérais ne plus avoir à souffrir ta vue. Mais, considérant cette délégation, dit l'ondin en décrivant un large arc-de-cercle de la main dans leur direction, je ne suis pas le moins du monde désolé. Pas le moins du monde. C'est un plaisir qu'Asko Pasma se soit, lui aussi, risqué si loin de sa demeure. Dire que je l'ai tant de fois engagé à se jeter la tête la première dans l'eau de la rivière. N'est-ce pas, Pasma ?

Asko ne réagit pas.

— Quoiqu'il soit douteux qu'il ait même conscience d'où il vadrouille.

Personne ne réagit. L'ondin fit des hochements de tête.

— Il y aurait de quoi papoter pendant des heures, avec vous !

353

Une corneille, posée au sommet d'un épicéa en périphérie de l'îlot boisé, croassa.

— Je ne te le fais pas dire, lui lança l'ondin.

Il joignit les paumes de ses mains.

— Avez-vous une dernière volonté à formuler ?

— Donne-moi ce brochet et il ne t'arrivera rien, répliqua Elina.

— Quelle réjouissante arrogance ! Je crains toutefois que tu ne puisses rien pour repartir d'ici en vie. Ou qui que ce soit d'entre vous, en l'occurrence.

— Inutile de te préoccuper des autres.

— Bien sûr que si ! Il serait extrêmement dommageable qu'ils se soient donné tout ce mal pour rien.

Et, sur ces mots, l'ondin s'accroupit, se laissa tomber au pied de la tour avec la légèreté d'une grive et se mit à faire le tour de l'étang à pied.

Elina ordonna à tout le monde de reculer.

— Que se passe-t-il ? demanda Janatuinen.

Elina répondit que l'ondin venait les tuer.

— Je vais le descendre, dit Janatuinen en passant la main derrière son dos.

— Non. Quoi qu'il arrive, ne tire pas.

Olli-Mangeclous était toujours à sa place.

— Ce serait l'occasion d'agir, maintenant, lui dit Elina.

L'ondin avait déjà presque entièrement contourné l'étang quand il s'arrêta soudain. Il était à quinze mètres d'eux et ne paraissait plus avancer.

— Qu'est-ce donc que cela ? demanda-t-il.

Il tournait et retournait la tête.

Ils avaient tous reculé, à l'exception d'Asko, qui était resté, ainsi qu'Olli-Mangeclous, figé sur place, les poings serrés, les bras le long du corps.

L'ondin allait et venait derrière sa barrière invisible.

— Habile, Asko Pasma, habile ! Tu as dû commencer à la construire dès ton arrivée. Ce sont justement tes dons qui m'ont fait souhaiter discuter avec toi auparavant déjà. Si tu avais accepté mon invitation et étais passé dans ma villa du fond des eaux...

L'ondin se frotta le menton.

— Par où est-ce que... commença-t-il en posant ses paumes dans les airs comme un mime.

Il déplaçait ses mains.

— ... je pourrais entrer ? continua-t-il en tâtant l'air avec ses doigts comme s'il tapotait sur un digicode.

Asko poussa un *han !* et tomba à genoux.

— C'était facile, en fait, dit l'ondin en reprenant sa marche.

Le teignon se rua dans sa direction, les bras écartés. L'ondin poussa un gloussement joyeux. Il leva le bras comme pour saluer. Le teignon tira son poing droit en arrière et le projeta avec une force qui aurait suffi à défoncer un mur en rondins. L'ondin fit légèrement dévier sa tête. Le coup passa à un centimètre de sa tempe. Le teignon trébucha en avant à la suite de sa frappe et l'ondin l'évita comme lorsqu'on croise une connaissance en ville, avec force sourires aimables. Sa main passa sur le visage de son vis-à-vis. Comme pour lui retirer une poussière de l'œil. La scène était finie, le teignon se tenait derrière l'ondin. Il prit une inspiration. Il se mit à hurler. L'ondin ne se retourna pas. Il s'avançait en direction du groupe terrifié, leva la main et brandit l'œil du teignon devant eux comme une médaille. L'ondin le mit dans sa bouche et l'avala.

Le teignon couvrait son orbite vide avec une main. Il tâtonnait de l'autre sur l'étendue moussue et piaillait.

— Qui veut être le suivant ? demanda l'ondin.

— Dégage de là, dit Janatuinen en sortant son pistolet.

— Non ! s'écria Elina.

Janatuinen tira. Elle tenait son arme à deux mains et faisait feu avec une rapidité et une régularité qui étaient le fruit de milliers de tirs d'exercice. L'ondin continuait de marcher, mais en fléchissant son corps comme s'il faisait des étirements. L'arme de Janatuinen cliqueta à vide. Pas une seule balle n'avait atteint sa cible.

— Fantastique ! s'exclama l'ondin en tendant la main pour agripper Janatuinen.

La langue d'Olli-Mangeclous, à cinq mètres de là, se catapulta comme un boulet. Un éclair vert, gluant. L'ondin se baissa. La langue fusa au-dessus de lui. L'ondin la saisit à deux mains. L'enchaînement fut si rapide qu'on aurait dit que l'ondin avait prié qu'une saucisse verte tombe du ciel et que son vœu avait été exaucé à un moment un peu malcommode.

Janatuinen, Elina et Hibou tirèrent Asko à l'écart. L'ondin observait leurs efforts.

— N'allez pas trop loin, dit-il. Je reviens tout de suite.

Olli-Mangeclous était debout dans la tourbière, ses jambes en billes de bois écartées. Il secouait la tête, la bouche béante, tentant de libérer sa langue.

— Elle est à moi, maintenant, dit l'ondin en tirant.

Olli-Mangeclous tomba à genoux. L'ondin enroula la langue autour de son poignet.

— Tu me l'as donnée, dit l'ondin et il tira à nouveau.

Olli-Mangeclous tomba face la première dans le marais. L'ondin libéra sa deuxième main et trancha la langue d'un coup d'ongle.

Le tronçon se tordait dans tous les sens comme un serpent. L'ondin le laissa tomber dans le marais et se mit à avancer dans la direction d'Olli-Mangeclous, qui tentait de se remettre sur ses pieds. Celui-ci projeta son bras droit en direction de l'ondin. Le mouvement était presque aussi rapide que la frappe de la langue, mais l'ondin se contenta de faire un bond de côté et la main le manqua. L'ondin effectua deux prestes pas de course et se retrouva dans le dos d'Olli-Mangeclous.

— Comment peut-il être si rapide ? demanda Hibou.

Olli-Mangeclous se retourna pour faire face à l'ondin, mais celui-ci se déplaçait en fonction des tournoiements de son adversaire, le suivant comme son ombre. L'ondin partit d'un rire sonore comme s'il était ivre. Il agrippa un bout de branche dans le dos d'Olli-Mangeclous et tira d'un coup sec la créature à la renverse jusque dans le marais. Olli-Mangeclous essaya de se redresser, mais l'ondin le repoussa au sol d'une extension de la jambe. L'ondin grimpa sur le torse d'Olli-Mangeclous. Il lui cloua, avec son pied droit, le bras gauche dans le marais, avant d'empoigner son bras droit pour le faire tourner dans le sens des aiguilles d'une montre. Le bois craquait et les fibres claquaient les unes après les autres. L'ondin arracha le tout et le jeta derrière lui aussi aisément que s'il s'était agi d'une simple brindille. L'ondin retira son pied et Olli-Mangeclous, de sa main libérée, se mit à poursuivre son tortionnaire à tâtons. L'ondin esquivait, avec une maladresse feinte. Il se lassa, saisit le poignet d'Olli-Mangeclous, lui arracha son autre bras et le jeta aux orties. Olli-Mangeclous gisait maintenant inerte, comme soumis à son inéluctable destin, les jambes étendues. L'ondin siffla. Il tâta du bout des doigts le torse d'Olli-Mangeclous.. Il trouva un fragment de genévrier solide au milieu du fourré feuillu, l'agrippa et se mit à tirer. Le bois grinçait. Le fourré de branches qui formait le milieu du corps d'Olli-Mangeclous, se mit à se disloquer et à casser, et c'est alors que la tête d'Olli-Mangeclous, comme mue par un ressort, se propulsa en avant.

L'ondin lâcha prise. Sa tête était emprisonnée dans la bouche d'Olli-Mangeclous.

Olli-Mangeclous broya le crâne de l'ondin entre ses mâchoires.

Le monstre se remit debout à la seule force de ses jambes. L'ondin pendouillait de sa bouche, flasque. Olli-Mangeclous leva le menton vers le ciel et gloutonna sa proie comme la grue avale une grenouille.

Janatuinen se rua auprès du teignon. Hibou épaulait Asko qui tenait déjà un peu sur ses jambes.

Dans la tête d'Elina, il n'y avait place que pour une seule et unique idée.

Le brochet.

19

Olli-Mangeclous penchait vers l'arrière, comme s'il s'était endormi debout. Sans bras.

Janatuinen le comparait mentalement aux assassins qu'elle avait connus au cours de sa carrière. Elle comprit qu'elle avait besoin d'une catégorie entièrement nouvelle.

— Ça va guérir, dit Asko.

Elle se retourna.

— Quoi ?

— Le trou est net, continua Asko.

Il indiquait l'orbite vide du teignon.

— Je lui ai donné une mixture. Pour soulager la douleur.

Le teignon paraissait s'être détendu. Janatuinen lui caressa le dos. L'immobilité d'Olli-Mangeclous la mettait en rogne.

— Hé ! lui cria-t-elle. C'était quoi ça ? Pourquoi tu n'as pas pu tuer cet ondin tout de suite ?

Une voix se diffusa hors de la créature, comme un enregistrement.

— Il fallait que je lui fasse croire qu'il avait le dessus. Alors il s'est montré imprudent.

— Il s'en est passé des choses, le temps que tu attendes !

Le milieu du corps d'Olli-Mangeclous fut pris de tremblements.

— Un instant ! lança Janatuinen.

— Je suis désolé, répondit Olli-Mangeclous.

*
* *

Elina marchait au bord de l'étang, portée par des jambes qui lui semblaient empruntées à une autre. L'eau était silencieuse et étale. Elina n'avait pas la moindre idée si le brochet était encore là.

Elle consulta sa montre : huit heures et demie. Elle ignorait le degré de précision horaire des malédictions.

La canne à pêche pesait autant qu'une barre à mine. Elina se concentra et lança. Elle fut à deux doigts de finir elle aussi dans l'étang.

— Vas-y mollo, se morigéna-t-elle.

Elina moulina et se prépara à la touche.

Qui ne vint pas.

Elle rassembla ses forces pour un nouveau lancer. Elle voyait le bout de sa canne en double. Elle avait du mal à tenir debout.

— Laisse-moi faire, entendit-elle près d'elle.

Hibou l'avait rejointe et faisait un geste en direction de la canne.

— Non, dit Elina en écartant son lancer.

Seule la main de Hibou lui saisissant le bras l'empêcha de s'affaler dans l'eau.

— Tu peux me laisser, steuplé, dit Elina.

— Tu vas bientôt finir les quatre fers en l'air.

Hibou ne la lâchait pas. Elina vacillait. Elle avait la sensation qu'il lui fallait s'asseoir. C'était peut-être une bonne idée. Peut-être qu'elle parviendrait à pêcher dans cette position, en fait.

— Ne te mêle pas de ça, dit-elle en se laissant tomber par terre.

— Tu n'as même plus la force de lancer, répliqua Hibou.

Janatuinen apparut devant eux.

— Et qu'est-ce que tu veux, toi aussi ? demanda Elina.

— Il arrive un truc à Olli-Mangeclous.

— Écoute, c'est pas le moment, là.

Janatuinen pointa son index.

— Rien à faire. Regardez.

Le milieu du corps buissonneux d'Olli-Mangeclous gonflait et se densifiait. De l'intérieur de son torse jaillissaient de nouvelles branches d'osier, saines, d'où sortirent d'abord des chatons puis des feuilles. Par les ouvertures, où s'étaient trouvés les bras de la créature, poussaient des troncs d'épicéa enroulés les uns aux autres, qui épaississaient et s'allongeaient jusqu'à devenir aussi massifs que des rondins. Ils se tressèrent ensemble pour former des bras énormes au bout desquels des doigts se ramifièrent, solides comme des bûches. Ses jambes se firent plus trapues. De nouvelles tiges de sorbier serpentaient hors de ses cuisses, toujours plus nombreuses. Elles formaient un entrelacs fort, flexible, une couche après l'autre, jusqu'à ce que les jambes de la créature fussent aussi imposantes que des pins géants. Elles croissaient et hissaient toujours plus haut le haut du corps d'Olli-Mangeclous, fourré dense qui se densifiait encore. La souche massive qui avait fait office de tête à la créature fonça et se couvrit de mousse. Elle gonfla jusqu'à devenir une butte couverte de fougères au sommet de laquelle poussèrent des bouleaux entiers. Ils commencèrent à l'état de petites pousses, mais s'élevèrent en quelques secondes à plusieurs mètres. Une frondaison verte explosa sur leurs branches. En contrebas des arbres, deux gouffres noirs s'ouvrirent dans la tête d'Olli-Mangeclous, au fond desquels des feux rougeoyaient. Sa bouche se déchira en une longue fissure aux bords irréguliers.

*
* *

Olli-Mangeclous fit claquer ses lèvres moussues, grimaça et leva l'un après l'autre ses pieds, sous le poids desquels le marais ondula. Il faisait la hauteur d'un immeuble.

— Une sensation énorme ! s'exclama-t-il.

Il remarqua la tour de l'ondin, la saisit dans sa pogne et projeta le bidule derrière l'îlot boisé. Les embarcations se désolidarisèrent en plein vol. Un tournoiement grotesque dans le ciel, jusqu'à ce qu'elles soient hors de vue.

Olli-Mangeclous s'accroupit et observa ses petits alliés.

— Je pourrais vous manger.

Sa voix était tonitruante. Le teignon se couvrit la tête de ses mains et geignit. Hibou fixait le géant, bouche bée.

— C'est fini, dit Elina en s'allongeant.

Les mains qu'Olli-Mangeclous reposa sur ses genoux faisaient la taille de camionnettes. Il détourna les yeux un peu plus loin sur le marais.

— Et celle-là aussi.

Les autres suivirent son regard. Ils découvrirent Heta au milieu de la tourbière d'aapa. Elle pointa l'index sur Olli-Mangeclous et demanda :

— C'est qui, celui-là ?

— Je suis un dieu.

Olli-Mangeclous tendit la main et cueillit Heta comme une mûre des tourbières. Elle cria. Il la reposa au milieu des autres.

— Vous êtes mes sujets, dit Olli-Mangeclous. Ne vous occupez pas de moi. Faites vos petites affaires. Je veux regarder.

Personne ne fit un geste.

— Allez hop ou je vous mange !

— Euh bon, dit Hibou en se forçant à regarder Heta. Que fais-tu ici ?

— Il n'avait aucun problème, dit Heta.

Elle ne pouvait détacher les yeux d'Olli-Mangeclous.

— Qui ça ?

— Jousia.

— Comment que ça se peut ?

— La Mère Riipi a téléphoné de chez Mäkitalo. Ils étaient en train de dîner. Et Jousia n'avait même point un mal de tête.

— Comment que c'est possible ? s'étonna Hibou. Entends-tu ? demanda-t-il à Elina. Jousia n'a aucun problème !

Elina gisait sur le dos. Hibou se pencha sur elle.

— Comment vas-tu ?
— Laisse-moi tranquille.
— Écoute. Est-il possible que Mäkitalo n'ait ensorcelé que toi ?

Asko cracha.

— Non, mes petits amis, ce n'est point possible. Pour ça, il faut être sorcier. Personne d'autre ne peut mettre en œuvre une malédiction pareille.

— Mais Elina dit que c'est Mäkitalo qui s'est maudit, et elle avec.

— Ce n'est point possible.
— Mais alors c'est quoi, tout ça ? cria Hibou.

Il se le demandait à lui-même et aux autres. Au monde entier.

— Elle l'a fait elle-même, dit Olli-Mangeclous.

Ils levèrent les yeux.

— Qu'est-ce que tu nous chantes ? demanda Hibou.

— Tu dois me dire « Monsieur le grand Empereur ».

— Oh nom de Dieu…
— Ou bien je vous mange ?

Hibou prit une inspiration profonde. Il recourut au titre requis et lui demanda ce qu'il voulait dire.

— Je vais vous montrer.

Olli-Mangeclous traça avec son index une ligne noire, en l'air, juste en face de lui. Un son aigu, grinçant, se faisait entendre, comme lorsqu'on raie une vitre.

— Que fait-il ? demanda Hibou, les mains pressées sur ses oreilles.

Une fois que la ligne eut atteint cinq mètres de long, Olli-Mangeclous réalisa une seconde incision, dans le même sens et d'une longueur identique, deux mètres sous la première. Il relia ensuite les deux segments à leurs extrémités en traçant deux nouvelles lignes. La figure réalisée était rectangulaire. Olli-Mangeclous saisit les segments verticaux, souleva le rectangle et le paysage qu'il enserrait comme on décroche un tableau dans une galerie. Il le posa à ses pieds. Par l'ouverture se voyait un second paysage, presque identique à celui qu'Olli-Mangeclous avait détaché, mais sur cette image le vert de la végétation était plus pâle, la surface de l'étang était parcourue de petits frissons soulevés par le vent et le ciel était gris et nuageux.

— Je crois, dit Asko, qu'il a creusé une ouverture dans l'espace-temps.

Sur la nouvelle image, deux silhouettes se distinguaient au bord de l'eau.

— Elina et le fils Mäkitalo, reconnut Hibou.

— Maintenant, vous allez voir ce qui s'est passé il y a cinq ans, annonça Olli-Mangeclous.

La vue sur l'écran fut soudain bouchée par un homme de grande taille, en chemise blanche sans manches. Il n'avait pas d'yeux. À leur place se trouvaient de petites bouches pleines de dents pointues. Quand il les remarqua, il fit un rictus avec ses trois bouches et commença à s'extraire du trou.

— Va en Enfer, prononça Olli-Mangeclous en appuyant la main sur le front de l'homme pour le renvoyer dans l'invisibilité.

— Qu'est-ce que c'était ? demanda Hibou.

— Un mauvais rêve.

Sur l'écran, Jousia et Elina étaient assis au bord de l'étang, côte à côte. Leurs lèvres se mouvaient, mais on n'entendait pas leurs paroles. À en juger par leurs gestes, leurs voix prenaient des accents colériques. Jousia mit une main dans sa poche, montra un caillou à Elina et le jeta dans l'étang.

— Voilà, dit Hibou, c'est ça, il jette le caillou et exécute la malédiction.

Le caillou fit *plouf*.

— Pourquoi que le brochet ne l'a point mangé ? demanda Hibou.

Jousia se retourna et s'éloigna. Elina était seule.

— Le brochet n'est point venu, s'étonna Hibou. Pourquoi ? Elina a dit qu'il était venu.

L'Elina du passé s'assit dans le marais. Un croque-mitaine des tourbières vint tirailler le bas de son pantalon. Elle frappa la créature à coups de poing. Au bout d'un moment, elle porta sa main à sa nuque. Elle s'arracha quelques cheveux. Elle se leva laborieusement, gagna l'étang et s'accroupit au bord. Elle tenait ses cheveux et paraissait leur parler. Quelque chose monta à la surface de l'étang. Le brochet. Il nagea lentement jusqu'à Elina et ouvrit la bouche. Elina laissa tomber ses cheveux dans la gueule du poisson. Le brochet donna un coup de queue, l'eau éclaboussa, et le poisson disparut sous la surface. Elina se releva et s'éloigna de l'étang.

— Voilà ce qu'il en est, dit Olli-Mangeclous.

Il s'empara du carreau à ses pieds, le remit en place et effaça les contours du rectangle du tranchant de la main.

— Qu'est-ce que je viens de voir, bon Dieu ? dit Hibou.

— Elle s'est maudite elle-même toute seule, dit Olli-Mangeclous. Personne d'autre.

Hibou bondit jusqu'à Elina.

Elle avait le visage blanc comme neige. Des veines bleues couraient sur ses joues et son cou. Les hématomes donnaient une teinte rouge vif à ses yeux.

Hibou tomba agenouillé. Il secoua Elina par l'épaule.

— Pourquoi que tu as fait une chose pareille ? cria-t-il. Pourquoi !

— C'est ce qu'il aurait voulu, chuchota Elina.

— Qui l'aurait voulu ?

— Jousia.

— Quoi ?

— Il voulait me maudire.

— Par tous les diables !

— Je devais recevoir un châtiment.

— Tu te rends compte que tu es en train de mourir !

Les yeux d'Elina roulèrent.

— Vos problèmes sont assurément amusants, dit Olli-Mangeclous.

Il se tourna vers l'est, puis vers l'ouest.

— Je crois que je vais régner sur ce pays.

Olli-Mangeclous partit en direction de Vuopio.

— Tu restes ici !

En quelques pas, Olli-Mangeclous avait eu le temps de parcourir près de deux-cents mètres. Il stoppa et se retourna.

Asko dit :

— Écoute-moi bien.

Sa voix était grave et forte.

— Tu as maintenant passé un nouveau contrat avec Elina Ylijaako. La floche est un prix bien supérieur à je ne sais quel bout de trompe. Et tu n'es pas sans le savoir. Olli-Mangeclous, nous ne sommes point encore quittes !

Le marais ploya quand Olli-Mangeclous accourut auprès d'Asko. Ils eurent tous le plus grand mal à rester debout, à l'exception d'Asko qui se balançait sur une touffe d'herbe mouvante, avec le plus grand calme. Olli-Mangeclous se pencha et avança la tête à quelques mètres de lui.

— Je vais ne faire qu'une bouchée de toi.

— Bien. Et moi je te promets que, dès que je serai passé de l'autre côté, je vais me rendre au premier comptoir et je vais sonner la cloche. Je leur dirai : un de vos employés, qui s'est enfui, brise les contrats de ce côté-ci et fait du chambard.

Asko inspira et reprit :

— J'ai aussi entendu dire que tu étais en dette. Je pourrais informer en temps réel tes créanciers sur l'endroit où tu te trouves. Vois-tu, tu me considères comme un simple faiseur de tours, mais je connais ton monde et je sais comment il fonctionne. Et je te garantis que si tu ne cesses pas tes âneries et si tu ne nous viens point en aide, je ferai tout ce que je pourrai pour que tu tombes précisément entre les mains de celui que tu sembles être en train de fuir par ici.

Olli-Mangeclous se redressa. Il gratta de l'index sa tempe herbue. Une pluie d'aiguilles, de pommes de pin et de brindilles tomba sur le reste de la troupe.

— Tu ne sais rien, déclara Olli-Mangeclous. Je pourrais détruire ton âme. La disperser au vent.

La menace sembla n'avoir aucun effet sur Asko.

— Mais tu as raison sur ce point : j'ai reçu plus que je n'ai demandé. Et je promets de vous aider.

— Voilà qui est diablement bien ! s'exclama Hibou.

Il tentait de maintenir Elina éveillée en lui tapotant les joues.

— Nous aurions besoin de sortir le brochet de cet étang.

— Je subodore qu'il est déjà parti, répondit Olli-Mangeclous.

Hibou s'empara fiévreusement du lancer.

— Inutile.

— Bah, fais quelque chose, toi !

— Très bien.

Olli-Mangeclous s'agenouilla et enfonça son bras droit dans l'étang, jusqu'à l'épaule, comme un inséminateur.

Les autres transportèrent Elina un peu à l'écart. Olli-Mangeclous remuait sa main dans les profondeurs du marais. Son bras remplissait tout le trou.

Hibou tournait en rond, impatient.

— Alors ? demanda-t-il.
— J'essaie.
— Essaie davantage !
— Là.
— Tu l'as eu ?
— Non. C'était un arbre.
— On accélère un peu.
— Eh, si c'était lui ?

Olli-Mangeclous retira son bras de l'étang, bourbeux d'humus et de débris. Dans la vasque formée par sa paume barbotait le brochet.

— Tue-le ! s'écria Hibou.

Olli-Mangeclous approcha sa prise de son visage et la huma.

Hibou s'apprêtait à crier une nouvelle fois, quand Janatuinen posa la main sur son épaule.

— Hibou.
— Quoi donc ?

Asko et Heta étaient à genoux auprès d'Elina.

— Elle ne respire plus, annonça Asko.

20

Un plafond clair. Avec ses interstices familiers. Elle tourna la tête et vit Janatuinen, assise sur un banc près de son lit. Elle était à Ylijaako. Luminosité. Impossible de dire en quelle saison.

— De l'eau, demanda Elina.

Janatuinen prit un verre sur la table de chevet. Elina se redressa maladroitement et Janatuinen la fit boire comme une enfant.

— Merci.

Janatuinen reposa le verre sur la table.

Elina fixait le plafond. Silence. Souvenirs décousus du marais et du brochet. D'une immense créature feuillue.

Suis-je morte ? se demandait-elle. C'est cela qu'on ressent ?

Janatuinen prit la parole.

— Dans mon travail, je rencontre souvent des gens qui veulent se faire du mal. Cela n'a rien d'étrange. Mais ce qui l'est, ce sont les personnes qui le veulent. Des gens qui n'ont rien de grave sur la conscience veulent sauter du sixième étage. Des gens dont les actes leur donneraient toutes les raisons de se jeter sous le premier camion qui passe ne le feront jamais de la vie.

Elina entendit Janatuinen croiser les jambes.

— En début de carrière, j'ai été confrontée au cas suivant. Le directeur général d'une grosse boîte de décoration d'intérieur avait essayé de se tuer. Disons qu'il s'appelait Matti. Matti avait l'esprit analytique et il avait réfléchi à son acte pendant des semaines. Sa boîte avait coulé, donc. Matti acheta un pistolet. Il avait l'intention de se tirer une balle, dans sa cuisine. Ici, je dois mentionner le fait que Matti vivait au dernier étage d'un immeuble, dans un penthouse. C'était un appart incroyable. Quatre chambres à coucher. Un spa. Un énorme balcon avec vue sur la ville. Eh bien, Matti était dans sa cuisine et braqua le pistolet sur sa tête. Il ferma les yeux. Appuya sur la gâchette. Et manqua son coup. La balle se ficha dans le mur et creva une conduite d'eau. C'était l'inondation. Matti appela le syndic, mais le mal était fait. L'eau détruisit l'appartement de Matti ainsi que quatre autres. Il fallait tout rénover. Matti reconnut son geste et demanda pardon à ses voisins dont il avait bousillé le foyer. Il voulut leur payer des vacances au soleil à tous. J'ignore si quelqu'un a accepté son offre. Quoi qu'il en soit, Matti a remis sa vie sur les rails après cet épisode. Il a fondé une nouvelle entreprise, encore dans l'ameublement, et ça a marché. Sa boîte existe encore. Tu la reconnaîtrais, si je te disais le nom, mais je vais le garder pour moi. J'ai souvent repensé à Matti. Se procurer une arme n'avait rien d'un coup de tête. Matti avait déjà rédigé son testament, écrit une lettre d'adieux, et tout ce qui s'ensuit. Tout devait être prêt. Mais alors il y a eu ce coup de feu manqué et ce dégât des eaux absurde, et il a fallu qu'il s'en occupe. Son suicide est passé au second plan. Et quand il a de nouveau eu le temps d'y songer, à se tuer, ça ne lui a plus semblé aussi important. Voilà qui donne à réfléchir. Une personne peut être convaincue dur comme fer de quelque chose, mais il sùffit d'un hasard pour que tout change. Tu veux encore de l'eau ? Tu m'entends ?

Elina ouvrit les yeux. On était le matin ou le soir. Là, c'était Hibou qui était assis sur le banc.
— On se réveille, dirait-on. Voudrais-tu manger quelque chose ?
Elina referma les yeux.

Près de son lit, Heta. Une image familière.

Lorsqu'Elina était enfant, Heta l'avait veillée dans cette même chambre, attendant qu'elle s'endorme.

Parfois, Heta lui chantait « J'ai du bon tabac ».

— Comment je peux être encore en vie ? demanda Elina.

— C'est une sacrée histoire, oui-da, répondit Heta. Mais d'abord, je dois te raconter une chose. À propos de ta mère.

— Je sais pas si j'ai envie de l'entendre.

— Tu devrais, au contraire.

Heta commença par évoquer son mariage avec le frère d'Asko, l'officier de justice Auvo Pasma. Elle énuméra toutes les choses et les objets avec lesquels Auvo la battait. Une clef à molette. Une cuillère. Un rouleau à pâtisserie. Un bâton de ski. Une ceinture. Un seau. Une planche à découper. Et ses poings, évidemment, surtout avec ses poings. Auvo était un agresseur doué. Il la frappait à des endroits qui restaient dissimulés par ses vêtements. Sur les côtes, le dos, les cuisses. Quelquefois seulement au visage, et dans ce cas, il frappait la main ouverte ou à l'aide d'un objet émoussé et large, comme un annuaire téléphonique. Ce qui ne laissait pas de grosses contusions. Et s'il y en avait, Heta devait répondre à ceux qui l'interrogeaient qu'elle était tombée du fait de sa propre maladresse.

Heta n'avait menacé de divorcer qu'une seule fois. Auvo était en train de chauffer le fond de sa barque avec une lampe à souder en vue de la goudronner, quand Heta lui avait hurlé son message. Auvo, furieux, avait braqué la flamme sur le visage de Heta. C'est de cette manière qu'elle avait perdu son œil.

Son billet pour la liberté s'était présenté sous la forme d'une proposition.

Marke était venue au magasin et avait demandé à Heta de venir garder sa fille. La proposition avait véritablement surpris Heta. Mais plus grande encore fut sa surprise lorsque Auvo lui donna la permission.

La raison n'avait pas tardé à se faire jour. Quand Heta était rentrée de sa première garde, Auvo avait commencé à l'interroger. À lui demander à quoi ressemblait Ylijaako et quels projets y étaient en cours. L'intérêt d'Auvo découlait du fait que Marke s'était lancée avec Kauko dans la culture des pommes de terre et émettait des avis hostiles aux engrais lors des réunions du bureau de l'association agricole.

Heta ne lui avait rien révélé. Elle s'était concentrée sur des futilités. La couleur des papiers peints, la propreté générale de la maison, les plantations de fleurs. Elle avait invoqué sa simplicité d'esprit. Une explication qui suffisait toujours à Auvo.

Au fil des visites, les deux femmes étaient devenues amies. Heta avait fini par faire part de sa détresse à Marke.

Celle-ci l'avait écoutée en silence. Le récit achevé, Marke avait proclamé que la conduite d'Auvo ne faisait pas l'affaire.

— Elle l'a vraiment dit comme ça. Que la conduite d'Auvo ne faisait pas l'affaire.

Heta se tut. Elle tapait du pied par terre.

— Alors, Marke m'a parlé de cette malédiction.

Elle lui avait dit que la malédiction ne tuerait pas Auvo tout de suite. Il aurait la possibilité de s'amender.

Mais Heta ne voulait pas en entendre parler. Elle avait peur.

Ce n'est qu'après Pâques, Auvo lui ayant cassé trois côtes, que Heta avait accepté.

Marke lui avait enjoint de récupérer un ongle de pied d'Auvo. L'affaire était simple, Auvo avait coutume de se couper les ongles et de laisser des petits tas de rognures en divers endroits de la maison. Et quand les inondations eurent reflué au début du mois de juin, elles s'étaient rendues, avec Marke, toutes deux au Seiväslampi. Marke avait donné la rognure d'ongle à manger à un brochet et récité une incantation.

Après la réunion suivante de l'association agricole, Marke avait pris Auvo à part et lui avait dit qu'elle était au courant pour les coups. Et que s'il touchait ne serait-ce qu'une fois encore à Heta, il était mort.

Auvo lui avait rétorqué qu'elle se trompait. Que tout allait bien chez eux. Et que si Heta lui avait dit quelque chose, c'est que, à son habitude, elle affabulait.

Auvo avait coupé un doigt à Heta. Il avait traîné sa femme dans la cuisine, avait placé sa main gauche sur une planche à découper et lui avait scié le petit doigt avec le couteau à pain. « Voilà ce qui arrive quand on chie dans son propre nid ! » avait-il déclaré. Heta s'était évanouie de douleur. Pendant la nuit, elle s'était réveillée, par terre, au milieu d'une flaque de sang. Auvo se tenait à côté d'elle et lui hurlait dessus : « Pourquoi qu'elle ne nettoie pas sa merde ! »

Auvo avait interdit à Heta de retourner à Ylijaako, mais celle-ci avait fait passer le mot à Marke par l'intermédiaire d'Esko.

Quatre jours avant l'expiration du délai, Auvo avait commencé à se sentir faible. Exactement comme l'avait prédit Marke. Selon elle, le corps souffrait quand l'âme n'allait pas tarder à partir.

L'âme d'Auvo était dans le brochet, qui se préparait à plonger.

— Est-ce que toi aussi tu te sens chose depuis des années ? demanda Heta. Comme si tu n'avais plus goût à rien ? Auvo se plaignait de cela, lui aussi. Cela vient du fait que tu as maudit la part la plus vivante de toi-même dans le brochet.

Quarante-huit heures avant l'échéance, Auvo était incapable de quitter son lit. Il pleurait, que ses organes internes étaient en feu, il était pris de vomissements et de diarrhée.

— J'étais étonnée, donc, vois-tu, que tu sois encore debout le soir même où le brochet allait partir, dit Heta. Mais plus après ce que m'a dit Asko, en fait. Selon lui, Marke a construit la maison sur une ligne de force puissante. Elle t'a protégée.

— Le vaisseau spatial, murmura Elina.
— Quoi ?
— Rien.

Quand Auvo n'eut plus qu'un seul jour à vivre, il avait prié Heta de faire venir Asko. Heta n'avait pas vu de raison de refuser.

Elle n'avait réalisé son erreur qu'après l'arrivée d'Asko.

Le sorcier avait évidemment tout de suite compris de quoi il retournait.

Il avait fait boire un de ses topiques à Auvo et exigé de son frère qu'il lui révèle qui avait mis en œuvre la malédiction. Heta avait écouté leur conversation à la porte, le cœur au bord des lèvres. Auvo avait nié savoir quoi que ce soit. Peut-être par peur que ses agissements ne deviennent de notoriété publique.

Guéris-moi, avait-il répété. Asko lui avait répondu qu'une malédiction aussi puissante ne pouvait être défaite que par son auteur.

Mais Auvo n'avait pas donné son nom. Et, avant le matin, il était mort.

Cela avait été le jour le plus heureux de la vie de Heta.

— Ils ont même écrit que la cause officielle du décès était une crise cardiaque. Alors j'ai su que plus personne ne pourrait découvrir ce qui s'était passé. Sauf Asko, qui a toujours eu des soupçons. Il était sur une piste.

Heta rapprocha son banc du lit d'Elina. Elle se pencha vers elle et ajouta :

— Je t'ai parlé d'Auvo parce que je voulais que tu saches ce que j'ai fait avec ta mère. Et pourquoi j'en suis arrivée là. Ta mère n'a point du tout fait pression sur moi. C'est toute seule que je suis coupable de ce geste. Mais pas une fois je n'ai regretté.

Elle se redressa.

— Tu t'es maudite parce que tu as cru avoir commis un crime horrible envers Jousia. Mais tu n'as rien de quelqu'un qui fait le mal, comparée à Auvo. Ou à moi.

— Tu me donnes de l'eau ? demanda Elina.

Une fois que Heta eut reposé le verre, Elina demanda :

— Qu'est-il arrivé à mon brochet ?
— Nous, on s'en est occupés.
— Vous l'avez attrapé ?
— Oui, donc.
— Vous l'avez tué ?
— Non.
— Et quoi alors ?
— On l'a libéré.
— Quoi ?
— Bon, ça s'est passé comme ça.

*
* *

— ... 27, 28, 29, 30, compta Janatuinen.

Elle ôta ses mains de la poitrine d'Elina, lui boucha les narines, lui souleva le menton et souffla par deux fois dans sa bouche.

— Respire, par le diable ! dit Hibou.

Il repoussa un croquemitaine des tourbières avec un bâton.

Elina gisait dans le marais, encadrée par les fleurs d'airelles.

Asko fouillait dans sa sacoche médicale. Il en sortit des fioles et les empila dans les bras de Heta.

Le teignon agitait les bras et tournait en rond.

— Ça pourrait la soulager, si on tuait ce brochet, dit Asko.

Il saupoudrait des herbes dans son mortier et se mit à les écraser au pilon.

— Dès qu'il acceptera de nous le donner, répliqua Hibou.

Olli-Mangeclous, une forêt sur ses deux jambes, bruissait au-dessus d'eux. Il tenait le brochet dans sa main.

— Il y a une autre possibilité, annonça-t-il.

— Point besoin d'autre possibilité, là, rétorqua Hibou. Envoie le brochet et on le zigouille.

— Pourquoi faut-il toujours que vous tuiez tout ?

— Dis-toi aussi que tu pensais nous manger, il y a encore une minute.

— Son cœur est reparti, annonça Janatuinen.

— Donnons-lui ça, dit Asko.

Il secoua une bouteille dans laquelle il avait préparé un liquide ressemblant à du thé vert.

— On peut mettre ce brochet à la rivière, dit Olli-Mangeclous.

— Voilà qui sonne tout sauf bien.

— Ça nous donnera une chance. De rompre la malédiction.

Elina cherchait son souffle et tremblait. Janatuinen la maintenait en place et demanda à Asko pourquoi tous ses remèdes étaient si abominables.

— C'est comme ça, la médecine, répondit Asko.

— Sinon, la malédiction va durer et durer, ajouta Olli-Mangeclous.

— Est-ce bien sûr ? demanda Hibou.

Olli-Mangeclous ne répondit pas.

— On n'a qu'à le faire, alors, dit Hibou.

— On l'apporte à la rivière, dit Olli-Mangeclous. Prends-le.

Hibou sortit de sa poche un sac en plastique portant le logo de la coopérative et le remplit d'eau de l'étang. Olli-Mangeclous transvasa le brochet avec précaution.

Le brochet s'agitait tant que l'eau rejaillit.

— Donnez-le moi, gémit Elina.

Elle voulut se remettre sur ses pieds, mais s'affaissa à nouveau dans le marais.

— Ça va nous prendre un temps fou et nous ruiner la santé de la transporter, dit Asko.

Olli-Mangeclous descendit sa pogne.

— Posez Elina ici.

— Ça me semble un peu dangereux, intervint Hibou, mais les autres étaient déjà en train d'évacuer Elina sur la paume couverte de mousse.

Olli-Mangeclous abaissa ensuite son autre main.

— Sautez à bord ! dit-il.

Ils obtempérèrent tous, même Hibou. Seul le teignon hésita. Il piétinait sur place et gémissait. Janatuinen lui disait des paroles de persuasion. Quand Olli-Mangeclous commença à se redresser, le teignon bondit pour rattraper la main qui s'éloignait, parvint à agripper le pouce et se hissa auprès des autres.

Olli-Mangeclous plaça les voyageurs sur son épaule, où poussaient l'épicéa et le bouleau. Le géant s'ébranla. Les humains se collèrent aux arbres. Leurs casquettes s'envolèrent. Le teignon grimpa au sommet du bouleau le plus haut sur le crâne d'Olli-Mangeclous, se balança au faîte comme une vigie dans sa hune et hurla de bonheur.

Olli-Mangeclous marchait à longues enjambées souples. Il dépassa le Perälampi et la saulaie qui le bordait, d'un seul pas. Elina gisait inconsciente dans sa main. Olli-Mangeclous enjamba le chemin d'accès aux cultures, franchit un petit bout de marais et parvint au bosquet d'épicéas. Plus que quelques pas et ils furent au bord d'Iso-Uopaja.

Olli-Mangeclous fit descendre les humains et le teignon le long de son bras jusqu'au talus. Elina, il la déposa délicatement sur le sable.

Hibou entra dans l'eau jusqu'à mi-jambe. Il plongea le sac au milieu des nénuphars blancs. Le brochet glissa dans l'eau, apathique. Ses opercules remuaient à peine.

— Eh là, dit Hibou. On se bouge.

Il donna un peu de vitesse au brochet en le poussant par la queue. Le brochet glissa en avant, aussi raide qu'un bâton.

— Il est mort ? demanda Janatuinen.

— Allez, fais tourner tes nageoires, là, dit Hibou.

Le brochet se retourna sur le flanc.

— Satané bestiau !

Asko ramassa une branche et la jeta près du poisson. Une légère éclaboussure. Le brochet donna un coup de queue et disparut au milieu des eaux.

Hibou regarda le centre d'Iso-Uopaja.

— Il est parti par là.

Il se retourna vers Olli-Mangeclous.

— C'est tout ? La malédiction est levée ?

— Non, répondit Olli-Mangeclous. Le plus difficile reste encore à faire.

*
* *

Elina et Hibou étaient installés à la table de la cuisine. C'était le début de soirée. On entendait le tic-tac de la pendule au salon.

Ils observaient le manège d'une hermine. Elle nichait sous le vieux sauna. Elle bondissait tout autour de la cour, cherchait des campagnols. Elle se chicana une fois avec une pie qui tournait trop près de sa tanière.

Quand la pie se fut envolée, l'hermine déplaça l'un après l'autre ses trois petits, du vieux sauna jusque sous la véranda du bâtiment principal. À la moitié de la cour, transportant son premier petit, l'hermine vit qu'Elina et Hibou la regardaient. Elle s'arrêta. Évalua la situation, son petit dans la bouche. Elle reprit son chemin et s'éclipsa sous la véranda.

— Une bête courageuse, dit Hibou.
— Ouais.
— L'écureuil aussi fait ainsi. Il change de nid de temps en temps.
— Ah ouais.

Elina avait dormi vingt heures d'affilée. Après cela, elle s'était sustentée de deux assiettes de saucisse en sauce et purée préparée par Hibou.

Hibou lui raconta qu'après la libération du brochet, Olli-Mangeclous était entré dans Iso-Uopaja et avait disparu, ce qui avait été une immense déception pour Asko. Asko et Keijo étaient rentrés chez eux, de même que Heta, qui était toutefois passée la voir avant de partir, comme Elina s'en souvenait. Janatuinen était toujours dans le paysage. Hibou lui avait aménagé un lit du Côté Vieux.

Pour l'heure, elle se promenait avec le teignon. Hibou dit que Musti ne se souvenait même plus qu'il avait eu deux yeux, un jour.

— La fin dépend de toi, dit Hibou.
— Quelle fin ?
— L'annulation de la malédiction.
— Ah bon.
— C'est toi-même qui l'as faite et toi seule peux l'annuler. Le brochet ne va point s'enfuir avec ton âme cette année. Il est dans la rivière maintenant. Mais l'année prochaine il sera de nouveau là-bas. Dans l'étang. M'entends-tu ?

Elina ferma les yeux.

— Tu dois te pardonner à toi-même, dit Hibou.
— Qu'est-ce que tu débloques, mon vieux.
— Non, vraiment.
— Laisse tomber.
— Olli-Mangeclous a dit un truc dans ce sens-là.
— Tiens donc.
— La malédiction reste en vigueur aussi longtemps que son auteur le souhaite. Mais il n'y a point de ritournelle ou de strophes apprises par cœur qui tiennent. Tu dois cesser de te punir.

Elina ne répondait pas.

— Pourquoi tu ne m'as point raconté ce qui s'était vraiment passé ? demanda Hibou.

Une sensation oppressante familière traversa le corps d'Elina. Elle se leva de sa chaise.

— T'inquiète donc pas, dit Hibou. Je ne suis point fâché contre toi.

Elina se tenait près de son siège. Elle se rassit.

— Je me demande juste pourquoi tu devais mentir.

Elina appuya son front sur la table.

— Je suis une mauvaise personne.
— Ce n'est point vrai.
— J'avais peur.
— Oui, ça oui.
— Pardon.
— On va se dire un truc, toi et moi.

Elina leva les yeux.

— Quoi ?
— Ne demande plus pardon.
— OK. Désolée.

QUATRIÈME JOUR

21

Le lendemain matin, Hibou, Elina et Janatuinen faisaient une partie de fléchettes. Le teignon boudait sous un sorbier, car on ne l'avait pas laissé jouer.

— Tu ne devrais pas retourner au boulot ? demanda Elina à Janatuinen.

— J'y retournerai quand j'aurai trouvé quoi dire à mes boss.

Janatuinen avait prétendu qu'elle était novice à ce jeu. Pourtant elle remportait à chaque fois le meilleur score.

Le temps était couvert. Le vent bruissait dans les trembles. Selon Hibou, c'était la matinée la plus fraîche depuis des semaines.

C'était à son tour de lancer. Il classa les fléchettes pour les avoir bien en main.

— Je nous ai planifié un petit boulot.

— Et de quoi s'agirait-il ? demanda Elina.

— De vider l'étable.

— Ah. Et pourquoi ?

— Elle est bourrée de vieux trucs qui ne servent à rien.

— Il peut y avoir encore quelque chose d'important dans le tas.

— Y es-tu entrée, toi ? demanda Hibou à Janatuinen.

Celle-ci acquiesça.

— Alors ?

— Je te ferais sauter tout ce bazar, moi.

— Bien, répondit Hibou. Ordre des autorités !

Il lança. Sept.

— Et que pensais-tu faire avec ces lieux, demanda Hibou en lançant.

Huit.

— Je n'y ai pas pensé.

— Pourquoi que ça ne m'étonne pas...

Hibou lança le reste de ses fléchettes et alla compter le résultat. Il tendit les pointes à Janatuinen.

— Trente-et-six chandelles.

Janatuinen se positionna derrière la marque en pierre. Hibou alla se poster près d'Elina.

— Qu'est-ce que tu en dirais, que je m'installe ici ? Je pourrais vendre mon chalet. Ou le donner à Asko et Efraim. Comme réserve. Je pourrais te racheter ici. Mais avec une clause disant que je ne touche point à ta chambre et que tu as le droit d'aller et venir comme il te plaira. Évidemment, pas si tu pensais rester ici.

— Non, je crois pas.

— Tu as quand même ton boulot, dans le Sud.

— Oui.

— Qu'en dis-tu ?

— Je dois réfléchir.

— D'accord.

— Quarante-et-un, dit Janatuinen.

— Eh oui, c'est mieux, dit Hibou. Bon. On s'y met ?

Ils sortirent tout de l'étable. Les vieux vélos, les vieilles mobs, les vieux jouets et les vieux outils. Les planches pourries, les casiers à pommes de terre et les meubles, ils les empilèrent derrière l'étable pour les brûler à la Saint-Jean.

Ils téléphonèrent à Esko qui entra en marche arrière dans la cour avec son camion. Ils remplirent la benne avec le rebut. Esko enfonça dans la poche de sa cotte les billets que Hibou lui donna, leva la main et partit pour la décharge.

Le soir, ils firent chauffer le sauna. Elina et Janatuinen étaient assises sur les gradins et écoutaient le vent vrombir dans le foyer du poêle. Janatuinen parla d'un sans domicile qui chaque automne incendiait le même kiosque pour pouvoir passer l'hiver en prison. Elina remémora les exploits de Taavetti-Ficelle. Quand Hibou aussi eut pris son bain de vapeur, ils s'installèrent tous trois à la table de la cuisine et jouèrent au sept de trèfle.

Le teignon était posé sur le faîte de l'étable et gardait la maison.

Ils écoutaient la radio. Selon les informations, la vague de chaleur était passée, dans tout le pays. Les chercheurs prévenaient que l'année suivante risquait d'être pire.

Après minuit, Janatuinen leur souhaita bonne nuit et alla au Côté Vieux. Elina détacha la montre de son poignet et la tendit à Hibou.

— Je prends la voiture demain.

— Eh oui, voilà, dit Hibou.

Elina attendit la suite, mais Hibou se contenta de hocher la tête.
— Eh oui, voilà.

CINQUIÈME JOUR

22

Après le petit-déjeuner, Elina serra la main à Janatuinen qui lui souhaita bon voyage. Elle salua aussi le teignon. Il avait attendu son tour, la pogne tendue. Il secoua la main d'Elina si énergiquement que Janatuinen dut lui ordonner d'arrêter.

Hibou fut le plus délicat. D'abord, ils se tinrent là, sans savoir par quoi commencer. Hibou prit Elina par l'épaule et la secoua légèrement.

Tous trois regardèrent Elina s'éloigner quand elle quitta la cour avec sa voiture.

Au niveau de la boîte aux lettres, Elina remarqua un taon sur la fenêtre côté passager. Elle s'arrêta et ouvrit la portière.

— Allez, ouste !

La portière était grande ouverte. Le taon ne bougeait pas.

— Comment peut-on être aussi niais ?

Elina éjecta l'insecte d'une chiquenaude dans le fossé.

Elle traversa le bourg sans s'arrêter. Deux kilomètres avant Kuikkaniemi, son bas-ventre se mit à grogner.

Cent mètres encore avant l'embranchement menant à Mäkitalo, elle n'était pas sûre de savoir si elle tournerait.

*
* *

Jousia était assis sur les marches du porche, comme autrefois.

Elina se gara devant l'étable et descendit de voiture.

— Bonjour, dit Jousia.

— Bonjour.

Les grognements dans le ventre d'Elina se turent.

— Tu m'as envoyé la Mère Riipi et un gars de Savukoski, pour voir comment je me portais, dit Jousia.

Elina se tenait dans l'embrasure de la portière.

— Ouais. Désolée.

— C'est pas grave.

Sur les marches près de Jousia, il y avait une poussette. Elina fit un signe de la tête dans sa direction.

— Il y a qui, là-dedans ?

— Viens voir.

Elina le rejoignit. Jousia écarta le voilage fixé avec deux pinces à linge. Un bébé dormait, ses petits poings collés sur la poitrine.

— Elle s'appelle Saara Elina Mäkitalo.

— Elle est mignonne.

Ils s'assirent sur les marches.

— Tu as perdu tes cheveux, dit Jousia.

Elina frotta sa coupe hérisson.

— Ouais.

Elle étendit les jambes.

— Comment ça va ? demanda Elina.

— Tranquille.

— OK.

— Et toi ?

Elina réfléchit. Jousia arracha un brin d'herbe. Il se mit à le déchiqueter.

— De mieux en mieux, répondit Elina.

— Content de l'entendre. Tu étais fichtrement pressée, l'autre jour, au magasin.

— Ouais.

Elina se mit à relater les événements des derniers jours. Elle parla du brochet, de l'ondin et de la malédiction, mais ne dit pas un mot de la manière dont celle-ci était née. Jousia hochait la tête. Il savait, même sans qu'elle le lui dise. Elina lui parla de Janatuinen. De ce que celle-ci avait pointé son pistolet sur elle. D'Asko, de Hibou et du teignon. De la para qu'Asko avait fabriquée avec une sculpture de Jousia.

En entendant cela, Jousia laissa échapper une exclamation. Il bondit sur ses pieds et se lança dans une diatribe enflammée contre sa commune de naissance qui n'avait que faire du respect dû à l'art. Elina attendit. Jousia, qui reprenait son souffle avant de poursuivre, lui jeta un coup d'œil, ferma la bouche et se rassit.

— Que s'est-il passé ensuite ? demanda-t-il.

— Dis donc, tu as fait des progrès en contrôle de toi-même !

— Ouais ouais, bon, qu'est-ce qui s'est passé ?

Quand Elina décrivit comment Olli-Mangeclous s'était battu avec l'ondin et l'avait tué, Jousia l'interrompit.

— L'ondin n'est pas mort.
— Comment ça ?
— Je l'ai vu ce matin.
— Hein ? Où ça ?
— Là, sur la plage.

Jousia était en train de réaliser sa série d'étirements quand il avait vu l'ondin se disputer avec Eki-Flingot. Celui-ci, qui vivait dans le voisinage, était en train de pêcher à la ligne et l'ondin faisait des allers-retours à la nage devant lui en tentant de le persuader de faire la compétition avec lui. Eki-Flingot s'était esclaffé en faisant non de la tête.

— Quel emmerdeur, putain, cet ondin, dit Elina.
— Ouais.

Ils parlèrent de la nouvelle ferme de Jousia. Elle ressemblait à l'ancienne Mäkitalo à un kilomètre de là. Jousia raconta que son père était mort il y avait deux ans. Sa mère vivait toujours dans la vieille maison et lui rendait visite chaque jour.

— Avec Janna on lui a proposé de venir habiter ici. Mais elle ne veut pas. Tu connais le topo.

Jousia dit qu'il avait commencé à peindre des tableaux.

— Des paysages romantiques de rivière. Imagine. Ça se vend plutôt bien.

Le bruit d'une barque à moteur se fit entendre. L'embarcation apparut en amont. Le pilote ralentit, obliqua vers le bord et disparut sous l'escarpement. Deux silhouettes grimpèrent bientôt en direction de la maison. D'un côté Janna Keippana tenait une petite fille par la main. De l'autre elle portait un seau qui paraissait peser son poids.

— Bonjour, dit Janna.
— Bonjour, dit Elina.

Jousia fit un signe de tête vers le seau.

— Vous avez attrapé quoi ?

Janna lui tendit le seau, mais avant que Jousia n'ait le temps d'y jeter un œil, la fillette s'écria qu'il y avait une truite dedans.

— Une truite, vraiment ? s'étonna Jousia.

Le nom de la fillette était Riina. Quand Elina la salua, l'enfant se cacha derrière les jambes de sa mère. D'où elle jeta des regards mauvais à la visiteuse.

— Est-ce qu'on en fait une soupe ? demanda Janna à Jousia.

— Ah oui.

— Restes-tu manger ? demanda Janna à Elina.

— Je suis un peu pressée.

Riina s'empara de l'anse du seau et tenta de le soulever. Jousia alla lui prêter main-forte.

— Ou bien, si, je pourrais rester, dit Elina. Si ça ne vous dérange pas.

— Bien sûr que non, répondit Janna.

*
* *

Ils déjeunèrent dans la pièce principale. Les étagères étaient remplies de petites sculptures réalisées par Jousia. Ils discutèrent de choses ordinaires, comme les changements dans le niveau de service au bourg. Il n'y en avait pas.

Après le café, Elina se prépara à partir. Jousia la raccompagna dehors.

Ils se tenaient près de la voiture. Une litorne bondissait dans l'herbe fraîchement coupée.

— Tu as tondu toi-même ?
— Bien sûr.
— Je dois te croire ?
— Tu serais surprise de voir tout ce que je sais faire de nos jours.

Elina passa la pointe de sa chaussure sur le gazon.

— Écoute.
— Dis-moi ?
— Es-tu heureux ?
— Une question pareille...
— Peux-tu quand même répondre ?
— Disons-le comme ça : je ne repense plus à New York.
— OK.
— Et toi ?
— Ça va aller.
— OK.

Elina ouvrit la portière.

— Je crois que je vais y aller.
— D'accord.

Elina monta en voiture, démarra et quitta la cour. À l'embranchement, elle mit son clignotant. Attendit qu'un camion passe. Et elle vit dans le rétroviseur que Jousia était déjà rentré dans la maison. La rivière faisait une ceinture de métal brillante en arrière-plan. Elina s'engagea sur la nationale et prit la direction du sud.

LE DÉPART

... qu'à cette époque de l'année il fait tout le temps clair. Imagine que Dieu oriente une lampe vers la terre et n'éteint pas le bazar pendant la nuit. Ça le fait bien rigoler, de voir les gens se frotter les yeux, incrédules. Un tel comportement te semble-t-il approprié ?

Ah bah d'accord, voilà que je m'éjecte de ce marais comme une tige de haricot. Mes pieds quittent terre. Je m'élève dans les airs... Je t'attrape par la manche pour t'emmener avec moi. Voilà. Ce n'est pas grave si nous perdons nos bottes. Les croquemitaines des tourbières s'en chargeront. Regarde, comme le marais semble beau, vu d'en haut ! Un ragoût brun et vert autour duquel les arbres sont de garde. Ne te démène pas. Je tiens bon... Nous laissons là Iso-Uopaja, là-bas Ylijaako. Remarques-tu qu'il n'y a plus de voitures dans la cour ? L'originale policière est partie peu après notre héroïne.

Ce qui me fait penser que. Nous aurons peut-être encore le temps, si je nous conduis. Accroche-toi ! Laisse tomber ta casquette. Là !

Tu vois sa voiture ? Elle s'arrête près de la guérite.

Nous flottons comme des plumes, juste au-dessus de l'édicule. La barrière fermant la route est neuve, d'un blanc brillant. Le garde se penche par la fenêtre comme s'il n'avait jamais rien fait d'autre de sa vie.

Ne faisons pas un bruit, écoutons.

— Ah ça donc. Vous l'avez arrêté, votre bandit ?

La policière assise à la place du conducteur ne répond pas. Elle fait un signe de tête vers la banquette arrière. Vers une silhouette foncée, énorme, qui porte un chapeau à larges bords lui dissimulant le visage et un plaid sur les épaules. Un choix vestimentaire qui suscite les interrogations. Le garde se penche, met sa main en visière sur ses yeux et, paupières plissées, lorgne dans l'habitacle. Il ne voit pas très bien. Et la policière le fixe avec un regard dur, et espère que celui-ci ne va pas quitter sa guérite pour se lancer dans une inspection.

— Oh, nom d'un chien, marmonne le garde. Il est bien menotté au moins ?

La policière hausse les sourcils. Elle comprend que le geste peut être aussi interprété comme de l'incertitude. Elle hoche la tête vigoureusement. Le garde lui rend la pareille. Lui aussi aimerait être policier. Mais il ne s'est pas réveillé le jour de l'examen d'entrée et a fini garde-frontière. Dans cette guitoune au mur de laquelle l'un de ses prédécesseurs a fixé un mini-panier de basket.

Le garde y jette des boules de papier chaque jour. Son record est de soixante-huit paniers consécutifs.

La silhouette sur la banquette fait un mouvement, laisse échapper un son étrange. On ne dirait pas un humain.

— Ouais, dit le garde d'une voix forte comme s'il essayait d'oublier le grognement. Bon retour chez vous !

Il lève la barrière.

La policière et son étrange passager continuent leur route vers de nouvelles aventures. Nous aussi. Nous montons toujours plus haut. Bientôt même les grands corbeaux volent sous notre altitude. On dirait que notre vitesse augmente. Nous nous absorbons dans les nuages...

Apesanteur merveilleuse, bénie.

Et nous n'avons plus rien d'autre à faire que de reposer nos yeux sur la planète doucement courbée. Regarde les étoiles. Cette quantité d'étoiles insensée...

13729

Composition
NORD COMPO

*Achevé d'imprimer à Barcelone
par CPI Black Print
le 1ᵉʳ février 2023*

Dépôt légal février 2023
EAN 9782290374054
OTP L21EPLN003284-432370

ÉDITIONS J'AI LU
82, rue Saint-Lazare, 75009 Paris

Diffusion France et étranger : Flammarion